Hans Herbert von Arnim

Die
Selbstbediener

Wie bayerische Politiker sich
den Staat zur Beute machen

WILHELM HEYNE VERLAG
MÜNCHEN

Verlagsgruppe Random House FSC®-N001967
Das für dieses Buch verwendete
FSC®-zertifizierte Papier *Super Snowbright*
liefert Hellefoss AS, Hokksund, Norwegen.

Erweiterte und aktualisierte Neuausgabe 06/2013

© 2013 by Wilhelm Heyne Verlag, München,
in der Verlagsgruppe Random House GmbH
Umschlaggestaltung: Hauptmann & Kompanie
Werbeagentur, Zürich
Satz: EDV-Fotosatz Huber/Verlagsservice G. Pfeifer, Germering
Druck und Bindung: GGP Media GmbH, Pößneck
Printed in Germany 2013
ISBN 978-3-453-60301-1

www.heyne.de

Inhalt

Teil 4: Die Regierung: Stets vorne mit dabei

**Teil 5: Die politische Klasse sichert sich ab:
Mangelnde Kontrollen**

Vorwort
zur erweiterten Neuausgabe

So schnell hat noch selten ein Buch eine Gesetzesänderung bewirkt: Am 15. April 2013 war dieses Buch in Berlin vorgestellt worden, am 16. Mai schaffte der Bayerische Landtag die Verwandtenbeschäftigung auf Staatskosten ab und legte als erstes Landesparlament überhaupt eine gesetzliche Grundlage für die Transparenz von Nebeneinnahmen seiner Mitglieder. Damit wird allerdings nur ein kleiner Teil der im Buch behandelten Missstände bereinigt.

Doch der Reihe nach: Das Buch hat in Bayern fast ein politisches Erdbeben ausgelöst. Das konnte auch eine Art Gegen-Pressekonferenz nicht verhindern, die Barbara Stamm, die Präsidentin des Bayerischen Landtags, am 17. April in München veranstaltete und auf der sie – zusammen mit dem Vorsitzenden der bayerischen Diätenkommission, Heinrich Oberreuter – die Aussagen des Buchs zu banalisieren suchte. Dabei stellten Stamm und Oberreuter abenteuerliche Behauptungen auf, die alle im Folgenden widerlegt werden. Der Versuch, das Buch und seinen Autor ins Abseits zu stellen, misslang gründlich.

Auf die bohrenden Fragen einer Münchner Journalistin musste die Landtagspräsidentin schließlich einräumen, dass es immer noch 17 Abgeordnete gibt, die seit Langem ihre Ehegatten oder Kinder auf Steuerzahlerkosten beschäftigen, darunter mehrere Mitglieder der Staatsregierung sowie der Vorsitzende der CSU-Fraktion, Georg Schmid, und der Vorsitzende des Haushaltsausschusses, Georg Winter. Schmid bezog zusätzlich zu seinen Diäten monatlich noch 13 700 Euro von der Fraktion und beschäftigte seine Frau für bis zu 5500 Euro, sodass sich das Familieneinkommen auf monatlich fast 30 000 Euro summierte. Winter hatte kurz vor dem Stichtag (1.12.2000) noch schnell seine damals dreizehn und vierzehn Jahre alten Söhne als Mitarbeiter eingestellt. Sowohl Schmid als auch Winter sind inzwischen als Fraktions- beziehungsweise Ausschussvorsitzende zurückgetreten (gegen den einen laufen Ermittlungen wegen Scheinselbstständigkeit, gegen den anderen wegen Kinderarbeit); die Regierungsmitglieder gelobten Zurückzahlung, die entsprechenden Regelungen wurden verschärft, und auf die im Dezember 2012 beschlossene abermalige Aufstockung der Mitarbeiterentschädigung soll verzichtet werden. Inzwischen waren noch zahlreiche weitere Fälle bekannt geworden, sodass klar war, dass nicht mehr von Einzelfällen gesprochen werden konnte. Die Entwicklung seit der Veröffentlichung dieses Buchs bis zum Verbot der Verwandtenbeschäftigung und der künftigen Herstellung von Transparenz der Nebeneinnahmen durch Gesetz vom 22. Mai 2013 (siehe auch Anlage IV im Anhang) wird in dieser Neuausgabe dargestellt und kommentiert. Auch der Dokumentenanhang ist entsprechend erweitert worden.

Übrigens hatte ich die Vetternwirtschaft bayerischer Landtagsabgeordneter bereits 2011 in wissenschaftlichen Veröffentlichungen[1] und einem darauf beruhenden Beitrag im *Münchner Merkur*[2] kritisiert, auch die Beschäftigung von Geschwistern und von Ehegatten und Kindern in sogenannten Altverträgen. Meine Arbeiten hatten dem Bayerischen Landtag vorgelegen. Darüber existiert ein Briefwechsel mit Peter Worm, dem Landtagsdirektor. Ich hatte ihm vorgehalten, dass die bayerischen Regelungen »in hohem Maße anfechtbar« seien und »alsbald korrigiert« werden müssten. Eine Reaktion blieb aus.

Der Vorgang bestätigt einmal mehr, dass sich Politiker, wenn sie in eigener Sache entscheiden, durch akademisch zurückhaltende, in Fachzeitschriften oder einzelnen Presseartikeln geäußerte Kritik nicht von missbräuchlichen Zugriffen auf die Staatsfinanzen abbringen lassen. Eine Chance, die Politik zur Beseitigung von ihr verantworteter Missstände zu veranlassen, hat offenbar allenfalls die Kritik, die sich – wie dieses Buch – mit einem deftigen Titel an eine breite Öffentlichkeit wendet.

Vetternwirtschaft und Transparenz der Nebeneinnahmen sind allerdings nur zwei Zipfel der in diesem Buch behandelten Gesamtproblematik, wenngleich die am offensten zutage liegenden. Anderes ist komplexer und erschließt sich vielleicht erst bei einem zweiten, genaueren Blick als Teil einer systematischen Selbstbedienung. Diese Komplexität, in deren Schutz sich vieles Problematische verbergen lässt, hat die bayerische politische Klasse bisher vor »Entdeckung« bewahrt. Sie hat auch dazu geführt, dass die zugrunde liegenden Hauptprobleme, die nach wie vor das Schwergewicht dieses Buchs bilden, bisher in der öffentlichen Diskussion noch viel zu kurz gekommen sind.

Gemeint ist Folgendes: Sämtliche Auswüchse der bayerischen Politikfinanzierung beruhen auf äußerst anfechtbaren, selbst gemachten Regelungen, und diese haben stets alle Abgeordneten und alle Fraktionen, nach Art eines großen politischen Kartells, immer wieder einmütig beschlossen und der Öffentlichkeit dabei die eigentlichen »Dollpunkte« absichtlich verschwiegen.

Ein frühes Beispiel ist das von allen Fraktionen eingebrachte und beschlossene Abgeordnetengesetz von 1977, in dem die Struktur des finanziellen Status bayerischer Abgeordneter festgelegt und für andere Landesparlamente ein (schlechtes) Beispiel gegeben wurde. Im Gesetzgebungsverfahren war die Öffentlichkeit mit keinem Wort darüber aufgeklärt worden, dass die Bayerische Verfassung den Abgeordneten nur eine »Aufwandsentschädigung« zuerkennt (siehe S. 129). Ebenso wenig waren die üppige Altersversorgung (siehe S. 156) und die verfassungswidrige steuerfreie Kostenpauschale (siehe S. 144) problematisiert worden.

Dieselbe Vorgehensweise ist auch bei dem von allen Fraktionen eingebrachten und beschlossenen Fraktionsgesetz von 1992 zu beobachten. Dieses Gesetz erlaubt es den Fraktionen, Öffentlichkeitsarbeit zu betreiben, und gestattet ihnen, ihren »Amtsträgern« Zusatzentschädigungen zu gewähren, sogenannte Funktionszulagen – beides im Widerspruch zur Rechtsprechung des Bundesverfassungsgerichts, was der Öffentlichkeit aber wiederum vorenthalten wurde (S. 65).

Beide Gesetze verlangen zudem für Erhöhungen der Mitarbeiterentschädigung beziehungsweise der Fraktionsgelder lediglich die Aufstockung eines Titels im Haushaltsplan, was in der Masse der Haushaltstitel aber kaum auffällt. Mit diesen öffentlichkeitsscheuen Verfahren wurden die Fraktionsmittel 2008 um 50 Prozent erhöht und die Mitarbeiterentschädigung seit 2008 verdoppelt.

Ein drittes Beispiel ist die von allen Fraktionen eingebrachte und einmütig beschlossene Änderung des Abgeordnetengesetzes im Jahr 2000, bei der gezielt der falsche Eindruck erweckt wurde, die Abgeordneten dürften in Zukunft keinerlei Verwandte mehr auf Staatskosten beschäftigen (siehe S. 88 und 272).

Alle haben sich mit ins Boot gesetzt und sich immun gemacht gegen Kontrollen, auch die Oppositionsparteien. Die Opposition profitiert ja genauso von den Wohltaten und fiel deshalb als Gegengewicht aus.

Und die Bürger? Sie hätten die Parteien im Landtag nur dann mit dem Stimmzettel bestrafen und zum Beispiel außerparlamentarische Parteien wählen können, wenn sie die Missstände gekannt hätten. Doch vorsorglich hat man der Öffentlichkeit immer wieder Sand in die Augen gestreut und die Medien eingelullt, um die öffentliche Kontrolle auszuhebeln, die, wie das Bundesverfassungsgericht sagt, eigentlich »die einzige wirksame Kontrolle« bei Entscheidungen des Parlaments in eigener Sache darstellt – oder doch darstellen sollte.

Zusammen mit der – gezielt versteckten und der Kontrolle durch das Landtagsamt entzogenen (siehe S. 92 und 100) – Verwendung der öffentlichen Mittel für Verwandte, Fraktionsgenossen, Parteien und sich selbst haben die Abgeordneten und Fraktionen – unter Umgehung aller Kontrollen – ein umfassendes, grob verfassungswidriges Selbstbedienungssystem entwickelt, in dem für das Jahr 2014 21,5 Millionen Euro für Abgeordnetenmitarbeiter und 15,9 Millionen Euro für die Fraktionen bewilligt wurden. In sämtlichen Teilen der Politikfinanzierung nimmt Bayern die Spitze unter den Bundesländern ein.

Das Buch weist aber auch Wege, wie das System aufgebrochen und die nötige Legitimität bayerischer Politikfinanzierung wieder hergestellt werden kann.

Zu begrüßen ist es, dass der Bayerische Oberste Rechnungshof in unmittelbarer Reaktion auf das Buch und die Aufdeckung des Skandals mit einer Prüfung der Landtagsverwaltung begonnen hat und auch bestimmte Aspekte des finanziellen Status der Abgeordneten ins Visier nehmen will. Eine umfassende Bereinigung der Probleme darf man davon aber nicht erwarten. Denn der Rechnungshof prüft lediglich den *Vollzug* der Gesetze und Haushaltspläne, grundsätzlich nicht auch diese selbst. Darin liegt in Bayern aber das Hauptproblem. Bis zur Vorlage des Berichts des Rechnungshofs, die, wenn er Wirkung entfalten soll, rechtzeitig vor der Landtagswahl erfolgen muss, wollte die Landtagspräsidentin zunächst, die Prüfung als Vorwand nehmen, Anfragen der Medien zu blockieren, hat sich dann aber doch eines Besseren besonnen.[3] Auch sonst muss die öffentliche Kontrolle weiterhin wachsam bleiben.

Der bayerische Skandal fällt zeitlich zusammen mit einer bemerkenswerten Entwicklung im *Bund*. Kurz vor dem Erscheinen des Buchs hatte eine Kommission unter Vorsitz des früheren Bundesjustizministers Edzard Schmidt-Jortzig ihren Bericht über den finanziellen Status von Bundestagsabgeordneten vorgelegt.[4] Diese Kommission, die vornehmlich aus ehemaligen Ministern, Parlamentarischen Staatssekretären, Abgeordneten und sonstigen parteinahen Personen bestand, schlägt in verklausulierter Form vor, die Entschädigung der Bundestagsabgeordneten um monatlich fast 1000 Euro zu erhöhen und künftig zu dynamisieren. Das erinnert an die 1995 spektakulär am Nein des Bundesrats gescheiterte Ankoppelung der Diäten an die Bezüge von Bundesrichtern. Damals war »Diätenanpassung« zum Unwort des Jahres erklärt worden.

Die Fraktionen des Bundestags wollen das Thema allerdings erst *nach* der Bundestagswahl im Herbst 2013 behandeln, obwohl Bundestagspräsident Norbert Lammert vor der Verschiebung gewarnt hatte: Wenn erst ein neuer Bundestag auf die Empfehlungen der Kommission zurückkomme, »diskutiert er wieder unvermeidlicherweise unter dem Verdacht, Regelungen für sich selbst beschließen zu sollen und zu wollen«. Um diese kontrollscheue Flucht in die Nachwahlzeit zu unterbinden, sollten die Vorschläge *vor* der Wahl öffentlich diskutiert und die Fraktionen und Abgeordneten zu politisch verbindlichen Stellungnahmen veranlasst werden.

Auch das im Vorwort der ersten Auflage erwähnte Gerichtsverfahren, das ich für die ÖDP führe, ist inzwischen fortgeschritten. Es geht dabei um verdeckte Parteienfinanzierung durch Bundestagsfraktionen, Parteistiftungen und den Einsatz von Mitarbeitern der Bundestagsabgeordneten, also ein Thema, das sich in ähnlicher Weise auch in Bayern stellt und einen wesentlichen Teil dieses Buchs ausmacht. Auf die vom Bundesverfassungsgericht allen Verfassungsorgane zugestellte Klage[5] haben sich inzwischen der Bundestag sowie die CDU/CSU schriftsätzlich geäußert. Die Entscheidung des Gerichts steht noch aus.

Auch die ebenfalls im ersten Vorwort erwähnte erfolgreiche Klage gegen die Fünf-Prozent-Hürde bei Europawahlen wird wieder aktuell. Die Sprecher der Bundestagsfraktionen mit Ausnahme der Linken haben sich laut Zeitungsberichten Mitte Mai darauf geeinigt, eine Dreiprozentklausel einzuführen,[6] obwohl das Gericht die bisherige Fünfprozentklausel bei deutschen Europawahlen erst vor eineinhalb Jahren für verfassungswidrig erklärt und dabei implizit auch niedrigere Sperrklauseln verboten hat[7].

Dies alles zeigt, dass die beschriebenen Missstände nicht unbedingt ein Sonderfall der bayerischen Politik bleiben müssen, sondern auch der Bundestag für missbräuchliche Entscheidungen in eigener Sache anfällig ist.

Bei der umfangreichen Überarbeitung und Ergänzung des Texts standen mir Prof. Dr. Hermann Heußner und Prof. Dr. Christian Pestalozza erneut mit Anregungen und konstruktiver Kritik zum Text insgesamt oder zu Teilen davon zur Seite, und Diplom-Volkswirt Andrei Kiraly half bei den erforderlichen Recherchen. Dafür danke ich auch an dieser Stelle ganz herzlich. Für alle verbliebenen Mängel trage ich natürlich allein die Verantwortung.

Hans Herbert von Arnim
Speyer, Ende Mai 2013

Vorwort zur ersten Ausgabe

Auf das Selbstbedienungsproblem in Bayern bin ich eigentlich eher zufällig gestoßen. In der Begründung meiner Klage gegen die Fünfprozentklausel bei der Europawahl, die 2011 zu deren Aufhebung führte, hatte ich aufgezeigt, wovon kleinere Parteien, die an der Sperrklausel scheitern, alles ausgeschlossen sind. Dabei war ich auf das gewaltige Volumen der indirekten Staatsfinanzierung gestoßen, die etablierte Parteien sich durch Umleitung der Geldströme auf ihre Fraktionen und Abgeordnetenmitarbeiter beschafft haben. Die Folge ist ein Abheben der Politik von den Menschen und eine Benachteiligung kleinerer Parteien. Deren große Bedeutung für das Funktionieren des politischen Wettbewerbs in der Demokratie hatte das Bundesverfassungsgericht in einem Urteil von 2004 unterstrichen, das ich für eine kleinere Partei erstritten hatte. Deshalb habe ich die verschleierte Parteienfinanzierung auf Bundesebene inzwischen in Karlsruhe angegriffen; die Entscheidung des Bundesverfassungsgerichts steht noch aus. Auf Landesebene, allen voran in Bayern, ergeben sich aber noch weit gravierendere Probleme: Bayern ist geradezu Deutscher Meister im gezielten Verstecken verbotener selbst bewilligter Zuwendungen.

Zugleich können die Bürger in diesem Land mit der Volksgesetzgebung und der nur in Bayern bestehenden Popularklage missbräuchliche Regelungen in sehr viel weiterem Umfang angreifen als im Bund. Der Bayerische Verfassungsgerichtshof hat seine Kontrollfunktion gegenüber dem in eigener Sache entscheidenden Landtag bisher aber noch nicht wirklich wahrgenommen. Deshalb dieses Buch.

Für die kritische Durchsicht des Manuskripts, ganz oder in Teilen, danke ich Prof. Dr. Hermann K. Heußner, Dr. Hans-Jörg Münchbach und Prof. Dr. Christian Pestalozza ganz herzlich, ebenso Dipl.-Volkswirt Andrei Kiraly für die Hilfe bei der Materialbeschaffung. Alle verbliebenen Mängel und Schärfen des Textes gehen natürlich mit mir nach Hause.

Hans Herbert von Arnim
Speyer, Anfang Februar 2013

Einleitung:
Heimliche Bereicherung

Wer den Staat beherrscht, ist leicht versucht, die öffentlichen Ressourcen anzuzapfen und im Übermaß auf das vom Staat eingetriebene Steuergeld zuzugreifen. Bei dieser Form der Selbstbedienung stand lange der Bund im Vordergrund. In seinem Schatten bedienten sich aber auch manche Landesparlamente kräftig, allen voran in Bayern. Berücksichtigt man, dass die Aufgaben der Landesparlamente kontinuierlich abgenommen haben, sie gleichzeitig aber ihre Bezahlung gewaltig gesteigert haben, mutet die Entwicklung geradezu paradox an.

An der offiziellen staatlichen Parteienfinanzierung hat sich die bayerische CSU vorab einen Löwenanteil gesichert: Sie erhält rund dreimal so viel wie die bayerischen Landesverbände aller anderen Parteien zusammen. Weitere Erhöhungen sind hier allerdings nicht möglich, denn um missbräuchliche Selbstbedienung zu verhindern, ist das Staatsgeld durch eine absolute Obergrenze »gedeckelt«. Deshalb ist man auf Umwege verfallen und hat stattdessen die Mittel für andere Akteure, die den Parteien zuarbeiten, finanziell aufgebläht: für die Abgeordneten und ihre persönlichen Mitarbeiter sowie für die Fraktionen.

Abgeordnete werden zwar voll bezahlt und üppig versorgt. Sie können ihr Mandat aber auch in Teilzeit ausüben. Das sieht man daran, dass viele zusätzlich noch einen privaten Beruf, zum Beispiel als Rechtsanwalt, oder neben ihrer Abgeordnetentätigkeit gar das Amt eines Ministers oder Staatssekretärs innehaben. Anderen erlaubt die voll bezahlte Teilzeitarbeit, tagein, tagaus für ihre Partei tätig zu sein. Hinzu kommt, dass die Mittel für Fraktionen seit 2008 um mehr als die Hälfte aufgestockt und die für Abgeordnetenmitarbeiter sogar verdoppelt wurden. Beides zusammen macht inzwischen ein Mehrfaches der offiziellen staatlichen Parteienfinanzierung aus.

Auch persönlich profitieren die Abgeordneten: Neben ihrer direkten Bezahlung ließ sich das Einkommen lange indirekt durch die Beschäftigung von Ehegatten und Verwandten auf Kosten der Steuerzahler weiter erhöhen. Besondere Posten werden, obwohl die Inhaber als Abgeordnete schon voll alimentiert sind, mit üppigen Extradiäten entlohnt. Auch Regierungsmitglieder werden doppelt bezahlt und bekommen neben ihrem Amtsgehalt und den halben Diäten noch überhöhte steuerfreie Pauschalen.

Die Selbstbereicherung von Parteien und Politikern lässt sich allerdings nur heimlich durchsetzen. Zur Ausschaltung der öffentlichen Kontrolle spielen von der CSU initiierte politische Kartelle eine zentrale Rolle. Da auch die Opposition profitiert, ist sie meist leicht einzubinden. Das führt dann zu Erhöhungen auf dem größten gemeinsamen

Nenner – und weil alle etablierten Parteien mitmachen, ist dem Bürger die Möglichkeit genommen, mit dem Stimmzettel dagegen vorzugehen. In Bayern gibt es eine ganze Fülle solcher von den Parlamentsparteien gemeinsam beschlossener Kartellgesetze, die den Missbrauch legalisieren und mit deren Hilfe sich die politische Klasse ungestört und ohne Rücksicht auf entgegenstehende Voten des Bundesverfassungsgerichts und des Bayerischen Rechnungshofs bedient.

Dabei schmückt sich das direkt gewählte Hohe Haus gern mit der Aura der Unantastbarkeit. Zugrunde liegt die überkommene Vorstellung, dass die Abgeordneten in öffentlichen Verhandlungen das Pro und Kontra ihrer Entscheidungen sorgfältig abwägen. Der Nimbus von Gesetzen als Garant von Ausgewogenheit und Richtigkeit tut ein Übriges.

Die Realität aber ist eine ganz andere: In Wahrheit sind der in eigener Sache entscheidende Landtag und seine missbräuchlichen Gesetze selbst das Problem.

Teil 1

Politik: Macht, Missbrauch und Kontrolle

I Selbstbedienung:
Das Parlament entscheidet in eigener Sache

Über ihren Status und ihre Bezahlung entscheiden Abgeordnete, Regierungsmitglieder, Parteien und Fraktionen im Parlament selbst. Wenn die Begünstigten aber bestimmen können, wie viel Staatsgeld sie erhalten, wofür sie es verwenden und wer darüber entscheidet, ob sie es zu Recht erhalten, sind sie – wie immer bei Entscheidungen in eigener Sache – natürlich nicht neutral und unbefangen. Die eigenen Bedürfnisse wachsen dann rasch ins Unermessliche. Ohne wirksame Kontrollen und Grenzen tendiert parlamentarische »Selbstbedienung« deshalb leicht zum Missbrauch.

Bayern ist dafür geradezu ein Schulbeispiel. Gewiss gibt es auch in anderen Bundesländern ähnliche Probleme. Der Freistaat aber treibt es auf die Spitze. Das liegt auch daran, dass die CSU das Land seit über einem halben Jahrhundert beherrscht und es ihr immer wieder gelang, die Oppositionsfraktionen beim Anzapfen der staatlichen Ressourcen zu bereitwilligem Mitmachen zu bewegen.

II Gewicht
der Rechtsgüter

Dabei stehen zentrale Rechtsgüter auf dem Spiel. Es geht – anders als gelegentlich suggeriert wird[1] – nicht in erster Linie um die fiskalische Belastung des Steuerzahlers. Die bloße Ermittlung der Pro-Kopf-Belastung der Bürger, mit der sich erhebliche Gesamtsummen als scheinbar geringfügige »Peanuts« darstellen lassen, stellt deshalb eine schreckliche Verniedlichung der Problematik dar. Geld ist in der Politik auch ein Mittel zum Machterhalt.[2] Daher ist die faire und ausgewogene Gestaltung der einschlägigen Regeln der Machtbewerbung[3] in der Demokratie von größter Bedeutung.[4] Es geht um das Vertrauen der Menschen in ihre Parteien und Abgeordneten und letztlich um die Legitimation der repräsentativen Demokratie insgesamt.

Bei Entscheidungen des Parlaments in eigener Sache können sich drei gefährliche Schieflagen ergeben:

1. Die Parlamentsmehrheit verschafft sich auf Kosten der parlamentarischen Opposition ungerechtfertigte Vorteile.

2. Parlamentsmehrheit und Opposition tun sich zusammen und begünstigen sich übermäßig auf Kosten außerparlamentarischer Kräfte.
3. Die Politik bewilligt sich insgesamt zu viel.

Fälle der Gruppe 1 werden allerdings in dem Maße seltener, als die Regierungs- und die Oppositionsfraktionen in Sachen Politikfinanzierung dazu neigen, politische Kartelle zu bilden. Dann droht die Benachteiligung kleiner Konkurrenten und die Missachtung der politischen Chancengleichheit, also eines Grundsatzes, der zum Wesenskern der Demokratie gehört.[5]

Während Gruppe 1 und 2 das Problem ungleicher *Verteilung* betreffen, geht es in Gruppe 3 um das *Niveau* der öffentlichen Mittel insgesamt. Die delegitimierende Wirkung, die aus einem Übermaß an Selbstbewilligung erwachsen kann, beschreibt das Bundesverfassungsgericht am Beispiel der staatlichen Parteienfinanzierung folgendermaßen:

> »Gewönne der Bürger den Eindruck, die Parteien ›bedienten‹ sich aus der Staatskasse, so führte dies notwendig zu einer Verminderung ihres Ansehens und würde letztlich ihre Fähigkeit beeinträchtigen, die ihnen von der Verfassung zugewiesenen Aufgaben zu erfüllen.«[6]

Nichts würde deshalb der Problematik weniger gerecht, als das Thema als Ausfluss bloßer Neiddiskussion abzutun oder es nach der Devise »Über Geld spricht man nicht« – und schon gar nicht über das der Mächtigen im Staat – unter den Teppich zu kehren.

III Die Theorie: Wer die politische Klasse kontrollieren könnte

Weil die auf dem Spiel stehenden Rechtsgüter so wesentlich und die Gefahr überzogener Selbstbewilligung so groß sind, besteht ein gesteigertes Kontrollbedürfnis. Für eine wirksame Kontrolle der im Parlament in eigener Sache entscheidenden Politiker kommen vor allem folgende Instanzen in Betracht:

- *Die Öffentlichkeit, insbesondere die Medien.* Voraussetzung, damit die öffentliche Kontrolle überhaupt greifen kann, ist ein transparentes Gesetzgebungsverfahren.[7] Durch eine missbräuchliche Gestaltung des Verfahrens wird die Öffentlichkeit ausgeschaltet.
- *Die Entscheidung unmittelbar durch das Volk.* Auf Landesebene können die Wähler der Alleinherrschaft der Parteien Grenzen setzen, indem sie durch Volksbegehren und Volksentscheid direkt auf die Politik Einfluss nehmen – im Gegensatz zum Bund, wo dem Volk bisher direktdemokratische Möglichkeiten vorenthalten werden. In Bayern bedürfen sogar Verfassungsänderungen,

die das Parlament beschlossen hat, zwingend der Zustimmung des Volkes.

- *Die Verfassungsgerichte.* Das Bundesverfassungsgericht[8]
und viele Landesverfassungsgerichte[9] wissen um die ty-
pische Schlagseite von Entscheidungen des Parlaments
in eigener Sache und unterwerfen sie deshalb einer verschärften Gerichtskontrolle. Für die staatliche Parteienfinanzierung hat das Bundesverfassungsgericht, um Missbrauch zu verhindern, nicht nur die Bedeutung öffentlicher Kontrolle betont, sondern auch verfassungsrechtliche Obergrenzen entwickelt, die das Parlament nicht
überschreiten darf.[10]

- *Die Rechnungshöfe.* Ihre Aufgabe ist es vor allem, die be-
stimmungsgemäße Verwendung der öffentlichen Mittel
zu prüfen.

Was aber, wenn die politische Klasse diese Kontrollinstan-
zen gezielt ausschaltet oder umgeht?

IV Verfassungsgerichte: Wirksame Kontrolleure?

Bei der Kontrolle der in eigener Sache entscheidenden Parlamente nehmen die Verfassungsgerichte eine Schlüsselstellung ein. Einerseits können sie die parlamentarische Selbstbedienung wirksam kontrollieren – andererseits können sie die Kontrolle aber auch lahmlegen,

- indem sie selbst nur eine oberflächliche Prüfung vornehmen,
- indem sie parlamentarische Geheimverfahren durchgehen lassen und so die Ausschaltung der öffentlichen Kontrolle nicht unterbinden,
- indem sie die Voraussetzungen für Volksbegehren und Volksentscheid verschärfen und dadurch die Kontrolle unmittelbar durch das Volk erschweren.

Die Gefahr, dass das Verfassungsgericht Entscheidungen, die das Parlament in eigener Sache trifft, nicht besonders intensiv (siehe S. 32), sondern nur lax prüft und die Kontrolle durch andere Instanzen schwächt, ist nicht von der

Hand zu weisen, wenn die Wahl der Richter Sache der Politik ist. Die Politik handelt, soweit es um die richterliche Beurteilung ihrer Interessen geht, bei der Auswahl der Richter letztlich ebenfalls in eigener Sache, und es ist nicht auszuschließen, dass sich das auf die Auswahlentscheidung auswirkt. Die verfassungsrechtlich gewährleistete richterliche Unabhängigkeit ist zwar eine mächtige Bastion gegen eine einseitige Rechtsprechung zugunsten der Politik. Es bleiben aber Zweifel, ob die Unabhängigkeitsgarantie immer ausreicht, zumal wenn die Auswahl der Richter in der Hand einer seit einem halben Jahrhundert dominierenden Regierungspartei liegt und unbegrenzte Wiederwahl möglich ist, wie es in Bayern der Fall ist.[11]

Dagegen können Bundesverfassungsrichter, um ihre Unabhängigkeit besser zu gewährleisten, nur mit Zweidrittelmehrheiten gewählt werden,[12] was die Dominanz einer Partei verhindert. Vor allem ist im Bund eine Wiederwahl ausgeschlossen, und die Richter werden auf zwölf Jahre gewählt.[13] In Bayern werden die (für die Normenkontrolle zuständigen berufsrichterlichen) Verfassungsrichter im Wesentlichen von der CSU ausgewählt, und das nur auf acht Jahre.[14] Vor allem können sie unbegrenzt wiedergewählt werden.[15] Die von der CSU dominierte Richterwahl bewirkt, wie ein Kommentator in akademischer Zurückhaltung schreibt, »dass eine gewisse parteipolitische Gebundenheit der gewählten Richter nicht immer auszuschließen ist«.[16] Geht es im Verfassungsstreit um Belange der CSU (samt ihrer Regierung und ihrer Landtagsmehrheit), so müssen die Richter gegebenenfalls gegen die Anträge und Interessen jener entscheiden, die sie gewählt haben und auf die sie bei ihrer Wiederwahl angewiesen sind.

Zugespitzt mag ein drastisches Beispiel die Problematik dieser Konstruktion deutlich machen. Was würde man wohl sagen, wenn Bayern München zu einer Fußballbegegnung den Schiedsrichter mitbrächte und dieser dann nicht nur Tatsachenentscheidungen auf dem Platz treffen, sondern auch das Regelwerk ad hoc zugunsten seines Clubs ändern würde? Das Beispiel mag weit hergeholt erscheinen und der Vergleich von Berufsrichtern und Schiedsrichtern im Profisport auch hinken. Zutreffend aber bleibt, dass die CSU die Hauptverantwortung für die exzessiven Regelungen der Politikfinanzierung im Freistaat trägt und dass über deren Rechtmäßigkeit von der CSU berufene Verfassungsrichter zu entscheiden haben. Die Bürger und die Öffentlichkeit können in dieser Situation nur auf den sogenannten Becket-Effekt hoffen, also darauf, dass die Richter ihres Amtes walten und notfalls auch gegen die Interessen derer entscheiden, die sie berufen haben.

Dass die Rechtsordnung einer solchen Bestimmung der Kontrolleure durch die zu Kontrollierenden grundsätzlich skeptisch gegenübersteht, sieht man auch am schiedsrichterlichen Verfahren[17]. Dort werden die Schiedsrichter von beiden Parteien gemeinsam bestellt. Besitzt eine Partei bei der Bestellung der Schiedsrichter ein Übergewicht, das die andere Partei benachteiligt, kann diese verlangen, dass eine unabhängige Instanz die Schiedsrichter bestellt.[18]

Auch der Präsident des *Bayerischen Rechnungshofs* wird zwar auf Vorschlag der Regierung vom Landtag mit einfacher Mehrheit gewählt, dies allerdings auf zwölf Jahre. Danach tritt er in den Ruhestand. Er ist also nicht auf eine Wiederwahl angewiesen, vielmehr ist diese ausdrücklich ausgeschlossen.[19] Die übrigen Mitglieder des Rechnungshofs sind Beamte auf Lebenszeit und werden auf Vorschlag des Rechnungshofpräsidenten vom Ministerpräsidenten ernannt.[20]

Allerdings ist der Einfluss des Rechnungshofs mit dem des Verfassungsgerichtshofs nicht voll vergleichbar. Seine Entscheidungen haben keine Rechtskraft, sondern sind auf die freiwillige Befolgung durch Regierung und Parlament angewiesen, weshalb die Rechnungshöfe früher auch als »Ritter ohne Schwert« bezeichnet wurden. Nicht zuletzt durch geschickte Strategie bei der Veröffentlichung ihrer Beanstandungen können Rechnungshöfe heute aber großen medialen Druck entfalten und auf diese Weise sehr wohl erheblichen Einfluss ausüben. Zudem können Rechnungshöfe von sich aus aktiv werden; Gerichte dürfen das nicht: »Wo kein Kläger, da kein Richter.«

Es wird zu zeigen sein, dass und wie die CSU im Verein mit der parlamentarischen Opposition in einer langen Reihe von Entscheidungen in eigener Sache immer wieder sämtliche Kontrollen ausgetrickst hat – und dass der Bayerische Verfassungsgerichtshof diese Aktionen gedeckt hat. So konnte die politische Klasse im Freistaat ihre Stellung – auch auf Grund der exzessiven Politikfinanzierung – in einem Maße ausbauen, wie dies in keinem der anderen fünfzehn Bundesländer der Fall ist. Der »Parteigeist«, vor dessen »Erstarken« Wilhelm Hoegner, der Vater der Bayerischen Verfassung, schon früh gewarnt hatte,[21] tut heute unübersehbar sein fatales Werk.

Teil 2

Versteckte
Parteienfinanzierung:
Fraktionen und persönliche
Mitarbeiter von Abgeordneten

I Die im Gelde schwimmen: Die Fraktionen

1 Fraktionsfinanzierung: Eine Kette von Manipulationen und versteckten Verfassungswidrigkeiten

Die Finanzierung bayerischer Landtagsfraktionen strotzt geradezu von Manipulationen, die alle dem Zweck dienen, völlig überzogenen Geldleistungen den Anschein der Legalität zu geben, gleichzeitig aber die Kontrollen, vor allem die öffentliche Kontrolle, auszuschalten. Dies geschieht auf zwei Wegen: Zum einen billigt das Fraktionsgesetz von 1992[1] eine Reihe von Leistungen und ermöglicht gleichzeitig ihre Verheimlichung; es erlaubt, Erhöhungen der Fraktionsmittel im Haushaltsplan zu verstecken, und erleichtert so ihre Bewilligung in eigener Sache. Es gestattet den Fraktionen, Öffentlichkeitsarbeit zu betreiben, obwohl sie damit unerlaubt Parteifunktionen übernehmen, und hilft, den Umfang dieser PR-Arbeit vor der Öffentlichkeit kleinzurechnen. Es billigt die Zahlung von Extradiäten für Funktionäre der Fraktionen und ermöglicht gleichzeitig, die Höhe der Zuschläge und ihre Empfänger geheim zu halten.

Da dies alles nicht nur gezielt intransparent, sondern auch mehrfach verfassungswidrig ist, musste – zum zweiten –, um die Medien möglichst nicht aufzuscheuchen, auch das Fraktionsgesetz selbst in einer Art Geheimverfahren durchgedrückt und auch dabei die Öffentlichkeit ganz gezielt hinters Licht geführt werden (siehe S. 65).

2 Weder Kontrollen noch Grenzen bei der *Bewilligung* der Mittel

Alle Kontrollen gegen Missbrauch fehlen, wenn bayerische Fraktionen darüber entscheiden, wie viel Staatsgeld ihnen zufließen soll. Erhöhungen verlangen nicht einmal eine Änderung des Fraktionsgesetzes, sodass die öffentliche Kontrolle weitgehend ausfällt. Anders ist es zum Beispiel in Niedersachsen, wo eine Gesetzesänderung erforderlich ist. In Bayern muss dagegen lediglich ein Posten im Haushaltsplan angehoben werden. Dieser Posten taucht dann im bayerischen Gesetz- und Verordnungsblatt gar nicht mehr auf, weil dort nur eine Grobfassung des Haushaltsplans veröffentlicht wird. Auch in der vorangehenden Haushaltsdebatte im Parlamentsplenum, wo die großen politischen Themen im Vordergrund stehen, geht eine Erhöhung in der Unmasse der Titel des Budgets leicht unter, zumal die Opposition ebenfalls profitiert und deshalb meist kein Interesse daran hat, die Öffentlichkeit zu mobilisieren.

Die Regelung durch ein eigenes Gesetz wäre deshalb eigentlich unerlässlich. Dann bedürften Erhöhungen eines ordentlichen Gesetzgebungsverfahrens mit einem als Landtagsdrucksache zu veröffentlichenden Gesetzentwurf, mit öffentlichen Beratungen im Landtagsplenum und der Publikation des Ergebnisses im Bayerischen Gesetz- und Verordnungsblatt. Öffentliche Kontrolle würde ermöglicht, und der politischen Klasse würde es erschwert, sich unbegründete Erhöhungen zu bewilligen. Der stärkere Kontrolleffekt lässt sich auch empirisch belegen (siehe S. 74).

Dennoch ist ein solches Verfahren nur eine notwendige, nicht immer auch eine ausreichende Bedingung für eine wirksame Kontrolle zur Verhinderung von Missbrauch. Denn wenn Regierungsfraktion und Opposition sich darin einig sind, die Öffentlichkeit auszuschalten, kann das Gesetzgebungsverfahren so manipuliert werden, dass Medien und Zivilgesellschaft die beabsichtigten »Dollpunkte« gar nicht mitbekommen. Das Bayerische Fraktionsgesetz (siehe S. 65) und viele andere in diesem Buch analysierten Gesetze in Sachen Politikfinanzierung sind dafür traurige Beispiele. Deshalb hat das Bundesverfassungsgericht, um eine übermäßige Selbstbedienung zu verhindern, bei der Parteienfinanzierung, zusätzlich zur spezialgesetzlichen Regelung, noch eine absolute Obergrenze gezogen, die die staatlichen Zuschüsse nicht überschreiten dürfen.[2]

Bei der Fraktionsfinanzierung fehlt eine solche Obergrenze bisher. Sie wäre angesichts des inzwischen erreichten Umfangs der Fraktionsfinanzierung in Bayern (für 2013 haben sich die Fraktionen 15,7 Millionen Euro bewilligt; siehe S. 67) aber besonders wichtig. Die Überlegungen, die zur Einführung der Deckelung der Parteienfinanzierung geführt haben, gelten auch für die Fraktionen, ja, sie treffen auf diese sogar noch mehr zu. Bei Erhöhungen der staatlichen Parteienfinanzierung muss immerhin das Parteiengesetz geändert und so die öffentliche Kontrolle ermöglicht werden, eine Vorkehrung, die bei Fraktionen in Bayern fehlt.

Die *relative* Obergrenze, nach der die Staatsfinanzierung nicht mehr als die Hälfte der Gesamteinnahmen der Parteien ausmachen darf, stellt eine weitere Begrenzung der staatlichen Parteienfinanzierung dar, die bei den fast vollständig staatlich alimentierten Fraktionen jedoch von vornherein nicht anwendbar ist. Umso dringender wäre eine absolute verfassungsrechtliche Obergrenze gerade bei der Fraktionsfinanzierung. Ohne sie ergeben sich genau die Gefahren, die das Bundesverfassungsgericht zur Plafondierung der Parteienfinanzierung motiviert haben: das unkontrollierte »Anschwellen« der Finanzen und der drohende Ansehensverlust des Landtages, wenn der Bürger den Eindruck gewinnen muss, die Fraktionen »›bedienten‹ sich aus der Staatskasse«.[3]

3 Gefälligkeiten? Ein Gutachten des Verfassungsgerichtspräsidenten in spe

Das Bundesverfassungsgericht hat die Frage des Gesetzes-vorbehalts bislang allerdings noch nicht entschieden, son-dern sie ausdrücklich offen gelassen.[4] Die überwältigende Kritik der Fachwelt an der versteckten Bewilligung der Fraktionsmittel im Haushaltsplan[5] veranlasste den Bayeri-schen Landtag aber, einen Gutachter zu bemühen, um die Verfassungsmäßigkeit des Verfahrens weiterhin behaupten zu können. Damit beauftragte er Hans-Jürgen Papier, sei-nes Zeichens Münchner Staatsrechtsprofessor und CSU-Mitglied. Unmittelbar vor seiner – auf Vorschlag der CSU erfolgenden – Berufung zum Vizepräsidenten des Bun-desverfassungsgerichts, lieferte Papier 1998 das Gutachten ab – unter Heranziehung parteinaher Autoren[6] und offen-kundig zur vollen Zufriedenheit seines Auftraggebers.[7]

Papier, der wegen seiner umfangreichen Gutachtenstä-tigkeit gelegentlich auch als »Mietfeder« bezeichnet wird,[8] lehnt die Notwendigkeit eines Gesetzesvorbehalts unter an-derem mit der Begründung ab, auch ein Gesetzgebungsver-fahren könne so manipuliert werden, dass die öffentliche Kontrolle ausgeschaltet werde. Die Brisanz dieses Argu-ments verschleiert er allerdings semantisch, indem er for-muliert:

> »Auch eine fachgesetzliche Änderung [könne] unbemerkt von der Öffentlichkeit, mangels ei-ner besonderen Problematisierung im Parla-

ment und/oder in der öffentlichen Meinungs-
bildung, das Gesetzgebungsverfahren erfolgreich durchlaufen«.[9]

Diese Feststellung trifft zwar zu. Bedenkt man aber, dass
gerade bei Erlass des Fraktionsgesetzes die öffentliche Kontrolle gezielt ausgeschaltet wurde (siehe S. 65 ff.), erscheint
die Argumentation geradezu zynisch. Im Übrigen ist die
spezialgesetzliche Regelung ja nur *eine* notwendige Sicherung gegen das Unterlaufen der Öffentlichkeit. Niemand
hat behauptet, dass es eine *hinreichende* Sicherung sei, auch
das Bundesverfassungsgericht nicht, als es für Abgeordnetendiäten den Gesetzesvorbehalt vorschrieb, weil auch darüber das Parlament in eigener Sache entscheidet.[10] Gerade
weil der Gesetzesvorbehalt nicht ausreicht, hat das Bundesverfassungsgericht für die staatliche Parteienfinanzierung
die absolute Obergrenze entwickelt.

Das Bundesverfassungsgericht hat die absolute Obergrenze allerdings aus dem Grundsatz der »Staatsfreiheit der
Parteien« abgeleitet.[11] Diese Argumentation kann die Begrenzung der Fraktionsfinanzierung in der Tat nicht rechtfertigen, wenn man den Blick auf die Fraktionen allein ver-
engt. Denn die Fraktionen sind in die staatliche Organisation eingegliedert, also gerade nicht staatsfrei. Darauf hebt
auch Papier ab.[12] Allerdings übernehmen die Fraktionen
zunehmend Aufgaben von den Parteien, sodass politische
Praktiker und die Politikwissenschaft schon von »Frakti-
onsparteien« sprechen[13] und die Fraktionen als »parties in
parliament« bezeichnen,[14] als »Parteien im Parlament«. Vor

diesem Hintergrund trifft der Sinn der Obergrenze hier ebenfalls voll zu.[15] In Wahrheit ging es dem Gericht ja darum, eine unbegrenzte und missbräuchliche Ausweitung der Staatsfinanzierung bei Entscheidungen des Parlaments in eigener Sache (siehe auch S. 32) zu verhindern, und dass solcher Missbrauch auch bei der Fraktionsfinanzierung droht, zeigt ihre Entwicklung zur Genüge (siehe S. 63 f.).

Papiers Gutachten, wonach der öffentlichkeitsferne Modus bei der Selbstbewilligung der Fraktionen verfassungsrechtlich nicht zu beanstanden sei, ist inzwischen auch aus einem anderen Grund überholt. Denn der 1998 in die Bayerische Verfassung eingeführte Artikel 16a, der der Opposition einen Anspruch auf »eine zur Erfüllung ihrer besonderen Aufgaben erforderliche Ausstattung« gibt, verlangt nun auch ausdrücklich eine nähere »Regelung durch Gesetz«. Damit liegt der ausdrückliche Gesetzesvorbehalt, dessen Fehlen für Papier noch als Anlass diente, die Notwendigkeit einer spezialgesetzlichen Regelung zu verneinen,[16] nunmehr vor. Auch wenn die Initiatoren der Verfassungsänderung sich dieser Konsequenz vielleicht nicht bewusst waren,[17] verlangt nunmehr Artikel 16a der Bayerischen Verfassung mit seinem klaren Wortlaut, dass – genau wie bei den Abgeordnetendiäten und der Parteienfinanzierung, bei denen das Nähere ebenfalls durch Gesetz geregelt wird – die exakte Höhe der Zahlungen im Gesetz genannt werden muss.[18] Und auf Zahlungen an die Oppositionsfraktionen kann die gesetzliche Regelung sinnvollerweise ja wohl nicht beschränkt werden; die Regierungsfraktionen erhalten ja auch viel Geld.

4 Kontrolle und Grenzen bei der *Verwendung* der Mittel: mangelhaft

Nicht nur bei der Selbst*bewilligung* der öffentlichen Mittel für die Landtagsfraktionen (siehe oben S. 42 ff.), sondern auch bei der *Verwendung* der Mittel hat sich die CSU in Absprache mit den Oppositionsfraktionen alle Freiheiten verschafft. Gemeinsam haben sie auch den Vollzug des Gesetzes in ihrem eigenen Interesse gestaltet und sogar verfassungswidrige Ausgaben zugelassen. Auch hier wurde die Kontrolle gezielt ausgeschaltet.

Öffentlichkeitsarbeit: unzulässig

Befund: verfassungswidrig

Das Fraktionsgesetz erlaubt zwar Öffentlichkeitsarbeit der Fraktionen[19] und sucht sie auf diese Weise zu legalisieren. Das ließ sich aber nur in einem manipulativen Gesetzgebungsverfahren durchsetzen, in dem der Widerspruch zur Verfassungsrechtsprechung einfach unterdrückt wurde (siehe S. 65). Denn Öffentlichkeitsarbeit der Fraktionen ist in Wahrheit verfassungswidrig. Das hat das Bundesverfassungsgericht in aller Klarheit festgestellt.[20]

Da der Bürger zwischen Fraktion und Partei praktisch nicht unterscheidet, sind Verlautbarungen der Fraktionen, selbst wenn ihr Logo draufsteht, »notwendig parteiisch«

und kommen zwangsläufig immer auch der jeweiligen Partei zugute.[21] Die Öffentlichkeitsarbeit der Fraktionen unterscheidet sich, wie der Rechtswissenschaftler Hans Meyer mit Recht betont, von der Öffentlichkeitsarbeit der entsprechenden Parteien nur durch den Autor, nicht aber durch die Tendenzen und das Ziel, Vertrauen in die eigene Richtung zu gewinnen und zu mehren.[22] Deshalb verlangt das Verfassungsrecht »eine strikte Trennung zwischen Fraktion und Partei«.[23]

Konsequenterweise hat das Bundesverfassungsgericht schon 1966 Aufgabe und Funktion der Fraktionen ganz eng formuliert und gesagt, sie bestehe darin, »den technischen Ablauf der Parlamentsarbeit in gewissem Grade zu steuern und zu erleichtern«.[24] Nur diesem Zweck allein darf die staatliche Finanzierung dienen. Dabei hat das Gericht die Fraktionen von »Regierung und gesetzgebenden Körperschaften« ausdrücklich scharf abgegrenzt, denen Öffentlichkeitsarbeit gestattet sei, allerdings eben nur der gesetzgebenden Körperschaft als Ganzer.[25]

Die enge Bestimmung von Fraktionsfunktionen, zu deren Finanzierung öffentliche Mittel allein zulässig sind, hat das Gericht im sogenannten Wüppesahl-Urteil von 1989 erneut unterstrichen und die Zweckbestimmung dabei ein weiteres Mal und entschieden auf die parlamentsinterne Koordination beschränkt. Der fraktionslose Bundestagsabgeordnete Thomas Wüppesahl war vor das Bundesverfassungsgericht gezogen, weil er an den finanziellen Zuschüssen, die die Bundestagsfraktionen erhalten, beteiligt werden wollte. Das Gericht hat ihn jedoch deshalb nicht als benachteiligt gesehen, weil es in seinem Falle »an einem solchen Koordinationsbedarf und dementsprechend auch an einem Anspruch auf finanzielle Gleichstellung« mit den Fraktionen fehle.[26] Wären die Zuschüsse auch für Öffentlichkeitsarbeit der Fraktionen und ihrer Mitglieder bestimmt, hätte das Gericht Wüppesahl eine gewisse Beteiligung nicht vorenthalten können. So aber stellte das Gericht dadurch, dass es ihm jegliche Beteiligung verwehrt hat, klar, dass die Mittel allein für die Koordination bestimmt sind und nicht für Öffentlichkeitsarbeit verwendet werden dürfen.

Mit diesem Urteil von 1989 ist ein Beschluss eines Dreierausschusses des Bundesverfassungsgerichts von 1982 überholt. In diesem Beschluss wurde angedeutet, Öffentlichkeitsarbeit von Fraktionen könne in ähnlichem Umfang wie die (eingeschränkt zulässige) Öffentlichkeitsarbeit von Regierungen als zulässig anerkannt werden.[27] Das ist mit dem Wüppesahl-Urteil, das jede Öffentlichkeitsarbeit der Fraktionen ausschließt, nicht vereinbar. Auch bei der eingeschränkten Zulässigkeit der Öffentlichkeitsarbeit von Regierungen hatte die Rechtsprechung ausdrücklich nur die Öffentlichkeitsarbeit von »gesetzgebenden Körperschaften« mit der Öffentlichkeitsarbeit von Regierungen gleichgestellt;[28] sich also aus gutem Grund nicht auf *Teile* der gesetzgebenden Körperschaften, wie etwa die Fraktionen, bezogen.

Das Verbot einer Öffentlichkeitsarbeit der Fraktionen ist nur konsequent. Da sie zwangsläufig der jeweiligen Mutterpartei zugutekommt, unterläuft sie die verfassungsrechtliche Obergrenze für die staatliche Parteienfinanzierung[29] und verstößt somit gegen das Gebot der Staatsfreiheit der Parteien[30] sowie gegen das Recht außerparlamentarischer Parteien auf Chancengleichheit.[31]

Untaugliche Rettungsversuche

Da das Bayerische Fraktionsgesetz (und die Fraktionsgesetze des Bundes und anderer Länder) einerseits Öffentlichkeitsarbeit der Fraktionen grundsätzlich zulassen, es andererseits aber verbieten, die staatlichen Mittel für »Zwecke der Parteien« zu verwenden (so zum Beispiel Artikel 2, Satz 3 des Bayerischen Fraktionsgesetzes), versuchen die Rechnungshöfe und die Parlamente, zulässige von unzulässiger Öffentlichkeitsarbeit der Fraktionen abzugrenzen. Die Unterscheidung geht aber von einer falschen Prämisse aus, da ja schon das Fraktionsgesetz selbst verfassungswidrig ist, weil es im Gegensatz zur Rechtsprechung des Bundesverfassungsgerichts die Öffentlichkeitsarbeit der Fraktionen grundsätzlich für zulässig erklärt. Im Übrigen ist die Abgrenzung ohnehin ein hoffnungsloses Unterfangen, weil praktisch jede Art von Öffentlichkeitsarbeit der Fraktionen automatisch der jeweiligen Mutterpartei zugutekommt und die Bürger nicht zwischen Partei und Fraktion unterscheiden.

Wie sehr Veranstaltungen der Fraktionen Partei-Ersatzveranstaltungen gleichen, erweist sich beispielsweise an den Reisen durch die sieben bayerischen Bezirke, die die

Vorsitzenden der CSU- und der SPD-Fraktion immer wieder vornehmen. Die entsprechenden Presseverlautbarungen lesen sich wie die Ankündigung konkurrierender Parteikampagnen.[32] Auch Horst Seehofer hat seine erneute Kandidatur als CSU-Spitzenkandidat bei der Landtagswahl 2013 am 19. September 2012 in Kloster Banz auf einer Fraktionsveranstaltung bekannt gegeben.

Verschleierung des Umfangs

Die Fraktionen müssen die für Öffentlichkeitsarbeit ausgegebenen Summen jährlich veröffentlichen,[33] dabei wird aber der wahre Umfang der (verfassungswidrigen) Aufwendungen verschleiert. Für 2011 geben die Fraktionen folgende Ausgaben für Öffentlichkeitsarbeit (einschließlich Pressearbeit) an:[34]

Ausgaben für Öffentlichkeitsarbeit 2011

CSU	147 988 Euro
SPD	445 115 Euro
Freie Wähler	358 736 Euro
Bündnis 90/Die Grünen	88 334 Euro
FDP	170 111 Euro.

Diese Angaben stellen eine systematische Untertreibung der tatsächlichen Aufwendungen für Öffentlichkeitsarbeit dar. Veröffentlicht werden nämlich nur die Sach-, nicht auch die Personalkosten. Allein die CSU-Fraktion beschäftigt neun Personen, die ausschließlich mit Öffentlichkeitsarbeit befasst sind: drei in ihrer Pressestelle und sechs in ihrer Abteilung Öffentlichkeitsarbeit. Auch zahlreiche weitere Angestellte und Mitglieder der Fraktion wirken direkt oder indirekt bei der Öffentlichkeitsarbeit mit. Um ein zutreffenderes Bild zu erhalten, müssen deshalb auch die »Personalausgaben für Fraktionsmitarbeiter« in den Blick genommen werden:

Personalausgaben für Fraktionsmitarbeiter

CSU	2 864 431 Euro
SPD	2 231 981 Euro
FW	1 286 315 Euro
Bündnis 90/ Die Grünen	1 435 478 Euro
FDP	1 143 320 Euro

In den »Ausgaben für Veranstaltungen oder für die Zusammenarbeit mit anderen Fraktionen« dürften ebenfalls Aufwendungen für Öffentlichkeitsarbeit mit enthalten sein:

Ausgaben für Veranstaltungen oder für die Zusammenarbeit mit Fraktionen anderer Parlamente

CSU	407 479 Euro
SPD	331 303 Euro
FW	188 000 Euro
Bündnis 90/Die Grünen	547 765 Euro
FDP	248 374 Euro[35]

Da Teile aller dieser Ausgabeposten auch für Öffentlichkeitsarbeit der Fraktionen aufgewendet werden, sind die
Aufwendungen für Öffentlichkeitsarbeit in Wahrheit sehr
viel höher als ausgewiesen. Auf diese Weise wird das Problem unzulässiger Öffentlichkeitsarbeit quantitativ ganz
erheblich verniedlicht.

Extradiäten für Funktionäre: verboten

Befund: verfassungswidrig

Die Fraktionen zahlen zudem hohe Gehaltszuschläge an
ihre Funktionäre, obwohl diese bereits als Abgeordnete ein
volles Gehalt beziehen. Das Bundesverfassungsgericht[36]
und mehrere Landesverfassungsgerichte[37] haben solche
Zusatzgehälter an vollalimentierte Abgeordnete grundsätzlich untersagt. Zulässig sind lediglich Zuschläge für den
Parlamentspräsidenten und seine Vertreter sowie für Fraktionsvorsitzende. Wörtlich führt das Gericht aus:

»Die Regelungen über ergänzende Entschädigungen für die stellvertretenden Fraktionsvorsitzenden, für die parlamentarischen Geschäftsführer der Fraktionen und für die Ausschussvorsitzenden sind [...] mit dem Verfassungsrecht unvereinbar. Sie verstoßen gegen die Freiheit des Mandats und den Grundsatz der Gleichbehandlung der Abgeordneten.«[38]

Diese Funktionen seien nicht in gleicher Weise rechtlich oder politisch hervorgehoben wie die der Parlamentspräsidenten und der Fraktionsvorsitzenden, erklären die Karlsruher Richter.[39]

Das Verbot von Zusatzgehältern ist konsequent. Wenn allen Abgeordneten in gleicher Weise eine Vollalimentation gewährt wird, »unabhängig davon, ob die parlamentarische Arbeit größer oder geringer ist« (Bundesverfassungsgericht),[40] soll diese ja gerade dazu dienen, auch diejenigen ausreichend zu bezahlen, die wegen der Wahrnehmung besonderer Funktionen voll in Anspruch genommen sind. Das eine Mal den Gleichheitssatz in Anspruch zu nehmen und deshalb allen Abgeordneten, also auch den weniger Beschäftigten, eine Vollalimentation zu gewähren, das andere Mal aber den Gleichheitssatz zu ignorieren und den wirklich Vollbeschäftigten Zusatzentschädigungen zu geben – das läuft schlichtweg auf unzulässige »Rosinenpickerei« hinaus.

Bei Erlass des Bayerischen Fraktionsgesetzes wurde das grundsätzliche Verbot von Extradiäten nicht beachtet.

Stattdessen toleriert das Gesetz solche Zuschläge aus der
(mit Steuergeldern gefüllten) Fraktionskasse. Denn es bestimmt, dass über den »Gesamtbetrag« der »Vergütungen
an Fraktionsmitglieder mit besonderen Funktionen« öffentlich Rechnung zu legen ist.[41] Dabei gilt das Verbot nicht
nur für Funktionszulagen, die im Abgeordnetengesetz niedergelegt sind, sondern natürlich auch für solche, die von
den Fraktionen gezahlt werden.[42]

Bayerischer Rechnungshof

Dass die verfassungsrechtlichen Maßstäbe, die das Bundesverfassungsgericht entwickelt hat, auch auf die Zulagen an-
zuwenden sind, die die Fraktionen zahlen, bestätigt der
Bayerische Oberste Rechnungshof in seinem Jahresbericht
2012 ausdrücklich[43] und betont,[44] dass das Bundesverfassungsgericht in seinem Beschluss vom 27. November
2007 klargestellt hat, dass es mit seiner Entscheidung vom
21. Juli 2000 »allgemeine Maßstäbe zu der Frage aufgestellt
habe, für welche Ämter Funktionszulagen vorgesehen werden können, ohne dass die Freiheit des Mandats und der
Grundsatz der Gleichbehandlung der Abgeordneten verletzt sind.«[45]

Das Verbot von Funktionszulagen gilt hier sogar erst
recht. Denn wenn die Zulagen von den Fraktionen gezahlt
werden, werden sie nun auch noch vor der Öffentlichkeit
versteckt, sodass das für Diäten geltende strenge Öffent-
lichkeitsgebot zusätzlich ausgehebelt wird.[46] Die Unabhän-

gigkeit der Abgeordneten wird dadurch ebenfalls stärker beeinträchtigt, als wenn die Ansprüche – für die einzelne Fraktion unabänderbar – im Abgeordnetengesetz niedergelegt wären.

Wie man mit einem Gutachten versucht, den Rechnungshof kaltzustellen

Angesichts der Kritik des Rechnungshofs und zahlreicher Stimmen in der Literatur versucht der Bayerische Landtag einmal mehr, der Kritik mit einem Gutachten entgegenzutreten. Im Auftrag der Präsidentin des Landtags Barbara Stamm hat der Regensburger Staatsrechtslehrer und frühere Bundesverfassungsrichter Udo Steiner im Februar 2012 ein solches Gutachten vorgelegt.[47] Darin versucht er Funktionszulagen zu rechtfertigen – und bezieht sich dabei bezeichnenderweise insbesondere auf Veröffentlichungen von Parlaments- und Fraktionsbediensteten und eines Staatsrechtslehrers und früheren Parlamentarischen Staatssekretärs der CDU.[48] Dass bei Funktionszulagen eine strenge Kontrolle erforderlich ist, stellt er in Abrede. Das verfassungsrechtliche Problem, das sich aus der Abdunkelung der aus der Fraktionskasse gezahlten Zuschläge ergibt,[49] behandelt Steiner erst gar nicht. Der Rechnungshof hält deshalb – auch gegenüber dem Steiner-Gutachten – mit Recht an seiner Auffassung fest.[50]

Ostentative Publizität

Wahrscheinlich um wenigstens dem Einwand mangelnder
Transparenz die Spitze zu nehmen, hat Georg Schmid, der
damalige Vorsitzende der CSU-Fraktion im Bayerischen
Landtag, die Höhe und die Empfänger der Funktionszulagen, die vorher streng unter Verschluss standen, plötzlich
doch bekannt gegeben. 2010 hatte Schmid dem Fernseh-
magazin *Report Mainz* auf die Frage nach der Höhe der Zulagen noch ins Mikrofon gesprochen:

>»Das ist intern festgelegt, wie ich gesagt habe,
>und intern soll es auch bleiben.«[51]

Davon wollte er nach dem Bericht des Rechnungshofs und
dem Steiner-Gutachten selbst nichts mehr wissen. Nach
Schmids eigenen Angaben erhielt er als CSU-Fraktions-
vorsitzender – zusätzlich zu seinen Diäten – monatlich
13 746 Euro und damit sehr viel mehr als die Landtagspräsidentin, eine Überhöhung, die der Rechnungshof ebenfalls
beanstandet. Die vier stellvertretenden Fraktionsvorsitzenden bekommen je 5220 Euro, die zwölf Arbeitskreisvorsit-
zenden je 2000 Euro und die Beisitzer und Vorsitzenden von
sonstigen Gremien und Kommissionen je 500 Euro extra.
    Insgesamt hatte die CSU-Fraktion im Jahr 2011, dem
letzten Jahr, für das aggregierte Zahlen vorliegen, 768 097
Euro an ihre Funktionsträger gezahlt.[52] Das ist mehr als
jede andere Fraktion in einem deutschen Landesparlament
für Funktionszulagen aufwendet. Dabei wären eigentlich

nicht die Funktionsträger einer Regierungsfraktion, sondern die der *Opposition*sfraktionen finanziell hervorzuheben, denn schließlich ist die Kontrolle der Regierung hauptsächlich Sache der Opposition. Das betont auch Artikel 16a der Bayerischen Verfassung und gibt deshalb den Oppositionsfraktionen einen verfassungsrechtlichen Anspruch auf »eine zur Erfüllung ihrer besonderen Aufgaben erforderliche Ausstattung«.

Die anderen bayerischen Fraktionen zahlten 2011 monatlich folgende Zulagen:

SPD
Fraktionsvorsitzender 7060 Euro
(= eine zusätzliche Entschädigung)
3 stellvertr. Frakt'vors. je 2118 Euro
(= 30 % der Entschädigung)
Parl. Gesch'führer 3530 Euro
(= 50 % der Entschädigung)
6 Arbeitskreisvors. je 383 Euro
2011 gesamt: 233 040 Euro

Freie Wähler
Fraktionsvorsitzender 3208 Euro
3 stellvertr. Frakt'vors. je 1069 Euro
Parl. Gesch'führer 2139 Euro
4 Arbeitskreissprecher je 200 Euro
2011 gesamt: 112 256 Euro

Die Grünen/Bündnis 90
3 Fraktionsvorsitzende je 850 Euro
Parl. Gesch'führer 850 Euro
2011 gesamt: 31 450 Euro

FDP
Fraktionsvorsitzender 4707 Euro
(= 2/3 der Entschädigung)
3 stellvertr. Frakt'vors. je 2353 Euro
(= 1/3 der Entschädigung)
2011 gesamt: 135 276 Euro

Rechnungshof: in Fesseln

Auch dem Rechnungshof beschneidet das Fraktionsgesetz
die Kontrolle, indem es ihm zum Beispiel die Zuständigkeit
entzieht, über die Zulässigkeit von Öffentlichkeitsarbeit zu
entscheiden: »Die politische Erforderlichkeit einer Maß-
nahme der Fraktionen« zu prüfen, wird ihm kraft Gesetzes
verwehrt (Artikel 8, Satz 2 des Bayerischen Fraktionsgesetzes). Das widerspricht der Rechtsprechung des Bundesverfassungsgerichts, wonach der Bundesrechnungshof verpflichtet ist,

> »die ordnungsmäßige Verwendung der Frak-
> tionszuschüsse im Sinne ausschließlichen Ein-
> satzes für die Arbeit der Fraktionen regelmäßig
> nachzuprüfen, Verstöße gegen die Zweckbin-

dung sowie die Wirtschaftlichkeit und sonstige Ordnungsmäßigkeit der Mittelverwendung aufzudecken und zu beanstanden, gegebenenfalls Abhilfevorschläge zu unterbreiten und Beanstandungen in den jährlichen Prüfungsbericht aufzunehmen (Art. 114 Abs. 2 GG).«[53]

Der Rechnungshof hat die Verwendung von Fraktionszuschüssen demnach »in gleicher Weise und nach den gleichen Maßstäben wie andere Etatmittel auch« zu prüfen,[54] und zwar regelmäßig, und die Ergebnisse zu veröffentlichen. Die Begrenzung der Rechnungshofkontrolle, die das Fraktionsgesetz vornimmt, ist mit der Rechtsprechung des Bundesverfassungsgerichts unvereinbar.

Hans-Jürgen Papier räumt in seinem Gutachten den Widerspruch zum Bundesverfassungsgericht einerseits ein, will sich aber damit behelfen, die Ausführungen des Gerichts seien für den Bayerischen Landtag formal nicht bindend.[55] Das steht allerdings im Widerspruch zu der auch von Papier hervorgehobenen unverzichtbaren Aufgabe auch des Bayerischen Rechnungshofs, den Missbrauch der Fraktionsfinanzierung »zum Zwecke einer verschleierten verfassungswidrigen Parteienfinanzierung« aufzudecken.[56] Zu beanstanden ist ferner, dass im Faktionsgesetz die Verpflichtung des Rechnungshofs fehlt, die Prüfungsergebnisse zu veröffentlichen.

5 Dem Missbrauch Tür und Tor geöffnet

Das Bundesverfassungsgericht betont, dass es dem Parlament untersagt ist, »sei es durch übermäßige Zuwendungen, sei es durch ungenügende Voraussicht und Kontrolle, einem Missbrauch das Tor« zu öffnen und »so den Weg [...] für eine verfassungswidrige Parteienfinanzierung« zu ebnen.[57] In anderen Zusammenhängen hat das Gericht ebenfalls klargestellt, dass der Gesetzgeber verpflichtet ist, Missbrauch abzuwehren.[58] Indem der Landtag sowohl bei der Bewilligung als auch bei der Verwendung der Fraktionsmittel dem Missbrauch nicht abhilft, sondern ihm geradezu Vorschub leistet, verstößt er andauernd gegen dieses Gebot.

6 Wie es ihnen gefällt: Haushaltsplan und Fraktionsgesetz

Der Haushaltsplan

Das Bayerische Fraktionsgesetz (siehe im Anhang, Anlage 1) bestimmt, dass die Fraktionen »zur Deckung ihres allgemeinen Bedarfs« einen Grundbetrag erhalten sowie zusätzlich einen Betrag pro Fraktionsmitglied. Oppositionsfraktionen bekommen einen weiteren Zuschlag (Artikel 3, Absatz 1 Fraktionsgesetz). Die Höhe dieser Beträge legt aber nicht das Gesetz, sondern lediglich der Haushaltsplan (siehe Anhang, Anlage 2) fest (siehe S. 42), ohne dass daraus allerdings zu ersehen ist, wie viel Geld die einzelnen Fraktionen insgesamt erhalten.[59] Auch die Zahl ihrer Mitarbeiter und deren besoldungsmäßige Eingruppierung bleiben ungenannt. Ein Stellenplan wäre aber das Mindeste, was – neben der erforderlichen spezialgesetzlichen Nennung der bewilligten Beträge – haushaltsrechtlich geboten ist. Schließlich sind die Fraktionen nach ständiger Rechtsprechung des Bundesverfassungsgerichts als »Gliederungen des Parlaments« der »organisierten Staatlichkeit eingefügt«[60] und werden praktisch zu 100 Prozent staatlich finanziert.[61]

Deshalb müssen auch auf Fraktionen die für staatliche Mittel geltenden Veranschlagungsgrundsätze angewendet werden – und zwar bei ihnen erst recht: wegen des gesteigerten Bedarfs an öffentlicher Kontrolle bei Entscheidungen des Parlaments in eigener Sache,[62] wie die von Bundespräsident Richard von Weizsäcker berufene Parteienfinanzierungskommission mit Nachdruck festgestellt hat.[63] Das einschlägige Haushaltsrecht, das insoweit Verfassungsrang besitzt,[64] also vom Landtag nicht einfach abbedungen werden kann, verlangt, dass vorab dargelegt wird, für welche Ausgabearten und welche Zwecke die gewünschten zusätzlichen Mittel im Einzelnen benötigt werden, wie viel früher dafür bewilligt wurde und warum dies nicht mehr ausreicht.[65] Alles das fehlt in Bayern in den sogenannten Erläuterungen zum Fraktionstitel.

Dadurch wird die Intransparenz auf die Spitze getrieben und selbst bewilligten Steigerungen erst recht Vorschub geleistet. So heißt es selbst zur Begründung der gewaltigen Erhöhung der Fraktionsmittel, die nach der letzten Landtagswahl 2008 vorgenommen wurde, in den Erläuterungen zum Haushaltsplan 2009/2010 lediglich: »Mehr nach dem voraussichtlichen Bedarf« (siehe Anhang, Anlage 3).

Solche nichtssagenden Scheinbegründungen ermöglichen es den in eigener Sache Entscheidenden – zusammen mit anderen selbst gestrickten Nichtregelungen –, gar nicht erst prüfen zu müssen, ob und in welcher Höhe eine Ausweitung wirklich nötig ist, sondern sich allein von den eigenen pekuniären Interessen leiten zu lassen.

Zusätzlich können den Fraktionen auch noch »sonstige Zuschüsse« gezahlt und »Gegenstände zur Nutzung überlassen werden« (Artikel 2, Satz 2 Fraktionsgesetz); bei Letzteren muss der Nutzungswert im Haushaltsplan noch nicht einmal angegeben werden.

Laut Erläuterungen im Haushaltsplan sind die Leistungen, die die Fraktionen für ihren allgemeinen Bedarf erhalten, dynamisiert, steigen also regelmäßig, ohne dass sich im Fraktionsgesetz eine Ermächtigung für diesen Automatismus fände. Sie wachsen entsprechend den Gehaltssteigerungen für öffentliche Angestellte (siehe Anhang, Anlage 2), was reichlich willkürlich anmutet, da auf das Personal üblicherweise nur 60 bis 70 Prozent der Ausgaben entfallen und die Preissteigerungen für die anderen 30 bis 40 Prozent regelmäßig deutlich niedriger ausfallen.

Das Verfahren bei Erlass des Fraktionsgesetzes

Das Bayerische Fraktionsgesetz (siehe Anhang, Anlage 1) kommt scheinbar ganz harmlos daher. Unter dem Vorwand, Transparenz herzustellen – so die zynische Bemerkung im Vorblatt des Gesetzentwurfs[66] –, war es in Wahrheit von der Intention getragen, das ganze geschilderte Versteckspiel und die dargestellten Verfassungswidrigkeiten zu legalisieren. Wäre sein Inhalt offengelegt und öffentlich diskutiert worden, hätte das Gesetz keine Chance gehabt. Es musste deshalb in einem höchst diskreten, öffentlichkeitsscheuen Verfahren durchgeboxt werden.

Dies geschah dadurch, dass der gemeinsame Gesetzentwurf aller vier Fraktionen[67] die gravierenden Problempunkte geflissentlich ebenso unterschlug wie der CSU-Sprecher.[68] Eine Begründung, warum Öffentlichkeitsarbeit – entgegen der Rechtsprechung des Bundesverfassungsgerichts – erlaubt werden soll, fehlt. Unbegründet bleibt auch, warum die Immunisierung der Öffentlichkeitsarbeit vor der Kontrolle des Rechnungshofs und der Ausschluss der Kontrolle auf Erforderlichkeit mit der Verfassungsrechtsprechung übereinstimmen sollen. Die Bewilligung der Mittel allein im Haushaltsplan und die Extradiäten für die Funktionsträger der Fraktionen werden überhaupt nicht erwähnt und schon gar nicht begründet.

Eine Aussprache im Parlamentsplenum fand gar nicht statt. Kein anderer Abgeordneter ergriff das Wort, weder in der ersten[69] noch in der zweiten[70] »Beratung« des Landtags. Im Protokoll der Plenarsitzung vom 12. Februar 1992 heißt es nach dem Beitrag des CSU-Abgeordneten Ernst Michl, der gekonnt die eigentlichen Probleme überging, lapidar:

> »Zweiter Vizepräsident Dr. Rothemund: Meine
> Damen und Herren! Ich eröffne die Aussprache.
> Wortmeldung Frau Kollegin König (Frau Abg.
> König: Ich schließe mich vollinhaltlich an – Bei-
> fall) – Sie verzichtet. Herr Kollege Dr. Fleischer?
> – Er verzichtet ebenfalls. Herr Kollege Dr. Zech?
> Es wird bereits zur Ehrensache zu verzichten. –
> Das geschieht. Damit kann ich die Aussprache
> schließen.«[71]

Über die zweite Beratung vom 17. März 1992 berichtet das Protokoll ähnlich. Nach einem kurzen nichtssagenden Beitrag wiederum des CSU-Abgeordneten Michl heißt es dort:

> »Erster Vizepräsident Möslein: Vielen Dank
> für die Berichterstattung. Ich eröffne die allge-
> meine Aussprache. Gibt es Wortmeldungen? –
> Das ist nicht der Fall. Die Aussprache ist ge-
> schlossen.«[72]

Es hat den Anschein, als wollte keine der »Kartellparteien« öffentlich die Mitverantwortung für das mangelhafte Gesetz übernehmen. Am Ende wurde das Gesetz in der »Einigkeit der Demokraten« einstimmig ohne Gegenstimmen oder Enthaltungen beschlossen.[73]

Da die öffentlichkeitsscheue Verabschiedung des Baye-
rischen Fraktionsgesetzes so gut geklappt hatte, nahm der
Bundestag sich das Gesetz wohl zum Vorbild und beschloss
drei Jahre später sein ebenfalls höchst mangelhaftes, der
Verfassungsrechtsprechung mehrfach widersprechendes
Fraktionsgesetz.[74]

7 Erwartbare Folge: Explosion der Mittel

Ohne Grenzen und Kontrollen bei der Bewilligung und der
Verwendung sind die selbst bewilligten Staatsgelder der
Fraktionen in die Höhe geschossen. Wie die folgende Tabelle zeigt, wurden sie seit 1966, als die staatliche Parteienfinanzierung vom Bundesverfassungsgericht begrenzt worden war,[75] von 0,6 Millionen DM auf 15,7 Millionen *Euro*
im Jahr 2013 aufgestockt, haben sich also nominell etwa
versechsundzwanzigfacht. Die durchschnittlichen Arbeit-
nehmereinkommen sind in derselben Zeit lediglich auf
etwa das Sechsfache und die Preise auf das Dreieinhalbfa-
che gestiegen.

Fraktionszuschüsse im Bayerischen Landtag 1949 – 2014 (bis 2002 in Mio. DM, ab 2003 in Mio. Euro)

	– Soll –	– Ist –		– Soll –	– Ist –
1949			1982	5,3	5,3
1950			1983	5,3	5,3
1951			1984	5,9	5,9
1952	0,1		1985	6,2	6,1
1953	0,1		1986	6,4	6,4
1954	0,1		1987	9,2	9,2
1955	0,1		1988	9,5	9,3
1956	0,1		1989	9,6	9,5
1957	0,1		1990	9,8	10,1
1958	0,1		1991	12,6	12,5
1959	0,1		1992	13,2	12,9
1960	0,2		1993	13,8	13,7
1961	0,6	0,6	1994	14,4	13,8
1962	0,6	0,6	1995	14,6	14,3
1963	0,6	0,6	1996	15,1	14,5
1964	0,6	0,6	1997	15,3	14,5
1965	0,6	0,6	1998	15,7	14,7
1966	0,6	0,6	1999	17,0	16,4
1967	1,0	1,0	2000	18,5	9,1 Mio. €
1968	1,0	1,0	2001	18,5	9,2 Mio. €

	– Soll –	– Ist –		– Soll –	– Ist –
1969	1,0	1,0	2002	18,8 (= 9,6 Mio. €)	9,3 Mio. €
1970	1,0	1,0	2003	9,7	9,4
1971	1,5	1,5	2004	9,3	9,2
1972	1,5	1,5	2005	9,3	9,2
1973	1,6	1,6	2006	9,5	9,2
1974	1,6	2,5	2007	9,5	9,3
1975	2,6	2,6	2008	9,6	10,4
1976	2,7	2,6	2009	14,4	14,5
1977	2,9	2,9	2010	14,7	14,7
1978	3,0	3,2	2011	14,9	15,0
1979	5,3	5,3	2012	15,3	
1980	5,3	5,3	2013	15,7	
1981	5,3	5,3	2014	15,9	

Quelle: Haushaltspläne bzw. Haushaltsplanentwürfe.

Der Anreiz zum Immer-Mehr ist für die in eigener Sache entscheidenden Fraktionen besonders stark, da die Mittel auch für Extradiäten (siehe S. 54) und für Öffentlichkeitsarbeit (siehe S. 48), also für den persönlichen Vorteil der Funktionäre und für den alles dominierenden Kampf um die Macht eingesetzt werden können.

Zusätzlich zu der problematischen Dynamisierung haben sich die Fraktionen immer wieder gewaltige Sprünge

genehmigt. Zuletzt erhöhten sie die Gelder nach der Landtagswahl von 2008 zunächst um weitere 0,7 Millionen Euro
und dann im Haushaltsplan 2009 noch einmal um 4 Millionen Euro. Insgesamt stiegen die Mittel von 2007 bis 2009
(einschließlich des Dynamisierungseffekts) um 5,2 Millionen – eine Steigerung um über 50 Prozent. Die Erhöhung
für 2008 war noch nicht einmal aus dem Haushaltsplan für
2007/08 ersichtlich (siehe Anhang, Anlage 4), sondern erfolgte außerplanmäßig. Der Finanzminister genehmigte
die zusätzlichen 667 000 Euro mit Schreiben vom 3. Dezember 2008 als über- und außerplanmäßige Ausgabe.[76]
Und warum die Erhöhung 2009 in dem vorgenommenen
Umfang wirklich notwendig war, wurde nirgendwo im
Haushalt für 2009/10 begründet. In den Erläuterungen
stand einmal mehr lediglich:

> »Mehr 4750,0 Tsd. EUR nach dem voraussicht-
> lichen Bedarf« (siehe Anhang, Anlage 3)

Die enorme Aufstockung diente offenbar vor allem der
CSU dazu, ihr finanzielles Niveau zu behaupten, obwohl sie
bei der Landtagswahl 2008 zweiunddreißig Abgeordnete
verloren hatte und ihre Fraktion um ein Viertel geschrumpft
war.

Dafür war eine Änderung der Schlüsselgrößen erforderlich, die, um konsensfähig zu sein, anderen Fraktionen einen
beträchtlichen Geldsegen verschaffte und das Gesamtvolu-
men der Fraktionszuschüsse hochschnellen ließ. Unter anderem wurde der Betrag pro Abgeordnetem von 1840 Euro mo-

natlich auf 2950 Euro erhöht. Bei unverändertem Schlüssel wäre es zu erheblichen Einbußen bei der CSU-Fraktion und zu einer sehr viel geringeren Erhöhung des Gesamtbetrags gekommen, obwohl die Zahl der Abgeordneten von 180 auf 187 gestiegen war und mit der FDP und den Freien Wählern zwei neue Fraktionen in den Landtag gekommen waren, für die zusätzliche Grundbeträge anfielen.

Die Zunahme der Zahl der Fraktionen war häufig ein willkommener Vorwand, um große Sprünge zu machen, so zum Beispiel auch nach der Landtagswahl von 1990, als die FDP nach achtjähriger Pause wieder in den Landtag gekommen war und die Fraktionen ihre staatlichen Mittel von 9,8 Millionen (1990) auf 12,6 Millionen Mark (1991) aufstockten. Umgekehrt waren die Gelder dagegen keineswegs gesenkt worden, als die FDP bei den Wahlen von 1982 und dann wieder 1994 an der Sperrklausel gescheitert war und keine Landtagsfraktion mehr stellte.

Der Bayerische Oberste Rechnungshof hat die Verwendung der staatlichen Gelder durch die Fraktionen in den Jahren 2009 und 2010 geprüft und in seinem Jahresbericht 2012 eine erhebliche Senkung der staatlichen Leistungen angemahnt, ohne dass die Fraktionen dem aber entsprochen hätten. Auch ein Antrag von Bündnis 90/Die Grünen vom 6. November 2012, den Haushaltsansatz um 1,6 Millionen Euro zu kürzen,[77] wurde unter der Führung der CSU abgeschmettert. Immerhin dürfte die Kritik ein Grund sein, warum die Fraktionen in den letzten Jahren – über die Dynamisierung hinaus – keine strukturellen Erhöhungen mehr vorgenommen, sondern sich stattdessen jüngst auf die erneute Aufstockung der Mittel für Abgeordnetenmitarbeiter verlegt haben (siehe S. 105 ff.).

Im Ländervergleich steht Bayern, wie die folgende Übersicht zeigt, immer noch weit an der Spitze, sowohl was die absoluten Bewilligungen anlangt, als auch (mit der einen Ausnahme Thüringen) hinsichtlich der Pro-Kopf-Beträge:

Zuschüsse für Fraktionen der Landesparlamente 2013

	Zuschüsse insgesamt (in Mio. EUR)	pro Abgeordneter (in EUR)
Baden-Württemberg*	5,1	36.957
Bayern	15,7	83.957
Berlin	8,0	53.691
Brandenburg	6,0	68.182
Bremen	5,1	61.446
Hamburg	4,7	38.843
Hessen**	7,5	63.559
Mecklenburg-Vorpommern	5,6	78.873
Niedersachsen	7,4	54.015
Nordrhein-Westfalen	13,3	56.118
Rheinland-Pfalz	4,2	41.584
Saarland	3,2	62.745
Sachsen	10,5	79.545
Sachsen-Anhalt	5,8	55.238

	Zuschüsse insgesamt (in Mio. EUR)	pro Abgeordneter (in EUR)
Schleswig-Holstein	5,0	72.464
Thüringen***	8,0	90.909

* In Baden-Württemberg stehen den Fraktionen zusätzlich die Beamten und Angestellten des parlamentarischen Beratungsdienstes zur Verfügung, sodass keine volle Vergleichbarkeit besteht. Wenn man diese dennoch einbezieht und sie mit 4,17 Mio. Euro veranschlagt, ergeben sich 9,27 Mio. Euro; das sind pro Abgeordneten 67 174 Euro.

** Darin sind die zusätzlichen Zahlen für weggefallene Planstellen bereits enthalten (Hessen, Wirtschaftsplan 2013, Landtag Kap. 0101/Buchungskennnummer 2010, Ziff. 7).

*** Dier Spitzenstellung des Ausreißers Thüringen beruht auf einer durch trickreiche Täuschung bewirkten Erhöhung der Bewilligung um 47% im Jahre 2010. Siehe von Arnim, Der Verfassungsbruch, 2011, S. 37-39.

Quelle: Haushaltspläne.

Stand: Mai 2013

Gelegentlich wird versucht, die Höhe der Fraktionsmittel in Bayern mit dem Hinweis zu rechtfertigen, im Landtag gebe es keinen Wissenschaftlichen Dienst. Doch dabei werden Äpfel mit Birnen vermengt. Die dargestellten Verfassungswidrigkeiten und Intransparenzen betreffen die Fraktionen und nehmen auch quantitativ immer weiter zu. Zudem betragen die Ausgaben für den Wissenschaftlichen Dienst zum Beispiel in Niedersachsen und Nordrhein-Westfalen weniger als 1 Million Euro im Jahr. Solche vorgeschützten Argumente können den Umfang der bayerischen Fraktionsmittel also auch rein quantitativ nicht rechtfertigen (siehe auch S. 109).

8 Zum Vergleich:
Wie machen es andere?

Der Überblick über die Fraktionszuschüsse in den Ländern (siehe obige Tabelle) belegt auch, dass die Erhöhung eines im Gesetz verankerten Betrags der öffentlichen Kontrolle in der Regel sehr viel stärker ausgesetzt ist als die Erhöhung eines bloßen Haushaltstitels. Da sich unbegründete Erhöhungen dann nur schwer durchsetzen lassen,[78] hat dies tatsächlich einen dämpfenden Effekt auf die Steigerungsraten. Die Länder haben das Bewilligungsverfahren unterschiedlich ausgestaltet, sodass sich im Ländervergleich die Wirkung des Kontrolleffekts gut ermitteln und auf diese Weise die Notwendigkeit einer Regelung in einem gesonderten Gesetz (siehe S. 43) auch empirisch belegen lässt.

So sind die in Bayern nur im Haushaltsplan bewilligten Fraktionsmittel inzwischen doppelt so hoch wie in Niedersachsen, wo die Höhe gesetzlich festgelegt ist. Der Abstand wäre wohl noch deutlich größer, wenn nicht auch Niedersachsen die Höhe seiner Fraktionsmittel bis Ende 1992 bloß im Haushaltsplan ausgewiesen hätte.[79] In den Achtzigerjahren hatten die Zahlungen in Niedersachsen noch auf ähnlichem Niveau gelegen wie in Bayern.

Ähnliches zeigt sich im Vergleich zwischen Rheinland-Pfalz und Thüringen: In Thüringen sind die Bewilligungen doppelt so hoch wie in Rheinland-Pfalz; die Beträge werden eben nur in Rheinland-Pfalz gesetzlich ausgewiesen, dies aber erst seit 1993.[80] Bis dahin waren die Bewilligungen in Rheinland-Pfalz sogar noch höher als in Thüringen. Auch im Vergleich Hamburg – Bremen zeigt sich Ähnliches. Bremen bewilligt seinen Fraktionen mehr als das erheblich größere Hamburg, wo die Höhe gesetzlich festgelegt ist. Der Abstand wäre vermutlich noch viel größer, wenn Hamburg nicht 1968 von der zahlenmäßigen Nennung im Gesetz vorübergehend abgerückt wäre,[81] woraufhin die Leistungen sich verdoppelten.[82]

Der Trick, die konkreten Beträge aus dem Gesetz zu nehmen, um hohe Steigerungen zu verschleiern, ist auch sonst zu beobachten. So stiegen die Zahlungen in Schleswig-Holstein in den Jahren 1968 und 1969 gewaltig an, nachdem die gesetzliche Nennung, die bis 1967 bestanden hatte, aufgehoben worden war.[83] Das Verwaltungsgericht Schleswig-Holstein kommentierte dies wie folgt:

»Ursprünglich (bis 1967) hatte das Gesetz die konkreten Beträge ziffernmäßig genannt. Davon ist das Land dann abgegangen. Es ist anzunehmen, dass dies in einem ursächlichen Zusammenhang mit einer enormen Steigerung der Zahlungen steht. Eine Erhöhung ist leichter durchzusetzen, deren Gesamtbetrag lediglich in den Haushaltsplan eingestellt wird, als wenn es dazu der Änderung eines förmlichen Gesetzes bedürfte, in dem die Zahlungen, die die Fraktionen erhalten, ziffernmäßig aufgeführt sind.«[84]

Ähnliches geschah in Baden-Württemberg. Anfang 1969 wurde die Nennung der Beträge im Gesetz aufgegeben,[85] was in diesem und im folgenden Jahr von einer Verdreifachung der Zahlungen an die Fraktionen begleitet wurde.[86] Auch in Nordrhein-Westfalen war im Zusammenhang mit der Streichung der Beträge im Gesetz im Jahr 1979[87] eine kräftige Anhebung der Zahlungen erfolgt.[88]

II Das verheimlichte Jobwunder: Abgeordnetenmitarbeiter

1 Das unbekannte Wesen

Im Gegensatz zur Parteien- und Fraktionsfinanzierung war das Thema »Abgeordnetenmitarbeiter« im Zusammenhang mit der Politikfinanzierung lange weitgehend unbekannt und wurde auch in der Fachwelt kaum diskutiert.[89] Es scheint ja zunächst auch nichts dagegenzusprechen, dass Abgeordnete Mitarbeiter beschäftigen, um sich die Erfüllung ihrer Aufgaben zu erleichtern – schon gar nicht, da bisweilen der Eindruck entsteht, sie würden diese aus ihrer in Bayern besonders üppigen Kostenpauschale mit bezahlen.

Ein Problem ergibt sich allerdings, wenn die selbst bewilligten Mittel für Mitarbeiter sich in großen Sprüngen zu gewaltigen Summen entwickeln, die die Fraktionsfinanzierung und erst recht die staatliche Parteienfinanzierung weit hinter sich lassen. Wenn dann zugleich noch eine massive Zweckentfremdung dieser Gelder droht, darf die Öffentlichkeit (und auch die politikwissenschaftliche und staatsrechtliche Fachwelt) davor nicht mehr die Augen verschließen.

Hier wird also keineswegs die grundsätzliche Berechtigung von Abgeordnetenassistenz infrage gestellt. Es geht nicht um das Ob, sondern um das Wie, das Wieviel und das Wofür und darum, die Aufmerksamkeit der Öffentlichkeit, des Rechnungshofs und des Verfassungsgerichts auf die Anfälligkeit für Missbrauch bei gleichzeitig fehlender Kontrolle zu lenken.

2 Mangelnde Kontrolle der Bewilligung

Die Bewilligung von Mitarbeitern zur Unterstützung der parlamentarischen Arbeit der Abgeordneten (Artikel 8 Abgeordnetengesetz) erfolgt in Bayern (wie die Fraktionsfinanzierung) an der öffentlichen Kontrolle vorbei, und eine absolute Obergrenze (wie bei der staatlichen Parteienfinanzierung) gibt es schon gar nicht. Der Bayerische Landtag braucht für solche Selbstbewilligungen – anders als die Parlamente vieler anderer Länder – noch nicht einmal ein Gesetz zu ändern, sondern muss lediglich einen der vielen hundert Titel im Haushaltsplan erhöhen (siehe Anhang, Anlage 6). Da alle Abgeordneten davon profitieren, pflegt auch die Opposition das nicht an die große Glocke zu hängen. So gehen selbst gewaltige Erhöhungen, wie die Verdoppelung in den letzten fünf Jahren (siehe S. 104 ff.), ohne viel Aufsehen über die Bühne, und die öffentliche Kontrolle

läuft leer. Es überrascht deshalb nicht, dass die Mitarbeiterpauschale in Bayern besonders hoch ist. Niedersachsen
und Nordrhein-Westfalen etwa, wo die Beträge im Gesetz
genannt werden, sind viel bescheidener (siehe S. 111).
Nordrhein-Westfalen wäre noch bescheidener, wenn nicht
früher, als es dort noch keine gesetzliche Nennung gab, erheblich aufgestockt worden wäre.

Nicht einmal eine Kontrolle darüber, wie die Gelder verwendet und die Mitarbeiter eingesetzt werden, fand bis vor
Kurzem statt, weder durch den Rechnungshof noch durch
die Öffentlichkeit. Sie lassen sich deshalb leicht missbrau-
chen, sei es für die private Bereicherung oder für Parteizwecke. Das steigert erst recht den Anreiz, sich in eigener Sache
immer mehr zu bewilligen. (Der Rechnungshof hat nun im
Mai 2013 allerdings eine Prüfung begonnen [siehe S. 16].)

Die öffentlichkeitsscheue Bewilligung bloß im Haushaltsplan geht zurück auf Artikel 6, Absatz 6 des Bayerischen Abgeordnetengesetzes von 1977 (siehe Anhang, Anlage 7), der dies scheinbar absegnete, allerdings missver-
ständlich von »Haushaltsgesetz« sprach statt von »Haushaltsplan«. Der umfangreiche Haushaltsplan wird ja lediglich durch das kurze Haushaltsgesetz festgestellt, und im
Gesetzblatt werden die einzelnen Titel des Haushaltsplans
gar nicht veröffentlicht, sondern nur das Haushaltsgesetz.
Heute findet sich die Absegnung dieser Nicht-Regelung in
Artikel 8, Absatz 1, Satz 1 des Abgeordnetengesetzes (siehe
ebenfalls Anlage 7 im Anhang).

Bei Verabschiedung des Abgeordnetengesetzes von 1977
war der Öffentlichkeit das Problem der öffentlichkeits-

scheuen Bewilligung von Abgeordnetenmitarbeitern vorenthalten worden, obwohl das Bundesverfassungsgericht
bereits zwei Jahre zuvor für die Bezahlung von Abgeordneten ein besonderes Bewilligungsverfahren vorgeschrieben
hatte, um öffentliche Kontrolle zu ermöglichen: Da das
Parlament hier »in eigener Sache« entscheide, so das Gericht, verlange »das demokratische und rechtsstaatliche
Prinzip (Art. 20 GG), dass der gesamte Willensbildungsprozess für den Bürger durchschaubar ist und das Ergebnis
vor den Augen der Öffentlichkeit beschlossen« werde.
Denn dies sei »die einzige wirksame Kontrolle«. Die Entscheidung über die Höhe der Mittel dürfe nicht durch in-
terne Gremien des Parlaments wie das Präsidium und den
Ältestenrat getroffen werden, weil damit »für den Abgeordneten wesentliche Teile seiner finanziellen Ausstattung in
einem Verfahren festgesetzt [werden], das sich der Kontrolle der Öffentlichkeit entzieht«.[90]

Dieses Gebot betrifft nicht nur die Höhe der steuer-
pflichtigen Entschädigung, sondern den gesamten finanziellen Status des Abgeordneten, also auch die Bewilligung
von Mitteln für Mitarbeiter.

Dass es mit diesen Grundsätzen unvereinbar ist, die Bewilligung der Mittel für Abgeordnetenmitarbeiter lediglich
über den Haushaltsplan vorzunehmen, kann den Fraktionen im Bayerischen Landtag nicht verborgen geblieben
sein. Um das Thema »Abgeordnetenmitarbeiter« (und andere Fragen der Abgeordnetenfinanzierung, siehe S. 126 ff.)
nicht öffentlich diskutieren zu müssen, gingen sie ganz
ähnlich vor wie später bei Verabschiedung des Fraktionsge-

setzes (siehe S. 65): Alle Fraktionen des Landtags brachten das Gesetz in trauter Einigkeit ein und beschlossen es gemeinsam. Niemand ergriff in erster Lesung das Wort. Auch bei der zweiten Lesung gab es nach den einseitig beschwichtigenden Ausschussberichten von CSU-Abgeordneten keine Debatte (Näheres siehe S. 128 f.).

Um die Intransparenz auf die Spitze zu treiben, war ursprünglich nicht einmal im Haushaltsplan mitgeteilt worden, welcher Betrag für Abgeordnetenmitarbeiter zur Verfügung stand. Die Zahlungen für Entschädigung und Amtsausstattung der Abgeordneten, einschließlich der Mitarbeiter, waren vielmehr ununterscheidbar in einer Globalbewilligung zusammengefasst, und auch in den sogenannten Erläuterungen zum Haushaltsplan erfolgte keine Klärung.

Der Bayerische Verfassungsgerichtshof hat damals die öffentlichkeitsscheue Bewilligung über den Haushaltsplan 1982 abgesegnet. Während des 1980 begonnenen Prozesses hatte der Landtag allerdings versucht, den Bewilligungsmodus etwas nachzubessern: Im Doppelhaushalt 1981/82 wurde – anders als vorher – nun nicht mehr nur die Gesamtbewilligung, sondern wenigstens in den Erläuterungen der Betrag genannt, bis zu dem jeder Abgeordnete Mitarbeiter einstellen konnte. Der Verfassungsgerichtshof fing diesen ihm zugespielten Ball auf und versuchte unter anderem damit den Mangel eines vollkommen unkontrollierten und intransparenten Verfahrens zu heilen.[91] Das Verfahren ist aber nach wie vor mangelhaft, weil das Gesetz Erhöhungen bloß im Haushaltsplan zulässt. Das widerspricht dem verfassungsrechtlichen Gesetzesvorbehalt, der bei Entscheidungen des Landtags in eigener Sache ein ordentliches Gesetzgebungsverfahren verlangt, und zwar unabhängig davon, dass eine Obergrenze ja ohnehin nicht besteht (siehe S. 43).

Im Übrigen haben sich die Sachlage und die Bewertungsgrundsätze inzwischen so grundlegend verändert, dass das Urteil des Verfassungsgerichtshofs von 1982 allein schon deshalb nicht mehr auf die heutige Situation übertragbar ist. *Quantitativ* sind die Bewilligungen für Abgeordnetenmitarbeiter zu einem gewaltigen Faktor geworden: Im Haushaltsplan für 2014 sind dafür 21,5 Millionen Euro eingestellt – das ist nicht viel weniger als für die Entschädigung und die Kostenpauschale der Abgeordneten zusammen vorgesehen ist (24,3 Millionen Euro[92]). Die Bewilligung für Abgeordnetenmitarbeiter übersteigt die Fraktionsfinanzierung (15,9 Millionen) und sogar die gesamte staatliche Parteienfinanzierung in Bayern (12,7 Millionen).

Das Diätenurteil des Bundesverfassungsgerichts hatte darauf abgehoben, dass wesentliche Bestandteile des finanziellen Status von Abgeordneten gesetzlich geregelt werden müssen (siehe S. 80). Angesichts des erreichten Umfangs ist eine Einwendung, mit der man sich damals vielleicht beruhigt haben mag, dass nämlich die Bewilligung von Mitarbeitern nur *unwesentliche* Teile der finanziellen Ausstattung bayerischer Abgeordneter betreffe und deshalb nicht dem Gesetzesvorbehalt unterfalle, heute – in Anbetracht – des hochgeschossenen Volumens – ganz offensichtlich abwegig. *Qualitativ* drohen sich die Mitarbeiter immer mehr zu einem Ersatz für die gedeckelte staatliche Parteienfinanzierung zu entwickeln (siehe S. 113 ff.).

Nicht nur die Sachlage hat sich völlig verändert. Auch die strengen Beurteilungsgrundsätze für Selbstbewilligungen des Parlaments haben sich inzwischen in der Rechtsprechung verfestigt. Dass Entscheidungen des Parlaments über Diäten einschließlich der Kostenerstattungen eines formellen Gesetzes bedürfen, bestätigt »in Übereinstimmung mit dem Bundesverfassungsgericht« auch der Thüringer Verfassungsgerichtshof.[93] Der Verfassungsgerichtshof Nordrhein-Westfalen stellt ebenfalls klar, dass »das Recht auf Aufwandsentschädigung kein minderes Recht im Verhältnis zu den eigentlichen Statusrechten« darstellt und ebenfalls »durch Parlamentsgesetz festzusetzen« ist.[94]

Dass bei Entscheidungen des Parlaments in eigener Sache eine intensive gerichtliche Prüfung zu erfolgen hat, ist heute ganz herrschende Meinung. Die Bewertungsgrundsätze wurden bewusst verschärft.[95] Wenn der Gesetzgeber »in eigener Sache tätig wird«, sind ihm besonders enge Grenzen gezogen.[96] Das gilt erst recht, wenn es auch um den Verdacht verschleierter Parteienfinanzierung geht,[97] wie dies hier der Fall ist. Dagegen hatte der Bayerische Verfassungsgerichtshof sich in seinem Urteil von 1982 noch mit einer reinen Willkürkontrolle begnügt, also einer sehr laxen Überprüfung.[98] Das ist heute offensichtlich überholt.

3 Vetternwirtschaft erlaubt

Verwandte zweiten und höheren Grades

In Bayern konnten Abgeordnete, als die erste Auflage dieses Buchs Mitte April 2013 erschien, »ganz legal« Geschwister, Enkel, Onkel, Nichten und Vettern von sich oder ihrem Ehegatten auf Staatskosten als Mitarbeiter einstellen,[99] ohne dass überprüft wurde, ob es nicht vielleicht nur darum ging, das Familieneinkommen aufzustocken oder einem Verwandten einen Job zu verschaffen. Untersagt wurde nämlich nur die Bezahlung von Ehegatten, Verwandten und Verschwägerten *ersten Grades*,[100] sowie von Partnern eingetragener Lebensgemeinschaften[101] (siehe Anhang, Anlage 7). Eine Kontrolle durch die Landtagsverwaltung, welche Leistungen ein Mitarbeiter erbringt, gab es nicht, nicht einmal eine Prüfung, ob der Mitarbeiter seiner Qualifikation entsprechend eingestuft war. Die mangelnde Kontrolle hat – zusammen mit der Möglichkeit der Verwandtenbeschäftigung – der Bereicherung der eigenen Familien Vorschub geleistet.

Offenbar fand die Politik in Bayern bis in die Gegenwart nichts dabei, »Vetterleswirtschaft« zu betreiben. Was bei Beamten[102] und öffentlichen Angestellten streng verboten ist, nämlich dass Angehörige eingestellt werden – hier wird es ganz offiziell gestattet, obwohl es im einen wie im anderen Fall um die Verwendung öffentlicher Mittel geht.

*Bundestags*abgeordnete dürfen dagegen grundsätzlich keinerlei Verwandte, (derzeitige oder frühere) Verschwägerte oder (derzeitige oder frühere) Ehegatten oder Lebenspartner einstellen.[103] Auch ob die Einstufung der Qualifikation entspricht, wird überprüft.

Eine weitere bayerische Spezialität besteht darin, dass Abgeordnete sich auch Werk- und Beraterverträge aus der Staatskasse bezahlen lassen können. Auch dies ist Bundestagsabgeordneten untersagt.

Weitergeltung von Altverträgen

Lange hatten bayerische Abgeordnete sogar ihre Ehegatten sowie ihre Söhne und Töchter auf Staatskosten einstellen dürfen. Das wurde nach kritischen Veröffentlichungen des *Spiegel* Ende 1999 und des Fernsehmagazins *Panorama* Anfang 2000[104] zwar offiziell verboten. Endgültig abgestellt war dies damit aber noch lange nicht. Verträge mit Ehegatten oder Kindern, die bereits vor dem 1. Dezember 2000 bestanden hatten, konnten auch später noch vom Landtag bezahlt werden, auch noch im Frühjahr 2013.[105] Nachvollziehbar wäre es allenfalls gewesen, die Verträge bis zum Ende der damaligen Wahlperiode, also bis 2003, noch weiterzufinanzieren.[106]

Nach Veröffentlichung dieses Buchs musste die Landtagspräsidentin bekannt geben, dass 17 CSU-Abgeordnete immer noch Ehegatten oder Kinder auf Grund von Altverträgen beschäftigten, die vor dem 1. Dezember 2000 geschlossen worden waren (siehe Anhang, Anlage 8), darunter auch mehrere Kabinettsmitglieder sowie der Vorsitzen-

de der CSU-Fraktion, Georg Schmid, der mit seiner Frau
für Sekretariatsarbeiten einen Werkvertrag über bis zu
5500 Euro im Monat geschlossen hatte, und der Vorsitzende des Haushaltsausschusses, Georg Winter, der kurz vor
dem Stichtag (1. Dezember 2000) rasch noch seine damals
13 und 14 Jahre alten Söhne eingestellt hatte. Beide Abgeordnete sind inzwischen von ihren Ämtern (freilich nicht
von ihrem Mandat) zurückgetreten. Die Kabinettsmitglieder gelobten nun – meist auf Druck des Ministerpräsidenten Horst Seehofer – Rückzahlung der seit 2008 für Ehegatten und Kinder erhaltenen staatlichen Zahlungen, obwohl
sie nach wie vor die Legalität der in Anspruch genomme-
nen Regelungen geltend machen. Inwieweit dem Gelöbnis
Taten gefolgt sind und in welcher Höhe, wurde, abgesehen
von Einzelfällen, nicht bekannt gegeben. Der Rechnungshof hat eine Überprüfung begonnen (siehe oben S. 16).

Zusätzlich veröffentlichte die Landtagspräsidentin 62
weitere Altfälle, in denen Abgeordnete vor dem 1. Dezember 2000 Ehegatten oder Kinder auf Staatskosten beschäftigt hatten, die Verträge inzwischen aber beendet waren,
meist weil die Abgeordneten aus dem Landtag ausgeschieden oder verstorben waren. Darunter waren auch Abgeordnete der SPD, z. B. die frühere Vorsitzende der bayerischen SPD-Fraktion und spätere Bundesministerin Renate
Schmidt. Die einzige betroffene Abgeordnete der Grünen
ist auch heute noch Mitglied des Landtags (siehe Anhang,
Anlage 9). Schließlich veröffentlichte Frau Stamm auf großen öffentlichen Druck hin (siehe S. 16 f. und S. 215) Ende
Mai 2013 noch 16 Namen von früheren und derzeitigen

Abgeordneten, die ihre Verträge mit Ehegatten oder Kindern auf Staatskosten im Jahre 2000 abgeschlossen hatten; nicht aber teilte sie mit, welchen Inhalt die Verträge hatten (siehe Anhang, Anlage V).

Auf Schleichwegen

Am 1. Dezember 2000 gab es insgesamt 79 Abgeordnete, die von der »Übergangsregelung« profitierten. Da vorher noch von 45 Altfällen die Rede gewesen war, spricht alles dafür, dass viele noch aufgesprungen waren, um die Vorteile der Beschäftigung von Ehegatten und Kindern mitzunehmen. Dem war dadurch Vorschub geleistet worden, dass die Diätenkommission schon am 15. März 1999 angemahnt hatte, den Ersatz von Aufwendungen für die Beschäftigung von Ehegatten, Verwandten und Verschwägerten zu unterbinden. Ihr Vorschlag sollte – so die Interfraktionelle Arbeitsgruppe zur Beratung von Fragen des Abgeordnetenrechts in ihrer Sitzung vom 7. Juli 1999 – »in den Fraktionen bis Herbst dieses Jahres abgeklärt werden.« Am 3. Dezember 1999 war dann der besagte *Spiegel*-Artikel erschienen, der die Kritik der Diätenkommission an der bayerischen Verwandtenbeschäftigung aufgriff. Darauf erklärte der Erste Vizepräsident des Landtags, Dr. Helmut Ritzer, in der Sitzung des Landtagspräsidiums vom 9. Dezember 1999 unter Hinweis auf den Präsidenten des bayerischen Bundes der Steuerzahler, Rolf von Hohenau, es sei »sinnvoll, wenn Familienbeschäftigungsverhältnisse künftig nicht mehr neu begründet werden dürfen.« Insider mussten also schon im Jahr 1999 mit einem Verbot und einer eventuellen Übergangsregelung rechnen, auch wenn sich dies dann im Jahre 2000 noch weiter konkretisierte. Zu erwähnen sind vor allem ein (im September zurückgezogener) Gesetzentwurf von Bündnis 90/Die Grünen vom 18. Januar 2000, nach dem Verwandtenbeschäftigung grundsätzlich verboten werden, aber für eine Übergangszeit fortbestehen sollte, ferner die kritische Sendung von *Panorama* am 16. März 2000 sowie Sitzungen einer interfraktionellen Arbeitsgruppe am 17. Mai und am 5. Juli 2000, in denen die Übergangsregelung ebenfalls thematisiert worden war.

Dennoch wurde im Herbst 2000 erst der 1. Dezember 2000 als Stichtag für Altverträge festgelegt;[107] vorher geschlossene Verträge sollten fortgelten können.

Es blieb geneigten Abgeordneten also mehr als ein Jahr Zeit, die Vorzüge der »Übergangsregelung« mitzunehmen. Der Unterschied zwischen ursprünglich 45 und schließlich zum 1. Dezember 79 Fällen erscheint verräterisch, und die 16 von der Landtagspräsidentin mitgeteilten Namen betreffen ja nur das Jahr 2000.

Man gab sich im Bayerischen Landtag ja auch überzeugt, die bisherige Praxis sei gut und richtig,[108] meinte aber gleichwohl, der Öffentlichkeit keinen reinen Wein einschenken zu können. Deshalb beschritt man zwei Schleichwege: Die Beschäftigung von Ehegatten und Kindern war quasi allen noch schnell angeboten worden, und die Übergangsregelung wurde zur Dauerregelung gemacht.

Das Gesetzgebungsverfahren 2000:
eine Mogelpackung

Das Gesetzgebungsverfahren vom Herbst 2000,[109] mit dem
die Beschäftigung von Ehegatten und Kindern offiziell verboten worden war und das mit Bezug auf die »Übergangsregelung« bereits angesprochen wurde, wurde der Öffentlichkeit auch sonst Sand in die Augen gestreut und ganz
gezielt der unzutreffende Eindruck erweckt, *jede* Beschäftigung von Verwandten würde untersagt. Im Vorblatt des
Gesetzentwurfs, den die CSU, die SPD und die Grünen gemeinsam eingebracht hatten,[110] hieß es:

> »Eine Erstattung für Mitarbeiter, die mit dem
> Mitglied des Landtags verwandt, verheiratet
> oder verschwägert sind, soll künftig ausge-
> schlossen sein.«

Der CSU-Sprecher Dr. Otmar Bernhard suchte diesen Eindruck offenbar ganz bewusst zu vertiefen, als er in der ersten Lesung des Gesetzes erklärte, bestehende Beschäftigungsverhältnisse sollten zwar noch erlaubt bleiben, »in
Zukunft« aber solle keine Verwandtenbeschäftigung mehr
»begründet werden können«.[111] Diesen falschen Eindruck
unterstrich Bernhard in der zweiten Lesung, indem er her-
vorhob, ein Schwerpunkt der Gesetzesänderung betreffe
»die Zulässigkeit der Beschäftigung von Ehegatten und
Verwandten, die künftig nicht mehr möglich ist«.[112] Auch
hier wurde also insinuiert, alle Verwandtenbeschäftigung

würde in Zukunft unterbunden, was hinsichtlich der Geschwister und Verwandten höheren Grades eben nicht zu-
traf. Die Öffentlichkeit wurde also glatt angelogen (siehe
auch Anlage 12 im Anhang), und das geschah offenbar in
stiller Übereinkunft aller Fraktionen.

Denn neben Bernhard ergriff in beiden Lesungen niemand anderes das Wort, außer einer Vertreterin der Grünen, die aber nur kurz mitteilte, ihre Fraktion trage den
Gesetzentwurf mit.[113] Das Gesetz wurde – bis auf die Gegenstimme des fraktionslosen Abgeordneten Volker Hartenstein – einstimmig beschlossen.

Welche und wie viele Fälle von Beschäftigung von Geschwistern, Onkel, Neffen und sonstigen Verwandten oder
Verschwägerten auf Staatskosten jetzt noch vorliegen,
suchten *Report Mainz* (siehe Anhang, Anlage 10) und der
Bayerische Rundfunk (siehe Anlage 11) durch Umfragen zu
ermitteln. Wäre das aber nicht eigentlich die Aufgabe einer
wirklich auf »Bereinigung« bedachten Landtagspräsidentin
gewesen? So oder so kamen immer weitere Fälle ans Tages-
licht, auch solche, in denen die Verwandten oder Verschwägerten früher beschäftigt waren.

Das Problem der ebenfalls im Gesetz von 2000 neu zu-
gelassenen Werk- und Beraterverträge war im Gesetzgebungsverfahren zunächst überhaupt nicht thematisiert
worden. Im Gegenteil, in der Begründung des Gesetzesent-
wurfs war der Eindruck erweckt worden, die »bislang in
Richtlinien« geregelten »Voraussetzungen für die Erstattung von Leistungen für die Beschäftigung von Mitarbeitern« würden »aus rechtsstaatlichen Gründen« lediglich

gesetzlich festgelegt.[114] Erst der Vorschlag eines Parlaments-
ausschusses, das Wort »Mitarbeiter« durch das Wort »Personen« zu ersetzen,[115] um eben auch die künftig zugelasse-
ne[116] Erstattung von Werkverträgen klarzustellen, zeigte,
worum es ging.

Die Diätenkommission:
eingeknickt oder übergangen?

Die Diätenkommission sei, so heißt es im Vorblatt des Gesetzentwurfs vom 26. September 2000, gehört worden und
habe »gegen die vorgesehenen Gesetzesänderungen keine
Einwände erhoben«.[117] Sie soll also sowohl die Beschäftigung von Geschwistern als auch die zeitlich unbegrenzte
Fortgeltung von Altverträgen mit Ehegatten und Kindern
abgesegnet haben. Das überrascht; denn in einer Stellung-
nahme vom 15. März 1999 hatte die Kommission noch gefordert, dass Verträge mit Ehegatten, Verwandten und Verschwägerten nicht mehr staatlich finanziert werden sollten.
So war es auch im *Spiegel* vom 3. Dezember 1999 berichtet
worden. Sollte die Kommission dem Gesetzentwurf also
tatsächlich zugestimmt haben, müsste sie ihre Auffassung
radikal geändert haben und völlig eingeknickt sein. Eine
andere Erklärung wäre, dass auch sie – genau wie die Öffentlichkeit – über den Inhalt des Gesetzentwurfs getäuscht
worden war. Dafür spricht auch, dass sie später forderte, die
Altverträge spätestens zum Ende der 14. Wahlperiode, also
2003, auslaufen zu lassen, worüber sich der Ältestenrat hin-

wegsetzte. (Bayerischer Landtag, Protokoll der 50. Sitzung des Ältestenrats vom 27. 11.2002, S. 15 ff.)

Die Diätenkommission stand damals unter dem langjährigen Vorsitz von Dr. Johann Schmidt, dem früheren Präsidenten des Bayerischen Verwaltungsgerichtshofs. Zu den Mitgliedern gehörte auch der frühere Vizepräsident des Bayerischen Rechnungshofs, Hermann Albrecht. Doch beide verließen die Kommission 2004. Als neuer Vorsitzender der Kommission wurde Heinrich Oberreuter, Professor für Politikwissenschaft und Direktor der Akademie für politische Bildung in Tutzing (Näheres siehe S. 190).

Kontrollmängel im Vollzug

Die Regelungen über Abgeordnetenmitarbeiter finden sich in Artikel 8 des Bayerischen Abgeordnetengesetzes (siehe Anhang, Anlage 7). Darin und in den dazu ergangenen Richtlinien (siehe Anhang, Anlage 14), für die das Gesetz allerdings (bis zur Gesetzesänderung im Mai 2013) keine Ermächtigung enthielt, steht auch die Regelung über den Vollzug des Gesetzes. Auch sie waren und sind immer noch hochproblematisch. Sie scheinen insgesamt geradezu darauf abzuzielen, Missbräuche zu ermöglichen und zu erleichtern: Die Beträge werden auf Antrag des Abgeordneten monatlich im Voraus an ihn ausgezahlt (siehe Anhang, Anlage 15). In anderen Ländern und im Bund werden die Zahlungen grundsätzlich erst ab Vorlage des Vertrages an die Parlamentsverwaltung geleistet, in Bayern dagegen werden die

Verträge, die der Abgeordnete mit seinen Hilfskräften schließt, der Landtagsverwaltung überhaupt nicht vorgelegt. Ebenso wenig verlangt die Verwaltung im Nachhinein Belege, zum Beispiel Quittungen, über die verausgabten Mittel, auch nicht über die für die Mitarbeiter abgeführten Steuern und Sozialabgaben. Den Abgeordneten wird lediglich empfohlen, solche Belege für Prüfungen des Rechnungshofs der Sozialversicherung oder des Finanzamts aufzubewahren. Der Rechnungshof hatte die Abgeordnetenmitarbeiter bis Mai 2013, soweit ersichtlich, aber noch nie geprüft.

Als »Nachweis« der ordnungsgemäßen Verwendung soll die Rechnungslegung auf einem Formblatt und die bloße Versicherung des Abgeordneten genügen, dass er die Gelder dem Gesetz und der Richtlinie entsprechend verwendet hat. Auf dem Formblatt brauchen lediglich der Name und die Adresse des Vertragspartners sowie die Höhe des Entgelts und der abgeführten Abgaben angegeben zu werden, nicht auch der Gegenstand des Vertrages oder die Stundenzahl (siehe Anhang, Anlage 16). Ein Verlust des Erstattungsanspruchs droht erst, wenn das Formblatt und die Versicherung bis Ende des Folgejahres nicht erbracht worden sind.[118]

Ob dieses Verfahren der vom Gesetz geforderten Nachweispflicht[119] genügt, erscheint doch mehr als fraglich, vor allem, wenn man bedenkt, was sonst als ordnungsgemäßer Nachweis gilt und was zum Beispiel Steuerzahlern und Subventionsempfängern an Nachweisen abverlangt wird.

Werkverträge und Verträge mit freien Mitarbeitern (siehe das zugehörige Formblatt im Anhang, Anlage 17) erscheinen besonders heikel, weil hier das Abführen von

Steuern und sonstigen Abgaben nicht Sache des Abgeordneten (bzw. ab 1. Oktober 2013 Sache der Landtagsverwaltung), sondern des Vertragspartners ist, und weil diesem
der Ort seiner Tätigkeit regelmäßig überlassen bleibt. Zudem kann wohl auch eine Bezahlung je nach angeforderter
Werkleistung vereinbart werden, die, wenn am Jahresende
noch Geld übrig ist, aufgefüllt werden kann. So können
Missbräuche erst recht erleichtert werden. Werkverträge
werden durch die Gesetzesänderung von Mai 2013 nicht
berührt, bleiben also auch in Zukunft erlaubt.

Insgesamt sind die Vorschriften so gestrickt, dass sich da-
hinter alles trefflich verbergen lässt, auch die problematische
Verwandtenbeschäftigung. Die Verwendung der Mittel und
ihre Nicht-Kontrolle regelt eben auch der Landtag in eigener
Sache. Die Neuregelung, die einige Verbesserungen bringen
soll, tritt hinsichtlich der Vollzugsbestimmungen erst zum
1. Oktober 2013 in Kraft. Es ist zu hoffen, dass die im Mai
2013 begonnene Prüfung des Landtagsamts durch den Rechnungshof (siehe oben S. 16) zu weiteren Verbesserungen der
Verwendungskontrolle führt.

Altverträge: wirklich legal?

Der Rechnungshof wird auch prüfen müssen, ob überhaupt
eine unbegrenzte Zulassung von Altverträgen bis ins erste
Halbjahr 2013 hinein vorlag. Denn die im Änderungsgesetz
von 2000 enthaltene Ausnahmevorschrift für Altverträge[120]
(siehe Anhang, Anlage I) fand sich im Änderungsgesetz von

2004 nicht mehr. Darin wurde die Vorschrift über die Verwandtenbeschäftigung (einschließlich des Verbots der Erstattung von Aufwendungen für Ehegatten und Verwandte und Verschwägerte ersten Grades) neu gefasst[121] (siehe Anhang, Anlage II). Geht aber nicht das neue Gesetz von 2004 (ohne Vorbehalt) dem älteren Gesetz von 2000 (mit Vorbehalt) vor – entsprechend dem Auslegungsgrundsatz »Das jüngere Gesetz schlägt das ältere«? Der Landtag wollte durch Aufhebung des Vorbehalts mit Gesetz vom 22. Mai 2013 (siehe Anhang, Anlage IV) zwar den Eindruck erwecken, als hätte er bis dahin bestanden. Doch das stößt ins Leere, soweit er schon vorher aufgehoben war. Bei der ersten Lesung des Gesetzes von 2004 ergriff wiederum allein der CSU-Abgeordnete Dr. Otmar Bernhard das Wort, der uns schon aus dem Gesetzgebungsverfahren des Jahres 2000 bekannt ist. Er sagte:

> »Wir haben jetzt auch eine klare Regelung getroffen und eine Rechtsgrundlage dafür geschaffen, wie die Mitarbeiterentschädigung gewährt und abgewickelt wird.«[122]

Dem würde es – als vernünftige Lösung (siehe oben S. 85) – auch entsprechen, die »Übergangsregelung« damit auslaufen zu lassen, zumal Bernhard im Gesetzgebungsverfahren von 2000 auch ausdrücklich von einer »Übergangsregelung« gesprochen hatte.[123]

Erst Recht stellt sich die Frage, ob die »Übergangsregelung« wirklich auf Dauer galt, hinsichtlich derjenigen, die vor dem Stichtag (1. Dezember 2000), obwohl sie bereits mit dem grundsätzlichen Verbot rechnen mussten, noch einen Vertrag mit dem Ehegatten oder mit Kindern geschlossen haben, also eine Art »Insidergeschäft« vornahmen, das in der Wirtschaft streng verboten ist. Darin und in der späten Festlegung des Stichtags könnte man ein konspiratives, ja geradezu kollusives Zusammenwirken des in eigener Sache entscheidenden Landtags mit den begünstigten Abgeordneten sehen, die ja ihrerseits Teil des Gesetzgebers waren. Dabei hat »der Gesetzgeber« hinsichtlich der vor dem Stichtag, aber in Erwartung des drohenden Verbots begründeten Verträge widersprüchlich gehandelt: Öffentlich hat er den Eindruck hervorgerufen, es gehe um eine »Übergangsregelung« und um »Vertrauensschutz«. Tatsächlich aber hat er die Übergangsregelung entgrenzt und auch diejenigen Abgeordneten, die mit dem grundsätzlichen Verbot rechnen mussten und deshalb keinen Vertrauensschutz verdienen, geradezu dazu eingeladen, die Vorteile der Beschäftigung von Ehegatten und Kindern noch mitzunehmen. Der »Gesetzgeber« hat einerseits die Beschäftigung von Verwandten verboten, er und die betroffenen Abgeordneten wurden aber gleichzeitig in genau die entgegengesetzte Richtung tätig.

Solches widersprüchliches Verhalten zur Täuschung der Öffentlichkeit kann die Rechtsordnung nicht akzeptieren. Das »Verbot widersprüchlichen Verhaltens« hat auch im Grundsatz des »venire contra factum proprium« seinen Ausdruck gefunden.[124] Das Verbot ist zwar vor allem für das Zivilrecht und das Völkerrecht entwickelt worden, umfasst aber als Ausdruck allgemeiner Gerechtigkeitsvorstellungen die gesamte Rechtsordnung.

Im vorliegenden Fall kommt eine restriktive Auslegung des Gesetzes im Wege einer sogenannten teleologischen Reduktion[125] in Betracht, die ebenfalls zu den allgemein anerkannten Auslegungsgrundsätzen gehört.[126] Mit ihr soll ein zu weit gehender Gesetzestext – dem Sinn und Zweck des Gesetzes entsprechend – eingeschränkt werden. Wegen des hier vorliegenden missbräuchlichen Verhaltens des »Gesetzgebers« kann es zur Ermittlung des Sinns des Gesetzes nicht auf den historischen Wille des »Gesetzgebers« ankommen, sondern allein auf den objektiv zu ermittelnden vernünftigen Sinn der Regelung, und der bestand in einer zeitlich begrenzten Geltung der »Übergangsregelung«. Eine teleologische Reduktion scheidet allerdings dann aus, wenn überwiegende Belange, vor allem der Rechtssicherheit und und des Vertrauensschutzes, entgegenstehen.[127] »Vertrauensschutz« hatte der Abgeordnete Bernhard im Gesetzgebungsverfahren von 2000 ja auch ausdrücklich als Grund für die Übergangsregelung genannt.[128] Einen solchen Vertrauensschutz können die Abgeordneten, die damals noch auf die Übergangsregelung »aufgesprungen« sind, obwohl sie mit dem grundsätzlichen Verbot rechnen mussten, aber gerade nicht für sich in Anspruch nehmen. Sie waren gewissermaßen bösgläubig; ihr Vertrauen war keines und schon gar nicht schutzwürdig. Diese Überlegungen sprechen erst Recht dafür, dass jedenfalls für »aufgesprungene« Abgeordnete die Übergangsregelung spätestens mit dem Ende der damaligen Wahlperiode, also im Herbst 2003, oder allerspätestens mit dem Änderungsgesetz von 2004 endete.

Dieser heikle Punkt, der vor allem die Frage von Rückzahlungspflichten wahrscheinlich in Millionenhöhe aufwirft, dürfte der Grund sein, warum die Landtagspräsidentin sich zunächst beharrlich weigert, Näheres darüber mitzuteilen, wann die Altverträge abgeschlossen wurden und welchen Inhalt sie haben (siehe S. 86, 215). Vielleicht hatte sie gehofft, das brisante Thema auf die Zeit nach der Landtagswahl am 16. September 2013 hinausschieben zu können und dabei die Prüfung durch den Rechnungshof vorgeschoben. Der Rechnungshof seinerseits sollte aber, wenn er will, dass seine Beanstandungen beachtet und seine Empfehlungen realisiert werden, bemüht sein, diese rechtzeitig vor der Wahl vorzulegen. Nach der Wahl dürfte der Druck auf den Landtag, die Empfehlungen auch umzusetzen, stark nachlassen.

Aufräumarbeiten

Vom 1. Juni 2013 an dürfen nun Verwandte und Verschwägerte nicht mehr aus der Mitarbeiterpauschale bezahlt werden. In Reaktion auf die am 15. April 2013 vorgelegte erste Auflage dieses Buchs und die durch Medienberichte ausgelöste öffentliche Empörung hat Bayern jetzt das weitestgehende Verbot von Verwandtenbeschäftigung in der Republik. Untersagt wird sogar die Beschäftigung von Verwandten und Verschwägerten anderer Abgeordneter bis zum dritten Grad und die Beschäftigung ernsthaft Zusammenlebender, auch wenn sie keinen Trauschein haben. Werk- und Beraterverträge bleiben aber zulässig.

Die Abrechnung der Gehälter und anderer Aufwendungen für Mitarbeiter sowie entsprechender Dienst- und Werkverträge erfolgt in Zukunft durch das Landtagsamt. Diese Änderung tritt allerdings erst am 1. Oktober 2013 in Kraft, also nach der Landtagswahl, und auf dann ausscheidende Abgeordnete, die ihre Mitarbeiter ja noch für eine Übergangszeit weiterbeschäftigen können, findet sie überhaupt keine Anwendung (siehe Anhang, Anlage IV).

Zunächst hatten die Fraktionen von CSU und FDP versucht, die Kuh blitzschnell vom Eis zu bringen: Ein am 24. April 2013 von ihnen vorgelegter Entwurf zur Änderung des Abgeordnetengesetzes sollte an das Haushaltsgesetz angedockt werden, das am selben Tag zur endgültigen Beschlussfassung anstand.[129] (Siehe Anhang, Anlage III) Der Entwurf, der mit Wirkung ab dem 1. Oktober 2013 die Altfälle beenden und die Finanzierung von Ehegatten und Verwandten und Verschwägerten bis zum dritten Grad verbieten wollte, scheiterte aber am Widerstand der Fraktionen von SPD und Grünen.[130]

Am 16. Mai 2013 hat der Landtag die Verwandtenbeschäftigung auf Staatskosten dann aber mit Wirkung vom 1. Juni 2013 beseitigt. Das geschah – abgesehen von der Enthaltung der fraktionslosen Abgeordneten Gabriele Pauli – einstimmig. Getragen war die Einstimmigkeit nicht zuletzt von dem Wunsch, die Affäre möge damit bereinigt sein. Doch das ist – angesichts der vielen weiteren in diesem Buch dargestellten missbräuchlich herbeigeführten Missstände – definitiv nicht der Fall.

4 Missbrauch für Parteizwecke:
leicht gemacht

Die überaus großzügigen Verwendungsvorschriften erleichtern es auch, Abgeordnetenmitarbeiter für die Partei
arbeiten zu lassen und auf diese Weise die Obergrenze für
die staatliche Parteienfinanzierung zu umgehen. Die einschlägigen Regelungen, Richtlinien und Formulare leisten
dem missbräuchlichen Einsatz der Mitarbeiter für Parteizwecke gezielt Vorschub. So werden Arbeitsüberlassungs-
verträge mit der eigenen Parteigeschäftsstelle zugelassen
und dafür Vertragsmuster vorgelegt (siehe Anhang, Anlage 18). Gegenüber der Landtagsverwaltung ist dann lediglich die Geschäftsstelle anzugeben und der an sie bezahlte
Betrag, nicht also auch die dem Abgeordneten überlassene
und vom Landtag bezahlte Person. Die Landtagsverwaltung stellt außerdem Musterformulare für Verträge mit
Parteigeschäftsstellen zur Verfügung, die für den Abgeordneten Schreibarbeiten, die Bearbeitung von Bürgeranliegen
und -anfragen sowie die Presse- und Öffentlichkeitsarbeit
erledigen. In diesem Fall taucht selbst im Vertrag der Name
der die Arbeit leistenden Person gar nicht mehr auf, sondern nur die Parteigeschäftsstelle (siehe Anhang, Anlage
19). Damit sind der heimlichen Staatsfinanzierung von
Parteiarbeit erst recht Tür und Tor geöffnet. Auch hier
braucht der Abgeordnete der Verwaltung lediglich die ord-
nungsgemäße Verwendung der Mittel zu versichern. Eine
wirksame Kontrolle findet nicht statt. Viele Steuerzahler
würden sich ein derartig blindes Vertrauen auch der Fi-

nanzämter auf ihre Erklärungen wünschen, ohne Belege vorlegen und Betriebsprüfungen befürchten zu müssen. Die nach wie vor zulässigen Werkverträge erleichtern Mogeleien noch weiter (siehe auch S. 93). Die mangelnde Kontrolle und die Gestaltung der Formulare geben geradezu Anleitung und leisten Beihilfe zur Verwendung der Abgeordnetenmitarbeiter für Parteizwecke.

Heimliche Staatsfinanzierung der Parteien ist kein Kavaliersdelikt. Sie kann aufseiten des Abgeordneten Betrug (§ 263 Strafgesetzbuch) oder Untreue (§ 266 StGB), aufseiten der Partei eine ebenfalls strafbare Umgehung der Rechenschaftslegung (§ 31d Parteiengesetz) darstellen.

Missbräuchen wird zusätzlich dadurch Vorschub geleistet, dass die Abgeordneten auch öffentlich keine Rechenschaft ablegen müssen, wen sie als Mitarbeiter einstellen und wo und für welche Aufgaben sie sie einsetzen. Eine Prüfung durch den Bayerischen Rechnungshof hatte bisher nicht stattgefunden, wird jetzt aber nach Aufdeckung der bayerischen Affäre vorgenommen (siehe S. 16). Diese betrifft zwar vornehmlich die Verwandtenbeschäftigung, sollte aber auch das Proplem verkappter Parteienfinanzierung mitumfassen. Nach den bisherigen Erfahrungen ist zwar nicht auszuschließen, dass wieder ein Gutachter beauftragt wird, das Ergebnis der Prüfung zu entschärfen. Immerhin: Nach der Sensibilisierung der Öffentlichkeit für solche Vorgänge durch das vorliegende Buch dürfte der »Erfolg« eines solchen Vorgehens in Zukunft eher zweifelhaft sein.

Eine Stichprobe hat bestätigt, dass bayerische Abgeordnete vielfach Personen als persönliche Mitarbeiter beschäftigen, die eine führende Funktion in der jeweiligen Partei ausüben. Im Wege einer Internetrecherche wurden die Abgeordneten des Bezirks Oberpfalz unter die Lupe genommen, und zwar neben den achtzehn Landtagsabgeordneten auch die sieben Bundestags- und die beiden Europaabgeordneten. Dabei ergab sich unter anderem, dass dreiundzwanzigmal Parteivorsitzende, ebenfalls dreiundzwanzigmal Beisitzer/innen, sechzehnmal stellvertretende Parteivorsitzende und achtmal Geschäftsführer/innen von Parteiverbänden als Abgeordnetenmitarbeiter beschäftigt werden (siehe Anhang, Anlage 20). Hier ist die Gefahr, dass staatlich bezahlte Mitarbeiter für Parteizwecke verwendet werden, natürlich besonders groß. Baden-Württemberg, Berlin, Schleswig-Holstein und Thüringen sehen deshalb Einschränkungen für solche missbrauchsanfälligen Doppelbeschäftigungen vor.

So arbeitet zum Beispiel Arndt Kriegeskorte im Wahlkreisbüro des FDP-Bundestagsabgeordneten Horst Meierhofer, seines Zeichens Vorsitzender des FDP-Bezirksverbands Oberpfalz, sowie des bayerischen FDP-Landtagsabgeordneten Thomas Dechant, Vorstandsmitglied des FDP-Bezirks Oberpfalz. Kriegeskorte ist zugleich Geschäftsführer des FDP-Verbands Oberpfalz und Vorsitzender des FDP-Kreisverbands Neumarkt. Beide Abgeordnete beschäftigen auch Christoph Skutella, Vorstandsmitglied der Jungliberalen (Julis) im Bezirk Oberpfalz sowie Juli-Vorsitzender in Weiden und bis 2011 Juli-Bezirksvorsitzender Oberpfalz. Die Aussagekraft einer Internetrecherche ist allerdings begrenzt. Naturgemäß lassen sich damit nur solche Mitarbeiter und solche Parteifunktionen von Mitarbeitern erfassen, die auch ins Netz gestellt sind.

Manche Betroffenen haben behauptet, in diesem Buch würde kritisiert, dass Abgeordnete vor allem Mitarbeiter mit demselben Parteibuch eingestellt hätten, was aber nicht zutrifft. Hier geht es vielmehr um Funktionäre mit einem Führungsamt in der Partei. Bei ihnen ist die Versuchung, ihre Parteitätigkeit verdeckt staatlich finanzieren zu lassen, besonders groß, zumal es – jedenfalls bislang – praktisch keine Kontrollen gibt.

5 Pflicht zur Vorsorge gegen Missbrauch: ignoriert

Insgesamt hat der Landtag offenbar gezielt ein umfassendes System entwickelt, das Abgeordneten den Missbrauch der Mitarbeitermittel für Parteien (und lange auch für Verwandte) ermöglicht – an jeder Kontrolle vorbei. Hinsichtlich der Fraktionsfinanzierung ist anerkannt, dass den Gesetzgeber eine verfassungsrechtliche Pflicht zur Vorsorge gegen Missbrauch trifft. Es besteht ein verfassungsrechtliches Missbrauchsabwehrgebot.[131] Das gilt sinngemäß auch hinsichtlich der Bewilligung und Verwendung von Abgeordnetenmitarbeitern, zumal die Missbrauchsgefahr angesichts des in Bayern erreichten Volumens, das die Gelder für die Finanzierung der Fraktionen erheblich übersteigt, besonders groß ist.

Der Rechtsstaat verlangt nicht nur formell und symbolisch, sondern auch durch Einrichtung der erforderlichen Verfahren und Institutionen, dass Gesetz und Recht eingehalten werden.[132] Der Zustand völliger Kontrolllosigkeit trotz Bewilligung und Verwendung der Mittel für Abgeordnetenmitarbeiter in eigener Sache schlägt dem verfassungsgerichtlichen Gebot zur Missbrauchsabwehr geradezu ins Gesicht und ist in krasser Weise verfassungswidrig.

6 Erwartbare Folge:
Explosion der Mittel

Der Zustand der Kontrolllosigkeit erklärt auch das gewaltige Wachstum der in eigener Sache beschlossenen Gelder. Die Bewilligungen für persönliche Mitarbeiter von Abgeordneten hat der Bayerische Landtag von 1250 Mark im Jahr 1981, für das erstmals konkrete Angaben im Haushaltsplan vorliegen (siehe S. 107), auf 9773 *Euro* im Jahr 2013 angehoben.

Die Beträge steigen automatisch entsprechend den Gehaltssteigerungen im öffentlichen Dienst, ohne dass das Abgeordnetengesetz dafür eine Ermächtigung vorsieht. Darüber hinaus werden die Zahlungen immer wieder in großen Sprüngen aufgestockt, so zum Beispiel im Jahr 2000 um 47 Prozent. Die damalige Erhöhung, bei der auch noch die Diätenkommission umgangen worden war,[133] führte auch zur Kritik an der Beschäftigung von Ehegatten und nahen

Verwandten und zum scheinbaren Abstellen dieser Praxis (siehe S. 89). Zu Beginn der Wahlperiode 2008 – 2013 hatte das politische Kartell in großer Einigkeit erneut zugeschlagen und die Beträge um fast 50 Prozent erhöht. Die Erhöhung für 2009 war aus dem Titel des Haushalts für die Jahre 2009/10 allein gar nicht zu ersehen, denn für Abgeordnetenmitarbeiter war nun ein eigener Titel geschaffen worden, der 2008 noch gar nicht bestanden hatte, sodass dort für 2009 auch keine Steigerung ausgewiesen werden musste. Diese ist nur den Erläuterungen zum Haushaltsplan zu entnehmen (siehe Anhang, Anlage 5). Einen weiteren gewaltigen Sprung um noch einmal 32,5 Prozent ab 1. Oktober 2013 (nicht nur um 20 Prozent, wie verschiedentlich in den Medien berichtet) haben sich die bayerischen Abgeordneten Ende 2012 im Haushalt 2013/14 bewilligt, diese aber dann storniert (siehe S. 107). Die folgende Tabelle zeigt die ursprünglich beabsichtigte Entwicklung:

Abgeordnetenmitarbeiter in Bayern: 1981-2014
Monatliche Höchstbeträge
(bis 2002 in DM, ab 2003 in Euro)

Haushalts-plan	Monats-betrag	Steigerung	Orientierung an Vergütungsgruppe
1981-1982	1250		
1983-1984	1750	**+ 40 %**	1983-88: BAT VI b halbtags
1985-1986	1797	+ 2,7 %	
1987-1988	1930	+ 7,4 %	
1989-1990	2562	**+ 33 %**	1989-92: BAT VI b 25 Wochenstunden
1991-1992	2800	+ 9,3 %	
1993-1994	4598	**+ 64 %**	1993-99: BAT VI b Vollzeit
1995-1996	5077	+ 10,4 %	
1997-1998	5349	+ 5,4 %	
1999-2000	5535	+ 3,5 %	
Nachtrags-haushalt 2000	8110	**+ 47 %**	2000-08: BAT VI b Vollzeit plus 1/4 BAT II a
2001 2002	8275	+ 2 %	BAT VI b Vollzeit (5762) plus 1/4 BAT II a (2513)
2003-2004	4343 (= 8494 DM)	+ 2,6 %	
2005-2006	4535	+ 4,4 %	
2007-2008	4585	+ 1,1 %	

Haushalts-plan	Monats-betrag	Steigerung	Orientierung an Vergütungsgruppe
2009-2010	6698	**+ 46 %**	Ab 2009: Entgelt-gruppe 6 TV-L (3114) plus 2/3 13 TV-L (3584)
2011	7046	+ 5,2 %	
1.1.2012	7330	+ 4 %	
1.1.2013	7524	+2,6 %	
1.10.2013	9773*	**+ 32,5** %	

* Annäherungswert. Ermittelt aus der Höhe der Bewilligungen für Oktober bis Dezember 2013 und für 2014. Darin dürften allerdings auch Mittel für Verträge von mit der Neuwahl ausscheidender Abgeordneter enthalten sein, die noch einige Monate weiterlaufen, sodass der Pro-Kopf-Betrag möglicherweise etwas geringer als ausgewiesen ist.

Bemerkung: Vor 1981 wurden die Beträge nicht einmal im Haushaltsplan genannt (siehe S. 104). Von 1981 bis 2008 gab es immer noch keinen eigenen Titel, der die Gesamtbewilligung für Abgeordnetenmitarbeiter im Haushaltsplan auswies; diese war vielmehr in Titel 411 01 (»Aufwendungen für die Mitglieder des Bayerischen Landtags«) mitenthalten. Ab 2009: Eigener Titel 411 03 (»Aufwendungen für die Beschäftigung von Mitarbeitern der Abgeordneten gem. Art. 8 BayAbgG«).

Quelle: Haushaltspläne.

Im Anschluss an die Aufdeckung der Affäre haben sich die Vorsitzenden aller Fraktionen Anfang Mai aber darauf verständigt, auf die Erhöhung zum 1. Oktober 2013 als »jetzt nicht vermittelbar« erst einmal zu verzichten.[134]

Die allgemeinen Gehälter sind demgegenüber nur mäßig gestiegen, wie die folgende Grafik ausweist.

Entwicklung der Bewilligungen für Abgeordnetenmitarbeiter in Bayern (1981-2013) im Vergleich zur Entwicklung des Bruttoarbeitnehmerentgelts (1981-2011)

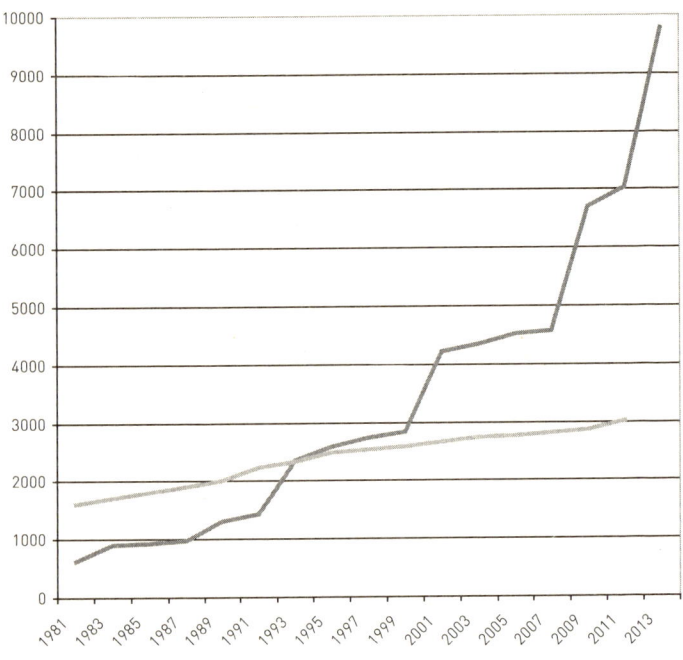

━━━ Bewilligungen für Abgeordnetenmitarbeiter (pro Abgeordnter,
monatlich in EUR)*

━━━ Buttoarbeitnehmerentgelt in Deutschland (je Arbeitnehmer, monatlich
in EUR)**

  * Soll-Werte. *Quelle:* Haushaltspläne.

** Bruttoarbeitnehmerentgelt = Bruttogehalt + Arbeitgeberentgelt; bis 1991
früheres Bundesgebiet. *Quelle 1950-2010:* BMAS, Statistisches Jahrbuch
2011, verfügbar im Internet unter: www.bmas.de/DE/Themen/Arbeits-
markt/Arbeitsmarktstatistiken; *Quelle 2011:* Statistisches Bundesamt.

Bayern nimmt, wie die folgende vergleichende Übersicht zeigt, unter allen Landesparlamenten auch in der Frage der Abgeordnetenmitarbeiter mit Abstand die Spitze ein, und zwar sowohl hinsichtlich der bewilligten Gesamtmittel als auch bezogen auf die Zahl der Abgeordneten. Das Fehlen eines Wissenschaftlichen Dienstes im Bayerischen Landtag kann die gewaltigen Wachstumsraten der Mitarbeiterbewilligung nicht rechtfertigen, auch wenn Landtagspräsidentin Barbara Stamm dies gern behauptet.[135] So heißt es auch wieder in ihrem am 17.4.2013 vorgelegten Argumentationspapier (siehe Anhang, Anlage 21, S. 5):

> »Dass Bayern im Ländervergleich die weitestgehenden Erstattungsregelungen bei der Mitarbeiterentschädigung aufweist, liegt auch daran, dass in Bayern im Gegensatz zu manch anderen Bundesländern kein wissenschaftlicher Dienst in der Landtagsverwaltung existiert und die Abgeordneten primär darauf angewiesen sind, zu ihrer Unterstützung entsprechende Mitarbeiter zu beschäftigen.«

Diese Argumentation hält einer Nachprüfung nicht stand. Parlamentarische Hilfsdienste gehören – anders als die Mitarbeiterpauschale – nicht zum Abgeordnetenstatus; dessen Grundsätze sind auf parlamentarische Hilfsdienste nicht anwendbar. Bei einem der Neutralität verpflichteten, beim Landtag angesiedelten Wissenschaftlichen Dienst sind die Möglichkeiten der Zweckentfremdung und des

Missbrauchs ja auch sehr viel geringer. Die bei Abgeordnetenmitarbeitern auf der Hand liegende Gefahr, dass Verwandte beschäftigt oder die Mitarbeiter unmittelbar für Parteien eingesetzt werden, besteht bei einem solchen Wissenschaftlichen Dienst gerade nicht. Die Existenz oder Nichtexistenz eines parlamentarischen Hilfsdienstes kann deshalb von vornherein nicht zur Rechtfertigung von Auswüchsen bei der Mitarbeiterpauschale herangezogen werden.

Im Übrigen liegen die Personalausgaben für den wissenschaftlichen Beratungsdienst etwa in Niedersachsen oder Nordrhein-Westfalen[136] deutlich unter einer Million Euro im Jahr, was die exzessive Bewilligung von Abgeordnetenmitarbeitern in Bayern also auch rein *quantitativ* in keiner Weise rechtfertigen kann.

Bewilligungen für Abgeordnetenmitarbeiter in den Bundesländern 2013

	Bewilligung (in Mio. EUR)	Zahl der Abgeordneten	Betrag pro Abgeordneter (in EUR)
Baden-Württemberg	10,2	138	73 913
Bayern	18,1	187	96 791
Berlin	2,4	149	16 107
Brandenburg	4,9	88	55 682
Bremen	-	83	-
Hamburg	4,8	121	39 669
Hessen	6,2	118	52 542
Mecklenburg-Vorpommern	3,1	71	43 662
Niedersachsen	4,9	152	32 237
Nordrhein-Westfalen	13,6	237	57 384
Rheinland-Pfalz	3,6	101	35 644
Saarland	-	51	-
Sachsen	6,6	132	50 000
Sachsen-Anhalt	4,1	105	39 048

	Bewilligung (in Mio. EUR)	Zahl der Abgeordneten	Betrag pro Abgeordneter (in EUR)
Schleswig-Holstein	0,8	69	11 594
Thüringen	4,5	88	51 136

Quelle: Haushaltspläne.

7 Kürzung für Regierungsmitglieder und andere Funktionsträger

Während Regierungsmitglieder und andere Funktionsträger nur einen Teil der Kostenpauschale erhalten (Art. 6, Abs. 2, Satz 2 des AbgeordnetengesetzesG), können sie die Mitarbeiterentschädigung ungekürzt beanspruchen. Da sie aber in ihrer besonderen Funktion regelmäßig ohnehin über einen Stab von Mitarbeitern verfügen, dürfte ihr Bedarf an weiteren persönlichen Mitarbeitern regelmäßig begrenzt sein, sodass die Mitarbeiterentschädigung für diesen Personenkreis gekappt werden sollte. Der bisherige ungekürzte Bezug könnte erklären, warum so viele Regierungsmitglieder und Funktionsträger (wie zum Beispiel Fraktionsvorsitzende) ihre Ehegatten oder Verwandten angestellt haben: Bevor das Geld mangels echten Bedarfs verfällt, mögen sich manche gesagt haben, behalten wir es lieber in der Familie.

III Die Umleitung des Geldstroms: Verdeckte und offene Finanzierung

1 Parteienfinanzierung durch Fraktionen und Mitarbeiter: Verstoß gegen die Staatsfreiheit der Parteien

Das rasante Wachstum der in eigener Sache beschlossenen Staatsgelder zeigt sich auch daran, dass die Zahlungen an bayerische Fraktionen und für Abgeordnetenmitarbeiter inzwischen die Staatsgelder für Parteien weit hinter sich gelassen haben: 1967 wurden mit dem Parteiengesetz[137] und 1968 mit dem darauf beruhenden bayerischen Wahlkampf-kosten-Erstattungsgesetz[138] Kontrollen und Grenzen eingeführt: Die Staatsfinanzierung wurde auf die Erstattung der Wahlkampfkosten begrenzt, und die Öffentlichkeitskontrolle wurde dadurch ermöglicht, dass Erhöhungen nur durch Änderung des Gesetzes erfolgen konnten. Beides war durch das Bundesverfassungsgericht erzwungen worden.[139] *Damals*, also 1967, hatten die Parteien in Bayern für Landtagswahlen 1,3 Millionen Mark (entspricht 0,6 Millionen Euro) vom Staat bekommen und die Fraktionen des Bayerischen Landtags 1,0 Millionen Mark (0,5 Millionen Euro). Staatsfinanzierte Abgeordnetenmitarbeiter gab es noch nicht.

2012 hatten sich die Verhältnisse völlig verschoben. Der entsprechende bayerische Landesanteil an der sozusagen offiziellen staatlichen Parteienfinanzierung betrug nun 2,3 Millionen Euro[140] (wobei ein gleich noch zu behandelnder Sondereffekt bei der CSU zunächst außer Betracht bleibt). Dem stehen Zahlungen an die Landtagsfraktionen in Höhe von 15,3 Millionen Euro und für persönliche Mitarbeiter der Landtagsabgeordneten von 15,9 Millionen Euro gegenüber, zusammen also 31,2 Millionen, also ein riesiger Betrag – vierzehnmal so hoch wie die Staatsgelder für die Parteien. Ein großer Teil davon dürfte verdeckte staatliche Parteienfinanzierung sein.

Angesichts der öffentlichen Kontrolle der staatlichen Parteienfinanzierung und ihrer Deckelung durch die Obergrenze hat die in eigener Sache entscheidende politische Klasse die unkontrollierte und unbegrenzte Fraktions- und Mitarbeiterfinanzierung in großen Teilen zu einem funktionalen Ersatz für die Parteienfinanzierung gemacht. Diese verdeckte Parteienfinanzierung verstößt gegen die vom Bundesverfassungsgericht für die staatliche Parteienfinanzierung errichtete absolute Obergrenze und damit gegen den verfassungsrechtlichen Grundsatz der Staatsfreiheit der Parteien.[141] Sogar die Strafbarkeit wegen Betrugs, Untreue oder Umgehung der Rechenschaftslegung (§ 31d Parteiengesetz) liegt nahe. Dessenungeachtet sollten die Zah-

Staatliche Finanzierung von Parteien, Fraktionen und Abgeordnetenmitarbeitern in Bayern 1967, 2012 und 2014 (in Mio. Euro)

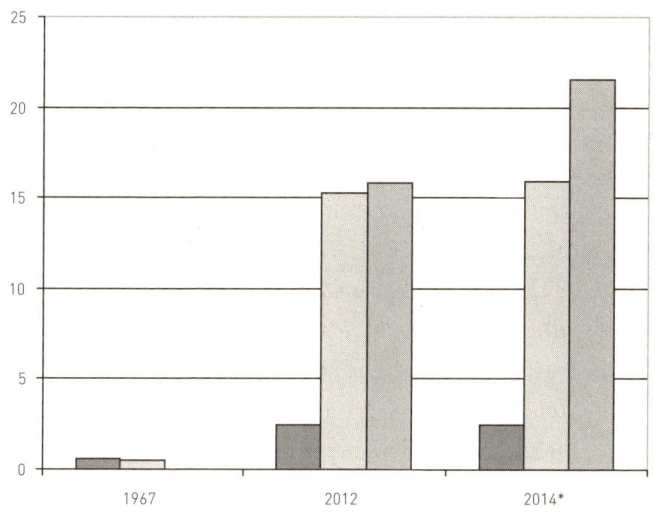

■ Kostenerstattung für Landtagswahl (1967) bzw. Landesanteil der
staatlichen Parteienfinanzierung (2012, 2014)

□ staatliche Fraktionsfinanzierung

■ Abgeordnetenmitarbeiter

* Die Werte für den Landesanteil der Staatsfinanzierung ergeben sich aus §
19a Abs. 6 Satz 1 PartG (0,5 Euro pro Stimme bei der bayerischen Landtagswahl 2008). Dafür wurde der Wert von 2012 eingesetzt. Der genaue Wert für
2014 ist erst nach der Landtagswahl 2013 zu ermitteln. Zur Sonderrolle der
CSU nach § 19a Abs. 6 Satz 2 PartG siehe S. 116 ff.

Quelle: Haushaltspläne.

lungen für Abgeordnetenmitarbeiter bis 2014 noch einmal stark wachsen: auf 21,5 Millionen Euro (siehe auch S. 105 f. und 107).

In der grafischen Darstellung wird die Disproportionalität von direkter und indirekter Staatsfinanzierung besonders deutlich (siehe vorherige Seite):

2 Die Sonderrolle der CSU bei der direkten staatlichen Parteienfinanzierung

Betrachtet man die Verteilung der direkten staatlichen Parteienfinanzierung, so ergibt sich, dass die CSU auch hierbei ein Übergewicht besitzt. Das Parteiengesetz dotiert die ersten vier Millionen Stimmen höher als die übrigen, nämlich statt mit nominell 70 Cent mit nominell 85 Cent pro Stimme.[142] In den Genuss kommt jede Bundespartei nur einmal. Da die CSU als eigene Partei firmiert, obwohl sie nur mit der CDU zusammen das ganze Bundesgebiet abdeckt und dementsprechend mit ihr im Bundestag eine gemeinsame Fraktion bildet, genießt auch sie den vollen Vorteil, der aus der Vier-Millionen-Stimmen-Regelung resultiert, was ihren Staatszuschuss in Bayern um jährlich bis zu 600 000 Euro steigert. Auf die Landesverbände der anderen Parteien wirkt sich dieser Effekt nicht aus.

Hinzu kommt noch ein weiterer Vorteil der CSU: Normalerweise werden die Staatsgelder zwischen Bundes- und Landesparteien aufgeteilt. Der Landesverband erhält

Staatliche Parteienfinanzierung bayerischer Landesverbände laut PartG, Fraktionszuschüsse und Mitarbeiterpauschale im Jahr 2010 (in Mio. Euro)

	Staatliche Parteienfinanzierung			Fraktions-zuschüsse	Mitarbeiter-pauschale	Summe
	Direkter Landes-anteil	Parteiinterner Finanzausgleich	gesamt			
CSU	9,61[1]	–	**9,61**	**4,52**	**7,78**	**21,91**
SPD	0,49	1,24	**1,73**	**3,67**	**3,30**	**8,70**
FW	0,14	–	**0,14**	**2,42**	**1,78**	**4,34**
Grüne	0,25	0,92	**1,17**	**2,36**	**1,61**	**5,14**
FDP	0,21	–	**0,21**	**1,70**	**1,35**	**3,26**
Summe	10,70	2,16	**12,86**	**14,67**	**15,82**	**43,35**
Linke	*0,12*	–	**0,12**	–	–	**0,12**
ödp	*0,05*	–	**0,05**	–	–	**0,05**

* Die CSU erhält wie die anderen Parteien den Betrag, der sich aus den Stimmen bei der Landtagswahl ergibt (0,5 EUR pro Stimme = 1,15 Mio. EUR) und zusätzlich den Teil, der bei den anderen Parteien dem Bundesverband zusteht (8,46 Mio. EUR).

Quelle: Rechenschaftsberichte politischer Parteien für das Kalenderjahr 2010, Deutscher Bundestag Drucksache 17/8550 vom 14.2.2012; Haushaltspläne sowie eigene Berechnung auf Grund amtlicher Unterlagen.

50 Cent pro Stimme bei den Landtagswahlen; der Bundesverband erhält den sehr viel größeren Batzen, der sich aus
den bei Bundestags- und Europawahlen erlangten Stimmen und aus der Bezuschussung der Zuwendungen errech-
net. Davon können den Landesverbänden im Wege des in-
nerparteilichen Finanzausgleichs gewisse Teile abgegeben
werden. So erhalten die bayerischen Landesverbände der
SPD und der Grünen im Finanzausgleich zusätzlich die in
der folgenden Tabelle ausgewiesenen Ausgleichsbeträge;[143]
die bayerischen Landesverbände der FDP und der Linken
erhalten keine solchen Leistungen.

Anderes gilt für die CSU. Sie erhält als reine Landespar-
tei neben ihrem Landesanteil noch den gesamten Bundes-
anteil.[144] Zwar hat sie in den jeweiligen Wahljahren auch
ihre Kampagnen für die Bundestags- und die Europawahl
in Bayern zu organisieren und zu finanzieren. Seit Anfang
der Neunzigerjahre ist die Staatsfinanzierung aber gerade
keine Wahlkampfkostenerstattung mehr, sondern eine Mit-
finanzierung der laufenden Parteikosten,[145] und die CSU
hat, wie die nächste Tabelle zeigt, über die Jahre hinweg
ganz unvergleichlich viel mehr Staatsgeld zur Verfügung
als die Landesverbände der anderen in Bayern auftretenden
Parteien.

Diese Regelungen, die sich aus dem Parteiengesetz ergeben, benachteiligen nicht nur die außerparlamentarischen
Parteien, sondern auch alle im Bayerischen Landtag vertretenen Konkurrenten der CSU. Das Parteiengesetz beruht
als Bundesgesetz zwar nicht unmittelbar auf der Verantwortung der bayerischen politischen Klasse. Die genannten

Effekte müssen aber einbezogen werden, wenn das Ausmaß der Benachteiligung außerparlamentarischer Parteien in Bayern ermittelt werden soll. Genaue Zahlen für die staatliche Parteienfinanzierung lagen bei Redaktionsschluss allerdings erst für 2010 vor.[146] In der vorstehenden Tabelle und der darauf beruhenden Grafik (siehe S. 121) ist deshalb auch die jüngst beschlossene Steigerung der Mitarbeiterpauschale noch nicht enthalten.

3 Verdeckte Parteienfinanzierung: Verfassungswidrige Diskriminierung kleinerer Parteien

An sich wäre gegen die staatliche Finanzierung von Fraktionen und Abgeordnetenmitarbeitern nichts einzuwenden – wenn nicht unter der Hand Parteiarbeit geleistet oder sonst damit Missbrauch getrieben würde und der Landtag sie (nicht zuletzt gerade deshalb) so gewaltig und unkontrolliert aufstocken würde. Außerparlamentarische Parteien sind von der verdeckten Parteienfinanzierung ausgeschlossen. Das Bundesverfassungsgericht hat die Hürde für die Beteiligung an der Staatsfinanzierung, die die Parlamentsparteien früher in eigener Sache – genau wie die Wahlhürde – auf 5 Prozent festgesetzt hatten, wegen Verstoßes gegen die Chancengleichheit schon früh auf 0,5 Prozent bei Bundestagswahlen abgesenkt.[147] Bei Landtagswahlen beträgt sie 1 Prozent.[148] Das Bundesverfassungsgericht hat das damit begründet, dass kleinere Parteien wichtige Funktionen in der Demokratie erfüllen und deshalb von der Staatsfinanzierung nicht ausgeschlossen werden dürfen.[149] Durch verdeckte Staatsfinanzierung der Parlamentsparteien wird die Fünfprozentklausel aber durch die Hintertür wieder eingeführt und die Beteiligung kleinerer Parteien unterlaufen. Das ist verfassungswidrig.

Die Diskriminierung kleiner Parteien wird deutlich, wenn man den im Landtag vertretenen Parteien die beiden außerparlamentarischen Parteien gegenüberstellt, die bei der Landtagswahl 2009 der Fünfprozentklausel am nächsten kamen: Die Linke, die 4,35 Prozent der Stimmen erreicht hatte, und die ÖDP mit 2 Prozent. Beide Parteien sind nur an der Staatsfinanzierung beteiligt und bekommen daraus jährlich 115 489 Euro (Linke) beziehungsweise 53 000 Euro (ÖDP). Die bayerischen Piraten bekommen vor der Landtagswahl 2013 überhaupt nichts, weil sie erst vor Kurzem gegründet wurden und an der Landtagswahl von 2008 noch nicht teilgenommen hatten.

Demgegenüber erhielten die bayerischen Parlamentsparteien, allen voran die CSU, bereits im Jahr 2010, für das bei Redaktionsschluss allein umfassende Zahlen vorliegen, aus der staatlichen Parteienfinanzierung 12,9 Millionen Euro. Hinzu kamen Fraktionszuschüsse von 14,7 Millionen und die Mitarbeiterpauschale von 15,8 Millionen Euro, zusammen 30,5 Millionen, von denen außerparlamentarische Parteien völlig ausgeschlossen sind, obwohl die Zahlungen zum Teil verdeckte Parteienfinanzierung darstellen. Das Bundesverfassungsgericht hat die große und unverzichtba-

Staatliche Parteienfinanzierung im Vergleich zur Fraktions- und Abgeordnetenmitarbeiterfinanzierung in Bayern im Jahr 2010 (in Mio. Euro)

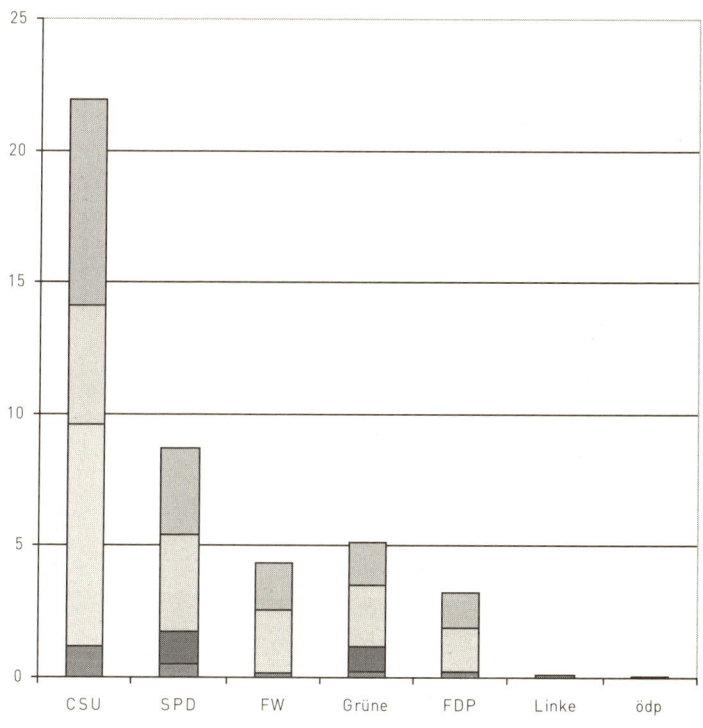

□ Mitarbeiterpauschale

□ Fraktionszuschüsse

■ Beteiligung an der Staatsfinanzierung des Bundesverbandes durch parteiinternen Finanzausgleich

□ Anteil der staatlichen Parteienfinanzierung, der bei anderen Parteien außer der CSU auf den Bundesverband entfällt

■ direkter Landesanteil an der staatlichen Parteienfinanzierung

re Rolle kleiner und neuer Parteien für das Funktionieren eines befriedigenden demokratischen Wettbewerbs in der Demokratie erst neuerdings besonders hervorgehoben.[150] Das macht die krasse finanzielle Benachteiligung kleiner Parteien in Bayern erst recht verfassungswidrig.

Die CSU erhält allein 21,91 Millionen Euro an Staatsgeld[151] und damit über vierhundertmal so viel wie die 0,05 Millionen der ÖDP und fast zweihundertmal so viel wie die 0,12 Millionen der Linken. Auch hier macht die Grafik auf Seite 121 das krasse Missverhältnis besonders deutlich.

Der CSU, die ohnehin einen strukturellen Vorteil vor ihren Konkurrenten besitzt, weil sie sich als langjährige Regierungspartei zur »bayerischen Staatspartei«[152] und zur Vertreterin Bayerns im Bund stilisiert hat,[153] ermöglicht die hohe Staatsfinanzierung, ihre Dauerherrschaft zu stabilisieren. Die anderen Parlamentsparteien haben bereitwillig mitgespielt.

Teil 3

Trickreich an die Spitze:
Die Bezahlung und Versorgung
von Landtagsabgeordneten

I Laut Verfassung bloß eine Aufwandsentschädigung

Für die Landtagsabgeordneten sieht die Bayerische Verfassung nur eine »Aufwandsentschädigung« vor, kein volles Einkommen und schon gar keine staatliche Altersversorgung. Artikel 31 der Bayerischen Verfassung lautet:

> »Die Mitglieder des Landtags haben das Recht zur freien Fahrt auf allen staatlichen Verkehrseinrichtungen in Bayern sowie auf eine Aufwandsentschädigung.«

In krassem Gegensatz zu dieser Vorschrift, die niemals aufgehoben wurde, gibt das Bayerische Abgeordnetengesetz den Mitgliedern des Landtags nicht nur einen Anspruch auf eine steuerfreie Aufwandsentschädigung, sondern auch noch auf ein volles steuerpflichtiges Einkommen samt einer großzügigen beitragsfreien Altersversorgung.

II Politisches Kartell: Die Entstehung des bayerischen Abgeordnetengesetzes

Die heutige bayerische Diätenregelung geht auf das Abgeordnetengesetz von 1977 zurück,[1] das schon im Zusammenhang mit der Finanzierung von Abgeordnetenmitarbeitern angesprochen wurde (siehe S. 88 ff.). 1977 wurde erstmals ein steuerpflichtiges Gehalt eingeführt und auf 6750 DM im Monat festgesetzt.

Gleichzeitig wurde eine überaus großzügige, nunmehr beitragslose Altersversorgung eingefügt, wobei den Abgeordneten auch die bisherigen Mandatsjahre pensionserhöhend zugerechnet wurden; selbst frühere Abgeordnete, die vor 1968 aus dem Landtag ausgeschieden waren, wurden beteiligt und so alle klagemäßig ruhig gestellt. 1968 war bereits ein Versorgungswerk errichtet worden, zu dem die Abgeordneten aber Beiträge hatten leisten müssen. Zugleich setzte das Abgeordnetengesetz von 1977 die steuerfreie Aufwandsentschädigung auf monatlich 3800 DM herauf und schaffte gewisse Zusatzpauschalen ab. Damit übernahm Bayern die Spitze unter allen Bundesländern und hat sie seitdem auch beibehalten (siehe auch S. 134). Übrigens: Bayern gehörte damals im Länderfinanzausgleich noch auf lange Jahre zum Kreis der Empfängerländer.

Als der Landtag das Abgeordnetengesetz 1977 in Angriff nahm, waren die Fraktionen sich der verfassungsrechtlichen Probleme natürlich bewusst, zumal Artikel 31 der Bayerischen Verfassung eben nur eine Aufwandsentschädigung und keine Vollalimentation samt Altersversorgung vorsieht. Umso entschlossener gingen die Fraktionen unter Federführung der CSU daran, die öffentliche Kontrolle auszuschalten. Da alle profitierten, war es offenbar nicht schwer, die »Einigkeit der Demokraten« zu beschwören. Die Fraktionen der CSU und der SPD sowie die Gruppe der FDP-Abgeordneten brachten den Gesetzentwurf gemeinsam ein[2] und beschlossen ihn auch gemeinsam.[3]

Sie bildeten ein politisches Kartell, und das ist in der Demokratie hochproblematisch. Kartelle sind in der Wirtschaft streng verboten, weil sie den Wettbewerb beseitigen und die Ausbeutung der Konsumenten ermöglichen. *Politische* Kartelle beuten den Steuerzahler aus und legen die Kontrolle durch den Wähler lahm. Der kann die Kartellparteien mit dem Stimmzettel dann nicht mehr bestrafen, höchstens noch dadurch, dass er ihre außerparlamentarischen Herausforderer wählt. Doch das setzt voraus, dass er überhaupt von dem Missbrauch erfährt. Da aber auch die Opposition eingebunden ist, hat kein Insider ein Interesse daran, die Öffentlichkeit zu informieren.

Der Entwurf des Abgeordnetengesetzes enthielt keine amtliche Begründung. Im Vorblatt wurde gar behauptet, das Bundesverfassungsgericht erzwinge eine Neuregelung, weil das bisherige Diätengesetz mit dem Diätenurteil des Bundesverfassungsgerichts vom 5. November 1975 »nicht in Einklang stehe«.[4] Das war – jedenfalls hinsichtlich der Aufstockung, die das Abgeordnetengesetz brachte – schlicht falsch. Das Urteil ging zwar für *Bundestags*abgeordnete von einer Vollalimentation aus, nicht aber unbedingt auch für Landtagsabgeordnete. Wörtlich heißt es im Urteil:

> »Das gilt jedenfalls für den Bundestagsabge-
> ordneten. Ob es auch für alle Landesparlamen-
> te gilt, kann hier offen bleiben.«[5]

Erst recht hatte das Gericht nichts darüber gesagt, ob seine diesbezüglichen Ausführungen auch für Länder wie Bayern gelten, deren Verfassung eine eigene Vorschrift für die Abgeordnetenbezahlung enthält, sondern es hatte auch das ausdrücklich offen gelassen.[6]

Das Ganze war derart windig, dass in der ersten »Beratung« des Gesetzes am 28. Juni 1977 im Landtag niemand wagte, öffentlich das Wort zur Verteidigung des Gesetzentwurfs zu ergreifen. Laut Plenarprotokoll vermerkte der damalige Landtagspräsident Rudolf Hanauer (CSU) dazu:

> »Zur Begründung keine Wortmeldungen. – All-
> gemeine Aussprache. – Auch hier keine Wort-
> meldung. Dann ist sie geschlossen.«[7]

Die zweite »Beratung« erfolgte am 13. Juli 1977, nur einen Tag nach den Beratungen des Ausschusses für Verfassungs-, Rechts- und Kommunalfragen, in der letzten Sitzung des Landtags vor den Schul- und Parlamentsferien.[8] Sie begann unmittelbar nach der Verteilung der Ausschussberichte, obwohl die Geschäftsordnung des Landtags grundsätzlich vorsieht, dass sie frühestens am vierten Tag danach erfolgen soll.[9] Drei Berichterstatter, die CSU-Abgeordneten Johann Böhm, Dr. Paul Wilhelm und Dr. Richard Hundhammer, berichteten aus den Ausschüssen. Sie verfälschten dabei aber die Argumente, erweckten den unzutreffenden Eindruck, das Diätenurteil des Bundesverfassungsgerichts zwinge zu einer Vollalimentation in Bayern. Auch in den Ausschussberatungen wurde suggeriert, das Bundesverfassungsgericht erzwinge die Vollalimentation.[10] Wichtiges wie die Einfügung der üppigen beitragsfreien Altersversorgung und die Rolle des Artikels 31 der Bayerischen Verfassung, der ja nur eine Aufwandsentschädigung vorsieht, ließen die Berichterstatter ganz weg. Auch in den Ausschüssen war beides nicht thematisiert worden. Da in der zweiten Lesung sonst niemand das Wort ergriff, entfiel auch diesmal die übliche Debatte.[11] Offenbar waren alle anderen Fraktionen einverstanden, keiner ihrer Abgeordneten wollte aber wohl öffentlich die Verantwortung für das Gesetz übernehmen. Die drei schriftlichen Ausschussberichte selbst enthielten ebenfalls keine Begründung. Das neue Abgeordnetengesetz wurde dann einen Tag nach Beginn der Ferien veröffentlicht.

Das Fehlen jeder öffentlichen Diskussion im Parlamentsplenum und die unziemliche Eile waren Ausdruck eines extrem schlechten Gewissens. Der Landtag hatte eben triftige Gründe, das Gesetz, das das Licht der Öffentlichkeit scheute, schnell und diskret zu verabschieden. Um in diesem Verfahren einen für den Bürger durchschaubaren Willensbildungsprozess zu sehen, wie ihn das Verfassungsrecht verlangt, musste man schon beide Augen zudrücken.

Dass Artikel 31 der Bayerischen Verfassung nicht geändert wurde, erstaunt auch deshalb, weil in derselben Sitzung des Landtags, in der die erste Lesung des Abgeordnetengesetzes stattfand, zu einem anderen Thema (Lernmittelfreiheit für Schüler) eine Verfassungsänderung anstand. Die Erklärung für die Abstinenz gerade in Sachen Diäten dürfte darin liegen, dass Änderungen der Bayerischen Verfassung einen Beschluss des Landtags mit Zweidrittelmehrheit der Mitglieder *und* die Zustimmung der Bürger im Wege eines Volksentscheids verlangen.[12] Dem Urteil des Volkes jedoch wollten die CSU und die anderen Fraktionen die neue Diätenregelung offenbar nicht unterbreiten. Mit gutem Grund: Was bereits das glaubwürdige Drohen mit einem Volksbegehren bewirken kann, zeigte sich in Nordrhein-Westfalen. Dort wollte der Landtag zunächst das Bayerische Abgeordnetengesetz eins zu eins übernehmen. Als aber der Bund der Steuerzahler 1978 Anstalten machte, dagegen einen Volksentscheid zu initiieren,[13] lenkte der Landtag ein und berief eine Kommission unter dem Vorsitz des früheren Landesministers und damaligen Vorsitzenden des Deutschen Sportbundes, Willi Weyer, die zu sehr viel moderateren Vorschlägen gelangte. In Nordrhein-Westfalen führte das letztlich zu erheblichen Abstrichen.

Einen Volksentscheid über das Abgeordnetengesetz wollte man in Bayern möglichst vermeiden. Lieber nahm man ein höchst zweifelhaftes Gesetz inkauf, zumal man wohl auch glaubte, sich auf den Bayerischen Verfassungsgerichtshof verlassen zu können und eine Gerichtskontrolle nicht fürchten zu müssen. Schließlich waren die Mitglieder des Verfassungsgerichtshofs vom Landtag gewählt – und darauf angewiesen, von ihm auch wiedergewählt zu werden (siehe S. 34).

III Richter ohne Biss?
Der Bayerische
Verfassungsgerichtshof

In der Tat segnete der Bayerische Verfassungsgerichtshof das Abgeordnetengesetz in einem Urteil von 1982 ab und erklärte die dagegen gerichtete Popularklage für unbegründet. Die in Artikel 31 genannte Aufwandsentschädigung interpretierte er lediglich als »Mindestanspruch«, über den der Landtag durch Gewährung einer Vollalimentation weit hinausgehen könne. Konkret führte er aus: Artikel 31 der Bayerischen Verfassung sei »in dem Sinne zu interpretieren, dass dort der Anspruch des Abgeordneten auf Aufwandsentschädigung nur als Mindestanspruch gewährleistet ist, dass aber dadurch eine Vollalimentation des Abgeordneten [...] nicht verfassungsrechtlich ausgeschlossen sein soll.«[14]

Als im Jahr 2005 ein Volksbegehren die staatsfinanzierte Altersversorgung beseitigen und so den aufgestockten finanziellen Status der Abgeordneten wieder absenken wollte, erklärte der Bayerische Verfassungsgerichtshof dieses Volksbegehren für verfassungswidrig. Nunmehr befand er eine Vollalimentation nicht mehr nur für zulässig (wie noch im Urteil von 1982), sondern sogar für verfassungsrechtlich *geboten*. Dabei berief er sich, wie seinerzeit schon die Fraktionen bei Erlass des Abgeordnetengesetzes, auf das Diätenurteil des Bundesverfassungsgerichts von 1975. Doch darauf hätte er sich in Wahrheit gar nicht stützen dürfen,[15] denn das Bundesverfassungsgericht hatte die Anwendbarkeit seines Urteils auf Parlamente wie den Bayerischen Landtag ausdrücklich offen gelassen (siehe S. 128). Schlimmer noch: Das Bundesverfassungsgericht hatte mit Urteilen von 1987[16] und 2000[17] klargestellt, dass für Landtagsabgeordnete definitiv *keine* Vollalimentation geboten ist. Diese Urteile, die in krassem Gegensatz zum Ergebnis und zur Begründung des Bayerischen Verfassungsgerichtshofs stehen, überging der Gerichtshof mit Stillschweigen. Ein verfassungsrechtlicher Anspruch auf Altersversorgung besteht erst recht nicht, wie das Bundesverfassungsgericht ebenfalls festgestellt hatte.[18]

Ohne Fehlinterpretation des Karlsruher Urteils von 1975 und das Außerachtlassen der Urteile von 1987 und 2000 hätte der Bayerische Verfassungsgerichtshof den Artikel 31, der ja nur eine Aufwandsentschädigung vorsieht, nicht in doppelter Weise dehnen können: zunächst, indem er eine Vollalimentation samt üppiger Altersversorgung verfassungsrechtlich erlaubte, und dann, indem er sie – in eindeutigem Widerspruch zur bundesverfassungsgerichtlichen Rechtsprechung – sogar für zwingend geboten erklärte.

IV Bayern ist Deutscher Meister – bei Entschädigung und Aufwandspauschale

Die Entschädigung bayerischer Abgeordneter war damals und ist heute immer noch die höchste unter allen Landesparlamenten, wenn man Hessen, Nordrhein-Westfalen und Schleswig-Holstein zunächst beiseitelässt. Auch mit ihrer Aufwandspauschale stehen bayerische Abgeordnete an der Spitze. In Hessen werden die über die geringe Pauschale von 563 Euro hinausgehenden Mandatskosten spitz abgerechnet. In Nordrhein-Westfalen und Schleswig-Holstein ist der Kostenersatz in der Entschädigung mit enthalten und kann als Werbungskosten steuerlich abgesetzt werden. Für einen Vergleich muss man der bayerischen Entschädigung von 7060 Euro deshalb die Kostenpauschale von 3214 Euro hinzuschlagen, was zusammen 10.274 Euro ergibt. Bayerische Abgeordnete haben somit monatlich 1662 Euro mehr als ihre nordrhein-westfälischen Kollegen, die 8612 Euro beziehen.

Stamm und Oberreuter als Rechenkünstler

Die Landtagspräsidentin bemängelte diesen Vergleich. Laut Zeitungsberichten sagte sie, »von Arnim verschweige aber, dass den nordrhein-westfälischen Landtagsabgeordneten zu ihren Diäten [...] noch eine monatliche Einzahlung in ihr Versorgungswerk [...] gewährt werde, was im Freistaat nicht der Fall sei«.[19] Damit ergebe sich »laut Stamm im direkten Vergleich für einen bayerischen Abgeordneten ein Bruttobetrag von 10 526 Euro, für seinen Kollegen in NRW ein Bruttobetrag von 10 726 Euro.«.[20]

Dabei begeht Stamm aber selbst einen krassen Rechenfehler. Beim Vergleich dürfen die 2 114 Euro, die nordrhein-westfälische Abgeordnete für die Finanzierung ihrer Altersversorgung erhalten, nämlich *nicht* mit einbezogen werden. Denn bayerische Abgeordnete brauchen – anders als ihre nordrhein-westfälischen Kollegen – für ihre allein vom Staat finanzierte Alters-, Invaliditäts- und Hinterbliebenenversorgung keinerlei Beiträge zu entrichten.

Ähnlich verquer waren die Ausführungen des Vorsitzenden der bayerischen Diätenkommission, Heinrich Oberreuter, der Barbara Stamm auf ihrer Pressekonferenz am 17. April 2013 assistierte. Oberreuter behauptete, bayerische Abgeordnete erhielten einen »geringeren Nettobetrag« als ihre nordrhein-westfälischen Kollegen.[21] Damit bezog er sich zum einen wohl auf Stamms Milchmädchenrechnung, wollte zum Zweiten aber wohl darauf abheben, dass nordrhein-westfälische Abgeordnete ihre Aufwendungen unbegrenzt steuerlich absetzen können, während

ihre bayerischen Kollegen auf die Kostenpauschale beschränkt sind und, falls weitergehende Kosten anfallen,
diese nicht absetzen können (§ 22, Nr. 4, Satz 2 des Ein-
kommensteuergesetzes).[22] Dabei lässt Oberreuter aber außer Acht, dass die Aufwendungen bayerischer Abgeordneter auch geringer sein können und die Pauschale insoweit
ein steuerfreies Zusatzeinkommen darstellt. Welche der
beiden Fallgruppen überwiegt, lässt sich anhand der vorliegenden Daten nicht abschließend sagen. Viel spricht aber
dafür, dass bayerische Abgeordnete aus dieser Konstellati-
on noch einen zusätzlichen (über die genannten 1662 Euro
hinausgehenden) Vorteil gewinnen. Denn im bayerischen
Fall geht es um ein Mehr an Einkommen, im nordrhein-
westfälischen dagegen nur um einen zusätzlichen Steuer-
vorteil, der entsprechend dem Steuersatz des Abgeordneten
immer nur einen Teil des Einkommens ausmacht.

Das bayerische Abgeordnetengesetz war das erste unter
den Landesgesetzen, die nach dem Diätenurteil des Bundesverfassungsgerichts von 1975 ergingen. Es schlug damit
fatalerweise eine Bresche für andere Länder, die dann ebenfalls den vollalimentierten Vollzeitabgeordneten einführ-
ten (wenn auch nicht in derselben Höhe wie in Bayern),
obwohl die Rechtsprechung des Bundesverfassungsgerichts
dies gar nicht verlangt und obwohl ehrenamtliche oder
Teilzeitparlamente für die Länder angemessener wären
(siehe S. 159 ff.)

Steuerpflichtige Abgeordnetenentschädigung und steuerfreie Kostenpauschalen in den Ländern 2012 (Monatsbeträge in Euro)

	Entschädigung		Kostenpauschale [1]	
	effektiv	ausgewiesen (falls Differenz möglich)	effektiv	ausgewiesen (falls Differenz möglich)
Baden-Württemberg (§§ 5, 6 II)	6975 [4]	6462 [2]	1483	1425 [2]
Bayern (Art. 5, 6 II)	7060 [4]	6641 [2]	3214	3109 [2]
Berlin (§§ 6, 7 II 1, 7 V)	3369	3369 [2]	994	955 [2]
Brandenburg (§§ 5, 6 III, 6 V)	4584,81 [3]		621,56	
Bremen (§§ 5, 6)	4845,70 [4]	4700 [2]	-	
Hamburg (§§ 2, 3 I, 3 II)	2500		350	
Hessen (§§ 5, 6 I Nr. 5)	7294 [4]	6657 [2]	563	533 [2]
Mecklenburg-Vorpommern (§§ 6, 7, 9)	5197,86 [4]		1236,17	
Niedersachsen (§§ 6, 7 I)	6108 [4]	6000 [2]	1048	

	Entschädigung		Kostenpauschale [1]	
	effektiv	ausgewiesen (falls Differenz möglich)	effektiv	ausgewiesen (falls Differenz möglich)
Nordrhein-West-falen (§ 5)	8612		-	
Rheinland-Pfalz (§§ 5, 6 II)	5514,59 [4]		1184,84	
Saarland (§§ 5, 6 II)	5096 [4]		1191	
Sachsen (§§ 5, 6 II)	5079,65	4835 [2, 4]	2039,13 bis 2960,02	1908,36 bis 2770,20 [2]
Sachsen-Anhalt (§§ 6, 8 I)	5655 [4]		997	
Schleswig-Holstein (§ 6)	7294 [4]		-	
Thüringen (§§ 5, 6 II)	3582,62		921,96	

Stand: Oktober 2012.

[1] Weitere pauschale oder spitz abzurechnende Erstattungen sind nicht mit aufgeführt.

[2] Da die Entschädigung bzw. Kostenpauschale jährlich an die Einkommensentwicklung im Land und/oder die Entwicklung des Verbraucherpreisindexes des Landes angepasst und nach Mitteilung durch das jeweilige Statistische Landesamt vom Präsidenten im Gesetzblatt veröffentlicht wird, kann der im Abgeordnetengesetz ausgewiesene Betrag von dem tatsächlich gezahlten Betrag abweichen.

[3] Entschädigung und Kostenpauschale werden jährlich an die Einkommensentwicklung im Land angepasst. Auf Basis der durch das Statistische Landesamt ermittelten Werte legt der Präsident einen Gesetzentwurf zur Änderung des Abgeordnetengesetzes vor.

[4] Der Auszahlungsbetrag kann sich in Ansehung der zu den Kosten in Pflegefällen gewährten Zuschüsse geringfügig ändern.

V Der Eigennutz heiligt die Mittel: Verschleierung, Ausschaltung von Kontrollen

1 Dynamisierung: Schwächung der öffentlichen Kontrolle

Das Bayerische Abgeordnetengesetz weist meist allerdings zu niedrige Beträge aus, nämlich derzeit nur 6641 Euro für die Entschädigung und 3109 Euro für die Aufwandspauschale. Tatsächlich wurden die Diäten in Anpassung an die allgemeine Einkommensentwicklung inzwischen zweimal erhöht, ohne dass das Gesetz geändert wurde. Dem liegt ein geschickt installierter Mechanismus zugrunde, denn die Beträge werden automatisch an Einkommenssteigerungen im vorangegangenen Jahr angepasst. Diese Dynamisierung kann zu dem schwer vermittelbaren Ergebnis führen, dass die Entschädigung sich erhöht, obwohl öffentlichen Bediensteten eine Nullrunde auferlegt wird, so zum Beispiel 2011, als die Entschädigung um 3,5 Prozent auf 6881 Euro erhöht wurde, für Beamte aber auf Grund eines strikten Sparkurses keine Erhöhung vorgesehen war.[23]

Der Erhöhungsautomatismus sowie darüber hinausgehende Steigerungen werden in Bayern[24] und in anderen Ländern jeweils *nach* der Wahl für die ganze Legislaturperiode beschlossen. Dem Bürger und den Medien wird dadurch die Möglichkeit genommen, ihren eventuellen Unwillen über anstehende Erhöhungen vor der Wahl zum öffentlichen Thema zu machen und ihn notfalls mit dem Wahlzettel zum Ausdruck zu bringen.

2 7244 Euro Entschädigung und 3282 Euro Kostenpauschale

Abgeordnete erhalten seit dem 1. Juli 2012 eine Entschädigung von 7060 Euro plus 3214 Euro Aufwandspauschale im Monat. Am 1. Juli 2013 folgt eine weitere Erhöhung. Die Kostenpauschale beträgt dann 3282 Euro und die Entschädigung 7244 Euro, 603 Euro mehr als im Abgeordnetengesetz ausgewiesen ist. Ähnliche Verschleierungen finden sich, wie die vorstehende Tabelle ausweist, auch in mehreren anderen Ländern.

3 Verfassungswidrig

Der Automatismus und die Verschiebung weiterer Aufstockungen auf die Zeit nach der Wahl sind verfassungsrechtlich höchst zweifelhaft. Das Bundesverfassungsgericht verlangt, um die öffentliche Kontrolle des in eigener Sache
entscheidenden Parlaments wirksam zu halten, dass jede
Diätenerhöhung als selbstständige politische Frage vor den
Augen der Öffentlichkeit beschlossen wird.[25] Deshalb ist
zum Beispiel auch eine Ankoppelung der Diäten an die Be-
amtenbesoldung unzulässig.[26] Dementsprechend hält die
große Mehrheit der staatsrechtlichen Autoren eine Dynamisierung mit Recht für verfassungsrechtlich unzulässig
(siehe Anhang, Anlage 22).[27] Für die Zulässigkeit der Dynamisierung sprechen sich nur wenige Autoren aus, die
praktisch alle auf den ehemaligen Bundestagsabgeordneten, Parlamentarischen Staatssekretär und Staatsrechtslehrer Hans Hugo Klein rekurrieren. Klein weist die Rechtsprechung des Bundesverfassungsgerichts insgesamt als
falsch zurück, wonach das Parlament bei Entscheidungen
in eigener Sache befangen ist und deshalb einer verschärften Kontrolle bedarf.[28] Das Gericht hat seine zutreffende
Rechtsprechung aber neuerdings mehrfach bestätigt (siehe
S. 32 und 83).

4 Ein Camouflagegesetz

Das Gesetz, welches den Automatismus und die Verschleierung in Bayern einführte,[29] erging im bewährten Kartellverfahren: Eine große Koalition aus CSU und SPD brachte es im Jahre 1995 ein.[30] In der ersten Lesung ging es nur darum, ob die sofortige Erhöhung der Entschädigung 10,2 Prozent – so der Entwurf und der endgültige Beschluss – oder 4,2 Prozent – so der Vorschlag der Grünen; die FDP war nicht im Landtag – betragen sollte, nicht aber um das eigentliche Strukturproblem der Dynamisierung und der öffentlichkeitsfeindlichen Verlagerung der Landtagsbeschlüsse auf die Zeit nach den Wahlen.[31] In der zweiten »Lesung« fand überhaupt keine Debatte mehr statt.

Im Protokoll heißt es nach dem Aufruf des Tagungsordnungspunkts durch den Sitzungspräsidenten einmal mehr:

> »Ich eröffne die allgemeine Aussprache. Wortmeldungen? – Mir liegen keine Wortmeldungen vor. Die Aussprache ist geschlossen. Wir kommen zur Abstimmung.«[32]

Das Gesetz wurde gegen die Stimmen der Grünen beschlossen,[33] die sich aber nicht gegen die Dynamisierung, sondern gegen die Anhebung der Diäten um über 10 Prozent ausgesprochen hatten.[34]

VI Die Kostenpauschale: Ein steuerfreies Zubrot?

1 Verfassungswidrig

Die unabhängig von den tatsächlichen Kosten gewährte Pauschale von 3282 Euro (Stand: 1. Juli 2013) kann bei geringeren Aufwendungen zu einem steuerfreien Zusatzeinkommen werden. Kein anderes Bundesland gewährt seinen Abgeordneten eine Pauschale in dieser Höhe.Die Empfehlung einer vom Bayerischen Landtag selbst eingesetzten Diätenkommission, die Regelung zu reformieren, überging der Landtag mit Stillschweigen, obwohl die sogenannte Kissel-Kommission Ähnliches für Bundestagabgeordnete empfohlen hatte.[35]

Die bayerische Einheitspauschale ist nicht nur grob ungerecht, sondern auch verfassungswidrig. Ist es nicht offensichtlich, dass zum Beispiel Abgeordnete, die ihren Wahlbezirk in oder um München haben, keine Zweitwohnung und nur wenig Fahrten mit dem eigenen Pkw benötigen? Ist es nicht auch sonst offensichtlich, dass Abgeordnete aus einer Großstadt sehr viel geringere Pkw-Kosten haben als ihre Kollegen auf dem Land? Allen dieselbe Pauschale zu geben, ohne Rücksicht auf ihre tatsächlichen Aufwendungen, verstößt gegen den hier streng zu beachtenden Gleichheitssatz (siehe S. 222 f.).

2 Die Landtagspräsidentin: verloren im Verfassungsrecht

Demgegenüber schreibt die Landtagspräsidentin in dem Argumentationspapier, das sie zu ihrer Pressekonferenz vom 17. April 2013 vorgelegt hatte (Anhang, Anlage 21, S. 4), der Bundesfinanzhof habe in einem Urteil vom 11. September 2008 »die pauschale Erstattung dieser Aufwendungen im Rahmen der Kostenpauschale für zulässig erklärt«. Damit erweckt die Landtagspräsidentin den Eindruck, die bayerische Pauschale sei verfassungsgemäß. In Wahrheit hat der Bundesfinanzhof am Beispiel der ganz ähnlich gestalteten Kostenpauschale von Bundestagsabgeordneten gerade *nicht* über die Verfassungsmäßigkeit entschieden. Vielmehr hat er ausdrücklich erklärt: »Ob und inwieweit die Kostenpauschale der Bundestagsabgeordneten verfassungsrechtlichen Anforderungen genügt, [habe] im Streitfall offen bleiben« müssen.[36] Der Hinweis der Präsidentin auf den Bundesfinanzhof ist somit ein Falschzitat.

Später hat die Landtagspräsidentin den Beschluss einer dreiköpfigen Kammer des Bundesverfassungsgerichts vom 26. Juli 2010[37] nachgeschoben. Sie beruft sich darauf, dass die Karlsruher Richter »die Verfassungsbeschwerde zweier Arbeitnehmer abgelehnt haben, die sich Abgeordneten gegenüber benachteiligt fühlten«.[38] Dabei wird aber unterschlagen, dass die Kammer die Beschwerde deshalb zurückgewiesen hatte, weil sie die Beschwerdeführer als nicht in ihren Rechten verletzt und deshalb nicht als klagebefugt angesehen hatte, da sie in keinem Falle hätten erwarten können, vom Gesetzgeber eine ähnliche Pauschale zu erhalten.[39] Die Frage, ob die Pauschale der Höhe nach verfassungsrechtlich zulässig ist, hat die Kammer deshalb mangels Entscheidungserheblichkeit ausdrücklich offen gelassen.[40] Auch der Hinweis der Landtagspräsidentin auf das Bundesverfassungsgericht entpuppt sich somit als Falschzitat.

Dass überhaupt eine Pauschalierung zulässig ist (mag dies auch politisch nicht optimal sein, siehe sogleich), war nie streitig. Das Bundesverfassungsgericht hatte dies bereits im Diätenurteil von 1975 ausdrücklich zugestanden.[41] Fraglich ist allein, ob die bayerische Pauschale die engen Grenzen, die das Gericht der Pauschalierung gezogen hat,[42] einhält, und diese Frage haben der Bundesfinanzhof und die Kammer des Bundesverfassungsgerichts gerade nicht vorentschieden. Eine sorgfältige Analyse ergibt vielmehr genau umgekehrt, dass die bayerische Kostenpauschale verfassungswidrig ist.[43]

3 Einzelabrechnung: unzumutbar?

Politisch opportun, wenn auch nicht verfassungsrechtlich geboten, wäre eine Einzelabrechnung der Kosten. Auch die dagegen vorgebrachten Einwände der Landtagspräsidentin halten einer Überprüfung nicht stand: Bei einer Einzelabrechnung »würde von einem Finanzbeamten beurteilt, was mandatsbezogener Aufwand ist oder nicht. Dies [sei] mit der Unabhängigkeit der Mandatsausübung eines Abgeordneten nicht vereinbar.«[44] Doch genau eine solche Überprüfung durch einen Beamten geschieht seit Längerem in Nordrhein-Westfalen, Bremen und Schleswig-Holstein, ohne dass die dortigen Abgeordneten in ihrem freien Mandat ungebührlich beeinträchtigt würden. In Nordrhein-Westfalen etwa haben die Abgeordneten ihre Aufwendungen aus den Abgeordnetenbezügen von 8612 Euro (Stand: Mai 2013) zu bezahlen, können sie aber steuerlich absetzen wie jeder normale Bürger auch.[45] Die Einwände der Landtagspräsidentin erscheinen auch insoweit als reine Schutzbehauptungen aus der Sicht eines Hohen Hauses, das, um überholte Privilegien aufrechtzuerhalten, für sich eine Art Unantastbarkeit reklamiert.

4 Der Bayerische Verfassungsgerichtshof

Auch hier hat der Bayerische Verfassungsgerichtshof in früheren Entscheidungen durch ganz enge bürgerferne Interpretation die politische Klasse in doppelter Weise »geschützt« und dadurch wiederum beide Möglichkeiten »entschärft«, die den Bürgern prinzipiell zur Verfügung stünden, um gegen Missbräuche vorzugehen: die Popularklage und das Volksbegehren. Eine Popularklage gegen die Kostenpauschale hat das Gericht 1982 als unbegründet zurückgewiesen – unter anderem mit der Begründung, der Abgeordnete werde seine Pauschale schon aus eigenem Interesse in der Regel auch politisch verwenden. Wörtlich heißt es:

> »Der Gesetzgeber durfte davon ausgehen, dass
> die Abgeordneten bei Ausübung ihres Mandats
> und außerdem in Anbetracht dessen, dass sie
> im demokratischen Willensbildungsprozess in
> Konkurrenz zueinander stehen, sich in der Regel auch finanziell so weit belasten, wie es ihnen die vom Gesetz eingeräumte Amtsausstattung erlaubt.«[46]

Mit dieser Begründung könnten Pauschalen in jeder beliebigen Höhe gerechtfertigt werden. Der Gerichtshof hat dabei auch das Diätenurteil des Bundesverfassungsgerichts von 1975 herangezogen,[47] es aber zu großzügig ausgelegt, wie auch in einem Urteil des Bundesverfassungsgerichts von 1978 ganz deutlich wurde.[48] Dass die bayerische Kostenpauschale in Wahrheit verfassungswidrig ist, wurde bereits dargelegt (siehe S. 144). Andere Bundesländer haben solche Pauschalen längst aufgegeben.

Heute ist das Urteil auch aus folgendem Grund überholt: Der Bayerische Verfassungsgerichtshof ging damals noch davon aus, er habe nur auf Willkür zu überprüfen, also nur lax zu kontrollieren und dem Gesetzgeber einen weiten Gestaltungsspielraum zu belassen.[49] Inzwischen aber sind die Verfassungsgerichte, auch die Landesverfassungsgerichte, sich einig, dass bei Entscheidungen des Parlaments in eigener Sache eine sehr viel strengere Gerichtskontrolle geboten ist (siehe S. 32). Die Kontrollintensität wurde deutlich angehoben.

Das schon erwähnte Volksbegehren, mit dem der Verfassungsgerichtshof sich in seinem Urteil von 2005 befasste, wollte auch die Pauschale durch eine Einzelabrechnung der Kosten ersetzen. Der Verfassungsgerichtshof wies dies wiederum zurück, diesmal aus verfahrensrechtlichen Gründen,[50] obwohl die Abweisung, wie auch die abweichende Meinung eines Richters betonte, keineswegs zwingend war.[51]

Nach alledem mussten die Initiatoren aus dem Volk, mochten sie mit Popularklage oder Volksbegehren gegen die politische Klasse und ihre selbst gemachten Regeln vorgehen, sich vorkommen wie der Hase beim Wettrennen mit dem Igel, der insgeheim seine Igelin mitgebracht hatte. Der Igel beziehungsweise seine Gehilfin war immer schon da.

Angesichts der heute sehr viel strengeren verfassungsrechtlichen Beurteilungsmaßstäbe (siehe S. 83) dürften die

Chancen einer Klage nun erheblich größer sein. Gegen die Kostenpauschale von 4123 Euro, die Bundestagsabgeordnete erhalten (Stand: Mai 2013), bestehen ähnliche verfassungsrechtliche Einwände.[52] Die Bundespauschale kann ein Bürger nicht vor Gericht bringen, weil ihm dafür die Klagebefugnis fehlt (siehe oben S. 145 f.). In Bayern haben Bürger, auch Nichtbayern, dagegen mit der Popularklage (siehe S. 201) ein Instrument in der Hand, um gegen die bayerische Kostenpauschale gerichtlich vorzugehen.

VII Doppelverdiener: Nebenberuf Abgeordneter?

Die Bayerische Verfassung von 1947 hatte das Abgeordnetenmandat als Ehrenamt konzipiert, für das lediglich der mandatsbedingte Aufwand zu entschädigen ist. Zunächst war das auch die Konzeption des Bayerischen Abgeordnetengesetzes. Zugrunde lag die Vorstellung, dass Abgeordnete neben dem Mandat grundsätzlich einen vollen Erwerbsberuf ausüben. Genau davon geht – neben Artikel 31 (siehe S. 125) – auch Artikel 30 der Bayerischen Verfassung aus, wonach Abgeordnete »zur Ausübung ihres Amtes keines Urlaubs von ihrem Arbeitgeber« bedürfen.

Ein weiteres Privileg: zwei Einkommen

Seitdem der Landtag das Mandat zu einem voll bezahlten und gut versorgten Beruf gemacht hat, können Abgeordnete zwei volle Einkommen beziehen. Damit ist das doppelte Einkommen zu einem großen Privileg geworden. Kein anderer staatlich voll bezahlter Amtsträger außer den Abgeordneten darf – rechtlich völlig unbegrenzt – noch einem privaten Beruf nachgehen. Auch wenn man die »Aufwandsentschädigung« im Sinne des Artikels 31 der Bayerischen Verfassung nicht nur als Ersatz des Mehraufwands, sondern auch als Entschädigung für das durch die Wahrnehmung des Mandats entgangene Berufseinkommen versteht, soll ja nur der Einkommensverlust verhindert, nicht aber die Verdoppelung des Berufseinkommens ermöglicht werden.

Berücksichtigt man, dass das Landtagsmandat in Wahrheit keine Vollzeittätigkeit zu sein braucht (siehe S. 159) und mehr als die Hälfte der 187 Abgeordneten Selbstständige und Freiberufler (derzeit 99) und weitere 18 in der Wirtschaft und in Verbänden angestellt sind, so wird deutlich, dass das Privileg offenbar vielfach auch genutzt wird.

Transparenz überfällig

Unabhängig davon, ob der Landtag am Vollzeitmandat festhält oder zum Teilzeitparlament übergeht, sollten jedenfalls die erzielten privaten Einnahmen transparent gemacht werden, damit die Öffentlichkeit sich ein Bild machen kann, ob Interessenkonflikte drohen. Das liegt bei Landtagsabgeordneten besonders nahe, weil ihr Mandat in jeder Hinsicht sehr viel weniger beanspruchend ist als ein Bundestagsmandat und sie deshalb mehr Zeit für private Erwerbstätigkeit haben. Zudem haben die Aufgaben der Landesparlamente im Laufe der Zeit – trotz zweier Föderalismusreformen – abgenommen.[53] Umso paradoxer erscheint es, dass die Diäten trotz des Rückgangs der Aufgaben immer mehr angewachsen sind.

Vor diesem Hintergrund ist es nicht zu rechtfertigen, dass bei bayerischen Abgeordneten fast alle Vorkehrungen fehlen, die der Bundestag für entgeltliche Tätigkeiten neben dem Mandat getroffen hat, um dem Missbrauch seiner Mitglieder vorzubeugen.[54] Bayerische Volksvertreter müssen bisher lediglich Beruf, Vorstands-, Aufsichtsrats- oder Verbandstätigkeit veröffentlichen. Sonstige entgeltliche Tätigkeiten, Beratungen, Gutachten oder Vorträge brauchen nicht öffentlich gemacht und schon gar nicht die Höhe der Einkünfte bekannt gegeben zu werden, wie es das Abgeordnetengesetz des Bundes vorsieht.[55] Wäre Peer Steinbrück bayerischer Landtagsabgeordneter gewesen, hätten wir von seinen vielen Vorträgen nie erfahren.

Die SPD-Fraktion hatte bereits Ende 2012 einen Dringlichkeitsantrag eingebracht, der Landtag möge die Höhe der Nebeneinnahmen seiner Mitglieder transparent machen,[56] und die Freien Wähler[57] sowie die Grünen[58] hatten das unterstützt. Sie waren aber von CSU und FDP niedergestimmt worden.[59] Nach der Präsentation dieses Buchs und der anschließenden öffentlichen Empörung, mussten die Regierungsfraktionen aber einlenken: Mit dem am 16. Mai beschlossenen Gesetz untersagt der Bayerische Landtag nicht nur die Erstattung von Verwandtenbeschäftigung, sondern legt – als erstes Landesparlament überhaupt – auch die gesetzliche Grundlage dafür, dass die Abgeordneten verpflichtet werden können, die Höhe der Nebeneinkommen – in Anlehnung an die Regelung des Bundestags – zu publizieren. Die entsprechenden Vorschriften bedürfen allerdings noch einer Konkretisierung durch die Verhaltensregeln und treten im übrigen erst am 1. Oktober 2013 in Kraft.[60]

Anfüttern erlaubt

Das Mandat muss aber – anders als das Bundestagsmandat[61] – immer noch nicht im Mittelpunkt der Abgeordnetentätigkeit stehen. Auch sind arbeitslose Einkommen, mit denen Abgeordnete »angefüttert« werden können, in Bayern immer noch nicht verboten (wohl aber für Bundestagsabgeordnete),[62] obwohl das Bundesverfassungsgericht ein solches Verbot vorschreibt.[63] Der Bayerische Verfassungsgerichtshof hatte es noch abgelehnt, über das Fehlen der nötigen Vorschrift zu entscheiden; denn dabei gehe es um die Sicherung der Unabhängigkeit von Abgeordneten, also nicht um die Verletzung eines Grundrechts, das im damaligen Popularklageverfahren allein gerügt werden konnte.[64] In Wahrheit hatte das Bundesverfassungsgericht ausdrücklich auch auf den Gleichheitssatz abgehoben,[65] der zweifellos ein Grundrecht darstellt.

VIII Golden Ager: Eine glänzende Altersversorgung

Die zusammen mit der Vollalimentation 1977 eingeführte Altersversorgung bayerischer Abgeordneter ist immer noch sehr großzügig, obwohl in der Zwischenzeit einige der gröbsten Übertreibungen beseitigt wurden. Die Versorgungsregelung war von Anfang an auch verfassungsrechtlich hochproblematisch. Nicht nur sieht Artikel 31 der Bayerischen Verfassung lediglich eine Aufwandsentschädigung vor; auch das Bundesverfassungsgericht gestattet allenfalls eine begrenzte Altersversorgung (siehe S. 133 mit Anm. 18). Der Berichterstatter des Diätenurteils, Verfassungsrichter Willi Geiger, hatte es geradezu als »Abusus« bezeichnet, »mit der Abgeordnetentätigkeit eine staatliche Alterssicherung in Gestalt einer Abgeordnetenpension zu verbinden«.[66]

Bayerische Abgeordnete erwerben nach zwei Legislaturperioden einen Versorgungsanspruch von 33,5 Prozent der Entschädigung von derzeit 7060 Euro (siehe S. 141), wobei nicht nur der Prozentsatz mit jedem weiteren Mandatsjahr um 3,825 Prozentpunkte steigt, sondern – auf Grund der

Dynamisierung der Entschädigung (siehe S. 140) – auch die Bezugsgröße stetig zunimmt.

Überversorgung

Ein bayerischer Landtagsabgeordneter erwirbt pro Mandatsjahr (über das 10. Jahr hinaus) somit eine Versorgungsanwartschaft von monatlich 270 Euro. Zum Vergleich: Bundestagsabgeordnete erlangen pro Mandatsjahr 207 Euro Altersversorgung, ein Höchstversicherter in der allgemeinen Rentenversicherung erwirbt pro Tätigkeitsjahr einen Rentenanspruch von monatlich 56 Euro und ein durchschnittlicher Sozialversicherter von 28 Euro. Der bayerische Volksvertreter erwirbt pro Jahr also fast zehnmal so viel Versorgung wie ein normaler Sozialversicherter. Die Überversorgung erkennt man daran, dass das Durchschnittsentgelt sozialversicherter Arbeitnehmer von monatlich 2840 Euro zur Entschädigung von 7060 Euro in einem Verhältnis von 1 zu 2,5 steht, während das Verhältnis der Altersversorgungen beider 1 zu 9,6 beträgt.

Dass zum Erwerb einer Anwartschaft in Bayern mindestens zwei Wahlperioden erforderlich sind – ein Bundestagsabgeordneter erwirbt bereits nach einem Jahr eine Anwartschaft –, fällt jedenfalls für CSU-Abgeordnete kaum ins Gewicht. Vier Fünftel der derzeitigen CSU-Parlamentarier haben bereits jetzt die zehn Jahre mindestens voll. Bei der SPD ist es dagegen nur gut die Hälfte, ganz zu schweigen von der FDP, die 2008 erst wieder in den Landtag kam, nachdem sie seit 1995 die Fünfprozenthürde dreimal nicht hatte überwinden können. Ihre Abgeordneten haben – ebenso wie die der Freien Wähler – alle das Mandat erst seit fünf Jahren. CSU-Abgeordnete profitieren also auch von der Altersversorgung am meisten.

So kann zum Beispiel der heute sechsundvierzig Jahre alte bayerische Finanzminister Markus Söder, der seit dem 17. Oktober 1994, also seit mittlerweile achtzehn Jahren im Parlament sitzt, schon jetzt allein aus seinem Landtagsmandat mit einer Versorgung von monatlich 4525 Euro rechnen, die mit dem Erreichen der Altersgrenze fällig wird. Eine solche, ursprünglich sogar noch üppigere Altersversorgung ließ sich 1977 nur durchsetzen, indem weder sie noch Artikel 31 der Bayerischen Verfassung, der ja nur eine Aufwandsentschädigung vorsieht, im Vorblatt des Gesetzentwurfs – eine amtliche Begründung gab es ohnehin nicht – oder in einer der beiden Plenarsitzungen auch nur erwähnt wurde (siehe S. 129). So wurde die öffentliche Kontrolle ausgeschaltet – und des Bayerischen Verfassungsgerichts glaubte der Landtag sich ohnehin sicher. Damals mit Recht, wie wir gesehen haben.

Zusätzlich hat Söder auf Grund seiner jetzt gut fünfjährigen Amtszeit als Minister mit Erreichen der Altersgrenze einen Versorgungsanspruch von monatlich 4152 Euro, der hier nur zu weniger als einem Drittel mit der Abgeordnetenversorgung verrechnet wird, sodass er schon jetzt mit einer Versorgung von insgesamt 7339 Euro rechnen kann.[67]

Auch der 51-jährige Ludwig Spaenle, bayerischer Minister für Unterricht und Kultus, ist seit 18 Jahren Mitglied des

Landtags und kann daraus, wie Söder, eine Versorgung von 4525 Euro erwarten. Wenn Spaenle im Herbst 2013 seine fünf Ministerjahre beisammen hat, kann er zusammen mit seiner Ministerpension schon dann mit einer Gesamtversorgung von monatlich rund 7400 Euro rechnen.

IX Gute Gründe:
Teilzeitabgeordnete!

Wir haben uns zwar seit Langem daran gewöhnt, dass Abgeordnete von Landesparlamenten sich als Vollzeitparlamentarier gerieren und sich eine sogenannte Vollalimentation und Vollversorgung bewilligen. Selbstverständlich ist dies aber nicht, erst recht nicht in Bayern. Immerhin besitzt der bereits hinlänglich erwähnte Artikel 31 der Bayerischen Verfassung, der für Mitglieder des Bayerischen Landtags nur eine Aufwandsentschädigung vorsieht, nach wie vor Aktualität – mehr denn je sogar, da die Aufgaben der Landesparlamente im Lauf der Jahrzehnte deutlich abgenommen haben.[68] Daran haben auch die beiden Föderalismusreformen nichts Wesentliches geändert.

Eine Abkehr vom bisherigen Entwicklungspfad wäre daher durchaus sinnvoll und machbar, mögen die betroffenen Parlamentarier auch dagegen protestieren und derartige Feststellungen als politisch unkorrekt zu ächten versuchen. Die Aufblähung der Diäten zur Vollalimentation und Vollversorgung hat Ähnliches bewirkt wie das Hochschießen der Mittel für Fraktionen und Abgeordnetenmitarbei-

ter: Sie sind nicht nur eine unnötige Belastung der Steuerzahler. Sie beeinträchtigen auch die Chancengleichheit. Sie
haben die Macht der Etablierten, besonders der CSU, stabi-
lisiert, denn anders als bei der Fraktionsfinanzierung gibt
es bei den Diäten keinen Oppositionsbonus, sodass die
größte Partei davon bei Weitem am meisten profitiert. Kleine und neue Parteien, die davon ausgeschlossen sind, werden klein gehalten. Auch innerparteilich wird der Wettbewerb abgewürgt, denn diese umfangreichen Ressourcen
erleichtern es den Abgeordneten, ihre Wiedernominierung
und Wiederwahl zu sichern. Das wurde im Gesetzgebungsverfahren auch ganz ungeniert als ein Grund für die Vollalimentation angeführt: Andernfalls würde der Abgeordnete »in der Arbeit der Parteien« beschränkt und »seine
Wiederaufstellung gefährdet.«[69] Zudem wird einer Entwicklung zum bürgerfernen Berufsparlament der Weg ge-
bahnt.

Dass Landesparlamentarier zur Bewältigung ihrer Aufgaben keineswegs einen »Fulltimejob« benötigen, wird gerade auch in letzter Zeit von erfahrenen Landtagskennern
betont, die den Mut haben, die Dinge beim Namen zu nennen (auch wenn jede dieser Äußerungen von wütendem pu-
blizistischen Gegenfeuer der Betroffenen beantwortet wird).
Wolfgang Böhmer, bis 2011 CDU-Ministerpräsident von
Sachsen-Anhalt, hält ein Teilzeitparlament für völlig ausreichend,[70] und die sächsische FDP ist derselben Ansicht.[71]
Der ehemalige Direktor des Niedersächsischen Landtags,
Albert Janssen, fragte schon vor Jahren, wie lange deutsche
Landtagsabgeordnete ihren »zu groß geschnittenen finanzi-

ellen Anzug« wohl noch vor dem Steuerzahler verbergen könnten.[72] Stephan Holthoff-Pförtner, als Anwalt Helmut Kohls nicht im Verdacht besonderer Parteienfeindlichkeit, kommt in einer wissenschaftlichen Arbeit über »Landesparlamentarismus und Abgeordnetenentschädigung« am Beispiel Nordrhein-Westfalens zu dem Ergebnis, die Bezahlung von Landtagsabgeordneten sei ebenso »überdimensioniert wie die tatsächliche Ausformung der Mandatstätigkeit als ›Fulltime-Job‹«.[73] Auch der frühere Direktor des Thüringer Landtags, Joachim Linck, hat jüngst in einer wohldurchdachten Gesamtschau der Situation von Landtagsabgeordneten die Rückkehr zum »Teilzeit- oder sogar ehrenamtlichen Abgeordneten« empfohlen.[74]

Die Verfechter derartiger Reformvorschläge sehen sich auch dadurch bestätigt, dass zum Beispiel die Hamburger Bürgerschaft an der Praxis eines Teilzeitparlaments festhält. Hamburger Abgeordnete erhalten mit monatlich 2500 Euro nur gut ein Drittel der Entschädigung ihrer bayerischen Kollegen (7060 Euro). Und die Altersversorgung von Hamburger Abgeordneten beträgt pro Mandatsjahr nur etwa ein Fünftel des Anspruchs bayerischer Abgeordneten. Gewiss, volle Vergleichbarkeit ist nicht gegeben, schon wegen der Zahl der Wähler und der Größe des Freistaats, die zum Beispiel weite Fahrten bedingen kann. Aber das wird teilweise durch die großzügige bayerische Kostenpauschale kompensiert und kann jedenfalls das *Ausmaß* der Einkommens- und Versorgungsdifferenz nicht rechtfertigen. Die Aufgaben eines Landesparlaments muss auch die Hamburger Bürgerschaft bewältigen. Sie hat zusätzlich auch noch Kommunalaufgaben zu erfüllen, ist also sogar doppelt belastet. Im Übrigen übt ein großer Teil der bayerischen Abgeordneten auch jetzt schon neben dem Mandat noch einen Beruf aus, sodass die Gewährung eines vollen Zweiteinkommens auch von daher unter Rechtfertigungszwang gerät.

Die Reformer berufen sich auch darauf, dass in der Schweiz selbst Bundesparlamentarier niedriger bezahlt werden als die meisten deutschen Landtagsabgeordneten und sehr viel niedriger als bayerische Volksvertreter. Deren Aufgaben sind unvergleichlich viel geringer als etwa die ihrer Kollegen in den Schweizer Kantonen und in den Staatenparlamenten der USA, die dennoch regelmäßig eine sehr viel niedrigere Bezahlung erhalten. Erst Recht viel mehr und gewichtigere Aufgaben haben Zentralstaaten wie Dänemark, Norwegen und Portugal wahrzunehmen. Dennoch mussten sie wegen ihrer geringen Bevölkerungszahl im bayerischen Gesetzgebungsverfahren als Beleg für die angebliche Notwendigkeit einer Vollalimentation herhalten.[75] Bayerische Abgeordnete arbeiten allerdings gern mit einem Trick, um ihre Beschäftigungszeiten großzurechnen: Sie zählen die Tätigkeit in Kommunalvertretungen mit, in denen sie häufig auch noch sitzen. Zur Ermittlung der Höhe der Diäten ist diese Rechnung jedoch unzulässig. Denn andere Kommunalvertreter werden auch nicht bezahlt, und die Aufwandsentschädigung von Kommunalvertretern bekommen Landtagsabgeordnete ja ebenfalls.

Wegen der begrenzten Landesthemen weichen die Parlamente gern in kompetenzwidriger Weise auf die Kommunal- und Bundespolitik aus und behandeln zum Beispiel Kriege im Irak, in Bosnien oder Afghanistan im Landtag.[76]

Das extensive Aufgabenverständnis soll die Parlamentstä-
tigkeit als Fulltimejob erscheinen lassen – auch um die über-
triebene Bezahlung und die daran anknüpfende Versorgung
zu legitimieren. Landesfremde Anträge machen in den Plenarsitzungen der Landtage im Durchschnitt etwa 30 Prozent und in den Ausschusssitzungen weit über 50 Prozent
der Parlamentsarbeit aus, wie Joachim Linck berichtet.[77]
Auch Böhmer kritisiert, dass die Landtage häufig über Themen debattieren, für die sie gar nicht zuständig sind.[78]
»Wenn man Wichtiges von Unwichtigem trennt, seine Arbeit strafft, sie von viel Leerlauf befreit«, ließe sich, wie auch
der frühere Bundestagspräsident Kai-Uwe von Hassel festgestellt hat, »die zeitliche Inanspruchnahme in den Landta-
gen auf die Hälfte reduzieren.«[79]

Die zeitraubende, häufig unökonomische Organisation
des Parlamentsbetriebs, deren Reorganisation der Verwal-
tungswissenschaftler Thomas Ellwein schon vor Längerem
gefordert hat,[80] hat auch die fatale Folge, dass sie Leute, die
im Privatberuf erfolgreich sind und deshalb ihre Zeit gut
einteilen müssen, abschreckt, ein Mandat zu übernehmen.
Auch der in Landtagsdingen erfahrene Joachim Linck be-
merkt kritisch, dass »sehr viel Zeit« für Unnötiges und »»Ge-
schaftelhuberei'«« verloren geht. Eine »grundlegende Parla-
mentsreform« so Linck weiter, könnte »zulässigerweise
durchaus größere Freiräume für eine intensivere berufliche
Betätigung schaffen, was insbesondere in den Ländern nicht
nur möglich, sondern rechtspolitisch sogar geboten wäre.«[81]
Alles das bleibt im Argumentationspapier der Landtagspräsidentin unerwähnt (siehe Anhang, Anlage 21).

Präsidenten und Fraktionsvorsitzende im Landesparlament haben natürlich mehr zu tun als einfache Abgeordnete, sodass sich ihre Tätigkeit tatsächlich zu einem Fulltimejob auswachsen kann, der voll alimentiert werden muss. Ob das aber das Doppelte oder mehr der ohnehin schon vollen Alimentation rechtfertigt, ist die Frage.

Abgeordnete aus dem öffentlichen Dienst dürfen aus Gründen der Gewaltenteilung nicht weiterhin in ihrem bisherigen Beruf tätig bleiben. Es gelten strenge Unvereinbarkeitsvorschriften. Sollte bei der Rückkehr zum Teilzeitmandat der ohnehin zu hohe Beamtenanteil, der nur schwer mit dem Grundsatz der Gewaltenteilung vereinbar ist,[82] im Landtag sinken, wäre das nur zu begrüßen. Ein Verstoß gegen die Freiheit und Gleichheit der Wählbarkeit, wie seinerzeit im Gesetzgebungsverfahren angedeutet,[83] läge darin nicht. Auch Beamte einer Gemeinde dürfen dem Gemeinderat nicht angehören, und das ist verfassungsrechtlich zulässig.

Den Parteien ist die üppige Finanzierung von Landtagsabgeordneten bei begrenzten Aufgaben nur recht. Denn sie gibt ihnen die Möglichkeit, die von ihnen abhängigen Abgeordneten als »vom Landtag bezahlte Parteiarbeiter von Montag bis Freitag einzuspannen« (so Kai-Uwe von Hassel). Das bewirkt ähnliche Fehlentwicklungen wie die überzogene Bewilligung von Abgeordnetenmitarbeitern. Sie verschafft nicht nur den etablierten Parteien einen illegitimen Wettbewerbsvorsprung vor neuen Herausfordererparteien, sondern auch den Mandatsträgern selbst einen Vorteil im Wettbewerb mit neuen Kandidaten der eigenen Partei. Mit dem demokratischen Prinzip der Gleichheit der Wählbarkeit ist das nur schwer vereinbar.

Insgesamt zeigt sich: Die funktionswidrige Konstruktion von vollalimentierten Vollzeitparlamentariern führt zu einer Überbelastung der Steuerzahler. Vor allem aber kommt sie den Staatsbürger und die Demokratie teuer zu stehen, weil sie den Typus des abhängigen Berufspolitikers fördert, die Chancengleichheit und damit den für das Gedeihen der Demokratie so wichtigen Wettbewerb beeinträchtigt und mit dazu beiträgt, wichtige Kräfte vom Eintritt in die Politik abzuschrecken und das Vertrauen der Menschen in ihre Politiker zu mindern.

Erforderlich ist eine wirkliche Reform, welche die Landesparlamente zwingt, ihre Arbeit zu rationalisieren, und sie wieder zu echten Teilzeitparlamenten macht. In der Schweiz ist sogar das Bundesparlament ein Teilzeitparlament, von den Kantonsparlamenten ganz zu schweigen. Ist die Durchsetzung einer solchen Reform aber von den Abgeordneten selbst zu erwarten? Vielleicht lassen sich solche Reformen nur realisieren, wenn man sie in die Hand des demokratischen Souveräns, das heißt des Volkes selbst, zurückgibt, also mittels Volksbegehren und Volksentscheid. Diese Möglichkeit ist in Bayern gegeben[84] und lädt die Bürger zum Handeln ein: Wäre es nicht auch angemessen und sinnvoll, wenn das Volk, also der Auftraggeber, über die Bezahlung seiner Vertreter entscheidet und nicht diese selbst ihre Bezüge festlegen?[85]

Teil 4:

Die Regierung:
Stets vorne mit dabei

I Minister und Staatssekretäre: Dreifach bezahlt

Die bayerischen Staatsminister und Staatssekretäre, die fast alle auch dem Landtag angehören,[1] erhalten drei verschiedene Bezüge: ein Amtsgehalt, die halbe Abgeordnetenentschädigung und zusätzlich eine steuerfreie Aufwandsentschädigung, die sich aus der sogenannten Dienstaufwandsentschädigung und drei Vierteln der Kostenpauschale für Abgeordnete zusammensetzt. Wegen ihrer ohnehin vorhandenen Büro- und Hilfsdienste benötigen Regierungsmitglieder solche Aufwandsentschädigungen allerdings gar nicht, jedenfalls nicht in voller Höhe, sodass sie tatsächlich ein steuerfreies Dritteinkommen beziehen. (Zusätzlich können bayerische Regierungsmitglieder als Abgeordnete auch noch die hohen Mittel für persönliche Mitarbeiter ungekürzt erhalten.)

Dass Regierungsmitglieder noch Bezüge aus dem Mandat bekommen, ist schon deshalb nicht nachvollziehbar, weil sie durch ihr Amt normalerweise derart in Anspruch genommen sind, dass für das Mandat gar keine Zeit bleibt. Doch die völlige Unangemessenheit der Zusatzeinkommen gehört zu den Tabus, über die man nicht spricht, sodass die Öffentlichkeit von dem Missverhältnis zwischen der Höhe der Extraeinkommen und der Geringfügigkeit der Leistungen von Regierungsmitgliedern als Abgeordnete nichts erfährt. Gelegentlich findet man allerdings auch in der Politik klare Worte. So hat der jetzige Richter am Bundesverfassungsgericht Peter Müller, als er noch Oppositionsabgeordneter war, das Thema beim Namen genannt:

> »Tatsache ist, wer in diesem Land Minister ist, nimmt Verpflichtungen als Abgeordneter nicht mehr wahr, hat keinen Aufwand als Abgeordneter mehr, und deshalb ist es auch nicht sinnvoll, dass er dafür noch etwas Zusätzliches bezieht. Wir sind in diesem Punkt für eine Nulllösung.«[2]

Ein Staatsminister wie Markus Söder bezieht als Amtsgehalt nach Artikel 10, Absatz 1 des Bayerischen Ministergesetzes ein Grundgehalt der Besoldungsgruppe B 11 des Bayerischen Besoldungsgesetzes zuzüglich drei Sechzehntel dieses Grundgehalts.

Das Grundgehalt B 11 beträgt 11 557 Euro, drei Sechzehntel davon sind 2167 Euro, insgesamt also 13 724 Euro. Hinzu kommt der Familienzuschlag. Dieser beträgt für einen Verheirateten mit (unterstellt) drei unterhaltsberechtigten Kindern 627 Euro; Amtsgehalt und Familienzuschlag machen dann zusammen 14 351 Euro aus.

Die halbe Abgeordnetenentschädigung beträgt monatlich 3530 Euro, macht zusammen 17 881 Euro.

Die steuerfreie Dienstaufwandsentschädigung beläuft sich dem Ministergesetz zufolge auf 650 Euro.[3] Drei Viertel der steuerfreien Kostenpauschale von 3214 Euro sind 2410,50 Euro, zusammen also 3060,50 Euro. Geht man davon aus, dass die Dienstaufwandsentschädigung[4] und 800 Euro der Aufwandsentschädigung[5] tatsächlich erforderlich sind, so bleiben 1610,50 Euro, die ein steuerfreies Zusatzeinkommen darstellen. Das entspricht einem Bruttoeinkommen von rund 3221 Euro, macht zusammen 21 102 Euro.

Die Einkommenskumulation, von der auch andere Regierungsmitglieder profitieren, bewirkt, dass zum Beispiel bayerische Staatssekretäre ein sehr viel höheres Gesamteinkommen haben als etwa hessische, niedersächsische, saarländische oder schleswig-holsteinische *Ministerpräsidenten*. Für dortige Regierungsmitglieder wurde die unhaltbare Doppel- und Dreifachversorgung nämlich abgebaut. Sie erhalten nur noch eine stark verringerte oder gar keine Abgeordnetenentschädigung und Kostenpauschale mehr. In Hamburg und Bremen können Senatsmitglieder ohnehin nicht gleichzeitig Abgeordnete sein. (Dass manche andere Länder und der Bund ihren Regierungsmitgliedern mit Mandat noch Mehrfacheinkommen zahlen, macht den bayerischen Fall nicht besser.) Die folgende Tabelle zeigt den gravierenden Unterschied.[6]

Bayerische Staatssekretäre beziehen also bis zu fast 7000 Euro und bayerische Minister bis zu fast 8000 Euro mehr als die Regierungschefs in Hessen, in Niedersachsen, im Saarland und in Schleswig-Holstein. Dabei ist noch nicht berücksichtigt, dass ein Teil der Differenz auf steuerfreien Bezügen beruht, was den Abstand weiter vergrößert.

Von den 18 bayerischen Regierungsmitgliedern haben nur zwei kein Abgeordnetenmandat inne: Ministerpräsident Horst Seehofer (CSU) und die Bundes- und Europaministerin Emilia Müller (CSU). Alle anderen zehn Minister und sechs Staatssekretäre erhalten die in der Tabelle genannten Mehrfachbezüge, so zum Beispiel Innenminister Joachim Hermann (CSU), die Ministerin für Justiz und Verbraucherschutz Beate Merk (CSU) und die Staatssekretärin im Ministerium für Wirtschaft, Infrastruktur, Verkehr und Technologie Katja Hessel (FDP). Der Stellvertreter des Ministerpräsident und Minister für Wirtschaft, Infrastruktur, Verkehr und Technologie Martin Zeil (FDP) erhält zudem eine erhöhte Dienstaufwandsentschädigung von 900 Euro.

Monatliche Bezüge von bayerischen Ministern und Staatssekretären sowie der Ministerpräsidenten ausgewählter Länder (alle mit Abgeordnetenmandat)

	Minister Bayern	Staatssekretär Bayern	Minister-präsident Hessen	Minister-präsident Niedersachsen	Minister-präsident Saarland	Minister-präsident Schleswig-Holstein
Grundgehalt	13 724	12 658	13 426	14 007	12 491***	12 076
D'aufw'ent. (steuerfrei)	650	400	700	750	716	–
Familienzuschlag*	117	117	115	117	–	117
Abg'entschädigung**	3530	3530	1824	–	–	365
Abg'kostenp. (steuerfrei)	2411	2411	563	786	1191	–
Summe	20 432	19 116	16 628	15 660	14 398	12 558

Zulagen von z.B. Trennungsentschädigung oder Erstattung der Hausbewirtschaftungskosten sind nicht berücksichtigt

* Unterstellt: verheiratet, ohne Kinder; für Bayern, Hessen, Niedersachsen und Schleswig-Holstein: Familienzuschlag Stufe 1.

** Der Auszanlungsbetrag kann in Anlehnung der zu den Kosten in Pflegefällen gewährten Zuschüsse geringfügig abweichen.

*** Grundgehalt plus Ortszuschlag.

II Keine Gewaltenteilung: Minister und Abgeordnete zugleich

Genau genommen ist es ein Aberwitz, dass Regierungsmitglieder gleichzeitig noch dem Landtag angehören. »Kein Gesäß ist so breit, dass jemand gleichzeitig auf der Regierungsbank und auf einem Abgeordnetenstuhl sitzen kann«, formuliert anschaulich der Staatsrechtler und frühere Hamburger Senator Ingo von Münch. Für Beamte und öffentliche Angestellte, die in den Bayerischen Landtag gewählt werden, gelten – aus Gründen der Gewaltenteilung zwischen Legislative und Exekutive – strenge Unvereinbarkeitsbestimmungen. Sie dürfen nicht gleichzeitig in der Verwaltung und im Landtag tätig sein.[7] Dass es solche Verbote ausgerechnet für die wichtigsten und höchsten Exekutivämter nicht geben soll, erscheint geradezu als Treppenwitz der Geschichte von Demokratie und Rechtsstaat. Auch von vielen Politikern wird eingeräumt, dass die Doppelrolle ein Unding ist, meist hinter vorgehaltener Hand, gelegentlich aber auch ganz offen, so wieder Peter Müller:

»Ich persönlich verhehle nicht, dass ich ein Vertreter der Minister-Inkompatibilität bin, weil das einfach dem Grundsatz der Gewaltenteilung eher entspricht. Aufgabe des Parlaments ist es, die Regierung zu kontrollieren. Wenn ich beide Funktionen gleichzeitig habe, Parlamentarier und Regierungsmitglied, ergibt sich notwendigerweise daraus eine Einschränkung der gegenseitigen Kontrollfunktion, dann ergibt sich eine Gewaltenverschränkung. Und die sollten wir in unserem System auf ein Mindestmaß reduzieren. Fraktionen, auch Mehrheitsfraktionen, die keine Regierungsmitglieder als Fraktionsmitglieder haben, werden in höherem Maße konfliktbereit sein als Fraktionen, bei denen das nicht der Fall ist. Vor diesem Hintergrund denke ich, dass das System der gegenseitigen Kontrolle, dass das System von Checks and Balances, das unserem demokratischen Modell zugrunde liegt, gestärkt wird, wenn jemand, der Minister ist, nicht gleichzeitig Abgeordneter sein kann.«[8]

Im Saarland wurden darauf immerhin die Abgeordnetenentschädigung für Regierungsmitglieder abgeschafft (siehe S. 171). Anders in Bayern: Hier verhindern die Eigeninteressen der Regierenden die längst fällige Reform: Kaum ein bayerisches Regierungsmitglied will freiwillig auf die Bezüge aus dem Mandat verzichten.

III Ein demokratischer Urknall: Die Direktwahl des Ministerpräsidenten

Um wirklich Gewaltenteilung herzustellen und zugleich der Regierung wirklich demokratische Legitimation zu verschaffen, ist eine noch grundlegendere Reform erforderlich: die Direktwahl des bayerischen Ministerpräsidenten. Das wäre sehr viel demokratischer, als wenn das Parlament, sprich: die Regierungsparteien, den Ministerpräsidenten bestimmen.[9] Erst recht ausgeschaltet sind derzeit die Wähler, wenn ein Ministerpräsident von seiner Partei während der Legislaturperiode ausgewechselt wird. Der wird dann Regierungschef, obwohl er noch nie als Spitzenkandidat einer Partei eine Landtagswahl gewonnen hat. Horst Seehofer ist dafür ein Beispiel. Er wurde nach der Landtagswahl von 2008 gegen Günther Beckstein ausgewechselt, und auch Beckstein war Edmund Stoiber aufgrund eines Parteitagsbeschlusses gefolgt. Auf die Berufung beider Ministerpräsidenten hatte das Volk keinen Einfluss.

Was der Ministerpräsident durch seine Direktwahl an Gewicht gewinnt, führt keineswegs zu einer Schwächung des Landtags, im Gegenteil: Die Mehrheit der Abgeordneten würde aus ihrer jetzigen Abhängigkeit von der Regierung befreit, die eine wirksame öffentliche Kontrolle der Regierung durch das Parlament – das heißt vor allem durch seine Mehrheit, die das Sagen hat – praktisch unmöglich macht. Es geht also nicht um ein Nullsummenspiel. Die Direktwahl wertet vielmehr auch den Landtag auf.

Der Landtag könnte dann seine verfassungsmäßigen Aufgaben der Gesetzgebung *und* der Regierungskontrolle voll wahrnehmen. Echte Gewaltenteilung würde hergestellt. Im derzeitigen System leidet dagegen die Kontrolle der Regierung Not, weil die Mehrheit des Landtags vor allem bestrebt ist, die von ihr gewählte Regierung gegen die Opposition zu verteidigen. Das ist ein großer Mangel, weil die Hauptaufgabe der Länder in der Durchführung der Gesetze, auch der Bundesgesetze liegt, also in der Exekutive. Im Interesse der Gewaltenteilung könnten Regierungsmitglieder nun natürlich nicht gleichzeitig auch noch Abgeordnete sein und Diäten beziehen.

Das System funktioniert auch dann, wenn der Ministerpräsident einer anderen Partei angehört als die Parlamentsmehrheit. Das sieht man am Beispiel vieler Städte, wo der Bürgermeister inzwischen überall direkt von den Bürgern gewählt wird, zum Beispiel Frankfurt am Main: Der Oberbürgermeister Peter Feldmann gehört der SPD an, während die Mehrheit im Stadtrat CDU und Grüne gemeinsam bilden. In solchen Konstellationen werden nicht nur aus Fensterreden im Parlament wirklich sachhaltige Debatten, sondern auch die Kompromissbereitschaft würde erhöht, wenn nämlich ein kluger Ministerpräsident Exponenten verschiedener Parteien in sein Kabinett holt. Die Rolle der Abgeordneten wird durch die Direktwahl des Ministerpräsidenten ebenfalls aufgewertet. Da die Regierung in ihrem Bestand nicht mehr von der Unterstützung der Mehrheitsfraktionen abhängt, gewinnen die Parlamentarier an politischer Freiheit. Dagegen stößt der jetzige faktische Fraktionszwang, bei dem Abgeordnete sich leicht als Abnicker und Ratifikationsmaschinen fühlen, fähige Köpfe mit Ideen und Tatkraft eher ab.

Bezeichnend ist, dass auch die Parteien selbst immer häufiger die Basisnähe suchen und ihre Spitzen unmittelbar von den Mitgliedern wählen lassen. Die Grünen boten mit der Kür ihrer Spitzenkandidaten für die Bundestagswahl im Herbst 2013 ein Beispiel, das der *Spiegel* als »demokratischen Glücksfall« bezeichnete. Konsequenterweise sollte dann aber auch die Regierungsspitze im Land von den Bürgern gewählt werden.

Insgesamt würde die Herrschaft der CSU und ihrer Mitspieler, die ja nach dem Grundgesetz nur an der politischen Willensbildung des Volkes *mit*wirken und sie nicht beherrschen sollen, durch die Einführung der Direktwahl sinnvoll zurückgeführt.

Gelänge es, das neue Verfassungsmodell in Bayern durchzusetzen, könnte das wie ein demokratischer Urknall wirken und die Reformbereitschaft auch in anderen Ländern schlagartig erhöhen.[10] Bayern wäre wieder Vorreiter, doch dieses Mal zugunsten der Bürger.

Teil 5

Die politische Klasse sichert
sich ab: Mangelnde Kontrollen

I Dem Volk den Weg verlegen: Einschränkung der direkt- demokratischen Kontrolle

Die staatliche Politikfinanzierung in Bayern ist vor allem dadurch gekennzeichnet, dass der in eigener Sache entscheidende Landtag alle möglichen Kontrollen immer wieder gezielt aufgeweicht hat oder ihnen ausgewichen ist. So konnte sich, wie wir gezeigt haben, die politische Klasse in Bayern besonders üppig mit staatlichen Leistungen versorgen. Dies kommt besonders der CSU zugute, die den Beutezug auch stets angeführt hat. Einen Bonus für die Opposition gibt es nur bei der Fraktionsfinanzierung, nicht aber bei der Abgeordnetenfinanzierung – einschließlich der Abgeordnetenmitarbeiter – und natürlich schon gar nicht bei der Finanzierung von Regierungsmitgliedern.

Ganz offenkundig besteht das Kernproblem in den mangelnden Kontrollen. Es stellt sich die Frage, welche Formen von Kontrollen überhaupt zur Verfügung stehen – und wie es so weit kommen konnte, dass sie weitgehend ausgeschaltet wurden.

Am wirksamsten wäre es, wenn statt der Selbstbedienung des Landtags das Volk unmittelbar selbst entschiede. Volksentscheide sind in Bayern – im Gegensatz zum Bund – durchaus möglich und für Verfassungsänderungen, die nicht ohne Zustimmung des Volkes zustande kommen können,[1] sogar zwingend geboten. Doch der Landtag hat das Volk in Sachen Politikfinanzierung geradezu ausgetrickst und die Voraussetzungen für Volksbegehren in einem regelrechten Täuschungsmanöver massiv verschärft. 1968 wurde die Frist, innerhalb derer die Unterschriften für ein Volksbegehren gesammelt werden müssen, von vier auf zwei Wochen verkürzt (in den meisten anderen Bundesländern gibt es sehr viel längere Fristen). In diesen vierzehn Tagen müssen 10 Prozent der Wahlberechtigten, das sind etwa 940 000, das Volksbegehren unterschreiben. Zugleich wurde die Briefabstimmung beim Volksentscheid erschwert und schon beim Volksbegehren das freie Sammeln der Unterschriften, zum Beispiel in Fußgängerzonen und an Haustüren, das in vielen anderen Länder zugelassen ist, ausdrücklich ausgeschlossen – die Unterschriften müssen auf dem Amt geleistet werden.[2]

Das Gesetzgebungsverfahren lief genau so ab, wie wir es aus anderen Verfahren, bei denen es um heikle Punkte ging, kennen: Im Gesetzentwurf[3] waren die Einschränkungen noch gar nicht vorgesehen; sie wurden erst vom Ausschuss eingefügt, dessen Bericht aber keine Begründung enthielt.[4] In der zweiten Lesung des Gesetzes wurden die drei eingefügten restriktiven Bestimmungen, die die Volksgesetzgebung in der Praxis erheblich erschweren, während der gesamten Debatte mit keinem Wort erwähnt[5] – ein Camouflageverfahren par excellence, das der Öffentlichkeit Sand in die Augen streute und die öffentliche Kontrolle ausschaltete.

II Heimliche Gesetzesmacher: Öffentlichkeit unerwünscht

Auch bei der Regelung der Abgeordnetenbezüge und bei der Finanzierung ihrer Mitarbeiter und der Fraktionen wurde die öffentliche Kontrolle gezielt ausgeschaltet. Dazu bediente man sich wiederholt eines zweistufigen Vorgehens: Die öffentlichkeitsscheuen und meist verfassungswidrigen Bewilligungsverfahren und Verwendungen wurden gesetzlich niedergelegt und erhielten auf diese Weise den Anschein der Legalität. Da Gesetze, die solches erlauben, aber selbst hochproblematisch sind und eine öffentliche Diskussion nicht überstanden hätten, wurde das ganze Gesetzgebungsverfahren gezielt der öffentlichen Kontrolle entzogen. Zu diesem Zweck wurden die Gesetze – ohne oder mit schiefer Begründung und ohne öffentliche Beratung – durchgeboxt. Eine kleine Chronik der Ereignisse zeigt, wie systematisch dies immer nach derselben Methode durchgezogen wurde:

- 1968 bei der Verschärfung der Voraussetzungen für Volksbegehren (siehe S. 182),

- 1977 beim Erlass des Bayerischen Abgeordnetengesetzes (siehe S. 126 ff.)
- und bei Regelung der Abgeordnetenmitarbeiter (siehe
  S. 88 ff.),
- 1992 beim Erlass des Bayerischen Fraktionsgesetzes
  (siehe S. 65 ff.),
- 1995 bei Einführung der Dynamisierung der Abgeordnetenentschädigung und der Kostenpauschale (siehe
  S. 143) und
- 2000 bei der Zulassung der Beschäftigung von Geschwistern und Vettern (siehe S. 88 ff.)der exzessiven
  Dehnung der »Übergangsvorschrift« für die Beschäftigung von Ehegatten und Kindern (siehe S. 87) und der
  Zulassung von Werk- und Beraterverträgen (siehe S. 90)
- sowie schließlich beim andauenden Verheimlichen der
  Beschäftigung von Verwandten (siehe S. 92 ff.) und dem
  zweckfremden Einsatz von Mitarbeitern für Parteiaufgaben (siehe S. 100 ff.).

So erlauben das Fraktionsgesetz und das Abgeordnetengesetz, Aufstockungen der staatlichen Gelder für Fraktionen
(siehe S. 42) und Abgeordnetenmitarbeiter (siehe S. 78) im
Haushaltsplan zu verstecken, was gegen das Transparenzgebot bei Entscheidungen des Parlaments in eigener Sache
verstößt (siehe S. 31, 43, 80).

Den Fraktionen wurden Extradiäten für ihre Funktionäre erlaubt, und gleichzeitig wurde ihnen gestattet, die
Höhe der Zuschläge und die Empfänger geheim zu halten,
was nicht nur gegen das Transparenzgebot, sondern auch

gegen die Freiheit und Gleichheit des Mandats verstößt (siehe S. 55).

Obwohl die Öffentlichkeit es nicht tolerieren würde, dass Verwandte auf Staatskosten beschäftigt werden oder Mitarbeiter für Parteiarbeit eingesetzt werden, wurde den Abgeordneten gestattet, auf Schleichwegen Verwandte und Parteibedienstete zu beschäftigen (siehe S. 84 ff.). Gleichzeitig wurden ihnen Beschäftigungsformen geradezu aufgedrängt, bei denen ihre Mitarbeiter verborgen bleiben, niemand ihren Namen erfährt und so dem Missbrauch gezielt Vorschub geleistet wird (siehe S. 100). Über die Verwendung der Mittel für ihre Mitarbeiter brauchen die Abgeordneten auch keine öffentliche Rechenschaft zu geben, das Abgeordnetengesetz verlangt nichts dergleichen (siehe S. 101).

Den Fraktionen wurde erlaubt, selber Öffentlichkeitsarbeit zu betreiben, was mit der Rechtsprechung des Bundesverfassungsgerichts unvereinbar ist. Gleichzeitig wurde ihnen gestattet, ihre Ausgaben für Öffentlichkeitsarbeit in irreführender Weise nur zum Teil zu publizieren (siehe S. 48, 52).

Im Gegensatz zum Bund und zu fast allen Ländern gibt es in Bayern immer noch kein Informationsfreiheitsgesetz. Die CSU widersetzt sich beharrlich, und sie weiß wahrscheinlich auch, warum.

III Hoffnungsschimmer: Kontrolle durch den Rechnungshof

1 Fraktionen

Der Bayerische Oberste Rechnungshof hat aufhorchen lassen, als er die Zusatzdiäten, die bayerische Fraktionen, besonders die CSU-Fraktion, ihren Funktionären zahlen, als verfassungswidrig beanstandete und in seinem Jahresbericht 2012 die Öffentlichkeit darüber informierte (siehe S. 56). Dies hat die Fraktionen immerhin veranlasst, die Zahlungen, deren Höhe und Empfänger sie bis dahin immer sorgfältig unter Verschluss gehalten hatten, öffentlich zu machen (siehe S. 58). Allerdings behaupten sie auch mithilfe eines Auftragsgutachtens nach wie vor, diese Zusatzdiäten seien zulässig. Für die gerichtliche Kontrolle dürfte das Votum des Rechnungshofs aber eine Steilvorlage darstellen. Die Fraktionen haben denn auch erst einmal von neuerlichen Bewilligungssprüngen abgesehen (siehe S. 71).

2 Abgeordnetenmitarbeiter und Kostenpauschale

Anders liegt die Sache bei den Bewilligungen für Abgeordnetenmitarbeiter: Die wurden in den letzten fünf Jahren mehr als verdoppelt und sind inzwischen deutlich höher als die Zahlungen an die Fraktionen (siehe S. 82 f.). Darauf sollte, so hatte es in der Mitte April 2013 erschienenen ersten Auflage dieses Buchs gestanden, der Rechnungshof alsbald seinen kritischen Blick werfen.

Mitte Mai hat der Rechnungshof nun eine Prüfung begonnen[6] und verlauten lassen, er werde »die umstrittene Finanzierung von Abgeordnetenmitarbeitern« und auch die Kostenpauschale auf den Prüfstand stellen.[7] Da der Rechnungshof sich im Allgemeinen aber auf den Vollzug von Gesetzen und Haushaltsplänen konzentriert, nicht aber die vom Landtag beschlossenen Gesetze und Haushaltspläne mit überprüft,[8] darf man an die Prüfung keine übertriebenen Erwartungen knüpfen. Auf keinen Fall darf die öffentliche Kontrolle daher in der Zeit bis zur Vorlage des Prüfungsberichts erlahmen – etwa nach der Devise: Jetzt warten wir erst mal ab, was der Rechnungshof zu beanstanden hat.

Immerhin haben Rechnungshöfe auch die tatsächlichen Prämissen und unvorhergesehene Konsequenzen politischer Entscheidungen aufzuzeigen.[9] Der Rechnungshof dürfte also zum Beispiel prüfen, ob die Erwartung zutrifft, dass die bloße Versicherung des Abgeordneten genüge, er habe die für die Beschäftigung von Mitarbeitern geltenden

Regeln eingehalten, und der Landtag somit auf wirksame Kontrollen verzichten durfte; immerhin dürfen Aufwendungen für Mitarbeiter nach Art. 8, Abs. 1, Satz 1 des Abgeordnetengesetzes nur »gegen Nachweis erstattet« werden (siehe oben S. 93). Der Rechnungshof könnte auch prüfen, ob Abgeordnete wirklich durch den politischen Wettbewerb tendenziell gezwungen werden, ihre Kostenpauschale für mandatsbedingte Aufwendungen voll auszuschöpfen (siehe S. 148). Auch die Verfassungsmäßigkeit der Kostenpauschale wird er vermutlich prüfen – ebenso wie er die Verfassungsmäßigkeit der Funktionszulagen überprüft (und verneint) hat.

IV Bestellte Meinungen:
Entlastende Gutachter und
eine gefällige Kommission

Auftragsgutachten von bestimmten Verfassungsrechtlern spielen generell eine fatale Rolle in dem Prozess, mit dem die politische Klasse sich der staatlichen Ressourcen bemächtigt. Die Gutachter pflegen sich dabei als Referenz vornehmlich auf Veröffentlichungen von Bediensteten der Parlamente und Fraktionen zu stützen, die in einschlägigen Fachbüchern und -aufsätzen pro domo argumentieren, oder auf Autoren, die selbst Politiker sind. Durch zwei solche vom Bayerischen Landtag in Auftrag gegebene Gutachten wurden die verfassungswidrige Finanzierung der Fraktionen und die verfassungswidrige Verwendung ihrer Mittel für Funktionszulagen scheinbar abgesegnet (siehe S. 45 und S. 57).

Ein weiteres Beispiel hat sich bei der Diskussion um die Thesen dieses Buchs gezeigt. Der Vorsitzende der Diätenkommission und ständige Kommentator des Bayerischen Rundfunks, Heinrich Oberreuter, verteidigte die bayerische Politikfinanzierung in der Pressekonferenz vom

17. April 2013 Seite an Seite mit der Landtagspräsidentin, stellte zu diesem Zweck unrichtige Behauptungen auf (siehe S. 135) und warf dem Verfasser dieses Buchs vor, er würde, ohne sachlich auf die genannten Gutachten einzugehen, diese allein wegen der Parteinähe ihrer Verfasser zurückweisen,[10] was nicht stimmt (siehe oben S. 45 ff. und S. 57).

Bezeichnend für Oberrcuter erscheint folgende Episode: Der CSU-Kultusminister Hans Zehetmair hatte das langjährige CSU-Mitglied Oberreuter, der die Politische Akademie Tutzing leitete, im Jahr 2002 – an der Ausschreibung und der offiziellen Berufungsliste vorbei – auf einen Lehrstuhl am renommierten Geschwister-Scholl-Institut der Ludwig Maximilians Universität München hieven wollen. Die Berufung scheiterte allerdings am öffentlichen Protest gegen diese krasse Form der Parteipatronage[11] und an einem Urteil des Bayerischen Verwaltungsgerichtshofs.[12] Oberreuter verzichtete schließlich.

An die Spitze der Diätenkommission wurde Heinrich Oberreuter berufen, nachdem die Vorgängerkommission öffentlich gegen die Fortdauer der Verwandtenbeschäftigung und die sprunghafte Erhöhung der Mitarbeiterentschädigung im Jahr 2000 protestiert hatte (siehe S. 91 f., 104). Unter Oberreuters Leitung scheint die Kommission dann die Missstände hingenommen oder jedenfalls dagegen nicht öffentlich aufbegehrt zu haben, die in diesem Buch beschrieben werden. Dabei hätte mittels der Kommission eigentlich unabhängiger, objektiver Sachverstand eine gewisse Kontrolle des in eigener Sache entscheidenden Landtags ausüben sollen.[13]

Mitglied der Kommission ist auch der Präsident des Bundes der Steuerzahler in Bayern, Rolf von Hohenau. Er hat mit einer für einen Anwalt steuerzahlender Bürger höchst merkwürdigen Presseerklärung auf das Erscheinen des Buchs reagierte (siehe Anhang, Anlage 13),[14] die darauf hindeutet, dass der Präsident des bayerischen Bundes der Steuerzahler offenbar mit im Boot sitzt. Kaum etwas zeigt die Umarmung fast aller politischen Kräfte in Bayern durch die CSU so deutlich, wie dieser Umstand.[15]

V Gerichtskontrolle:
Bisher Fehlanzeige

Die Beurteilung der Gerichtskontrolle fällt ambivalent aus. Einerseits fehlen bei der Wahl der Mitglieder des Bayerischen Verfassungsgerichtshofs manche der Vorkehrungen, die die Unabhängigkeit von Bundesverfassungsrichtern sichern sollen (siehe S. 34). Andererseits haben die Bürger gerade in Bayern mit der sogenannten Popularklage eine erweiterte Möglichkeit, den Gerichtshof anzurufen.

1 Der Verfassungsgerichtshof: Schutz der politischen Klasse vor dem eigenen Volk?

Eigenwillige Rechtsprechung

Wie staatsnah der Gerichtshof in der Vergangenheit judizierte, kommt beispielsweise in Urteilen zu Abgeordnetendiäten und zu Volksbegehren und Volksentscheiden zum Ausdruck, mit denen er den selbst bewilligten finanziellen

Status der Abgeordneten gegen Initiativen aus dem Volk verteidigt hat. Der Verfassungsgerichtshof hat, obwohl Artikel 31 der Bayerischen Verfassung nur eine Aufwandsentschädigung für Landtagsabgeordnete vorsieht, zunächst eine Vollalimentation zugelassen (und die dagegen gerichtete Popularklage zurückgewiesen, siehe S. 132) und die Vollalimentation dann in einem weiteren Urteil sogar von Verfassungs wegen gefordert (und deshalb das beantragte Volksbegehren, das die staatliche Altersversorgung für Abgeordnete abschaffen wollte, für verfassungswidrig erklärt, (siehe S. 133).

Das Bundesverfassungsgericht und viele Landesverfassungsgerichte sind dazu übergegangen, Entscheidungen, die die Parlamente in eigener Sache treffen, intensiv zu kontrollieren (siehe S. 32, 83, 223). Dagegen hat der Bayerische Verfassungsgerichtshof die Selbstbewilligungen und die Lahmlegung aller möglichen Kontrollen durch den Bayerischen Landtag bisher nicht einer intensiven inhaltlichen Gerichtskontrolle unterzogen. Vielmehr hat er dem Landtag auch bei solchen Maßnahmen einen weiten, nur durch das Willkürverbot begrenzten Gestaltungsbereich zugestanden (siehe S. 83, 148).

Auch einen weiteren Ansatz für eine intensive Gerichtskontrolle hat der Bayerische Verfassungsgerichtshof bisher nicht genutzt. Das Bundesverfassungsgericht lässt dem Gesetzgeber – je nach der vorgefundenen Lage – einen unterschiedlich weiten Gestaltungsraum. Dem »entspricht eine abgestufte Kontrolldichte bei der verfassungsgerichtlichen Prüfung.«[16] Offensichtliche Mängel des inneren Gesetzgebungsverfahrens,[17] also die grobe Verletzung der Regeln guter Gesetzgebung, indizieren nun aber regelmäßig auch inhaltliche Mängel. Hier liegt deshalb eine intensive gerichtliche Kontrolle mit hoher Kontrolldichte besonders nahe.[18] Doch der Bayerische Verfassungsgerichtshof hat selbst grobe Mängel im inneren Gesetzgebungs- und Verwaltungsverfahren des Bayerischen Landtags in den behandelten Fallgruppen bisher nicht zum Anlass für eine intensive inhaltliche Gerichtskontrolle genommen: weder den faktischen Ausschluss der Öffentlichkeit[19] noch die Nichtnennung oder Falschbezeichnung des Gesetzesinhalts,[20] weder die fehlende Gesetzesbegründung[21] noch die mangelnde Abwägung[22] noch schließlich das Außerachtlassen oder schiefe Heranziehen von Präjudizien.[23] Die hier behandelten Fälle zeigen aber, dass gerade bei Entscheidungen des Landtags in eigener Sache krasse Verfahrensmängel gehäuft auftreten[24] und diese die inhaltlichen Mängel mit bedingen. Das unterstreicht erst recht die Notwendigkeit einer intensiven Gerichtskontrolle – gerade auch in Bayern.

Die Möglichkeit, mittels Volksbegehren und Volksentscheid die etablierte Politik zu korrigieren, hat der Bayerische Verfassungsgerichtshof generell stark eingeschränkt: Er hat den sogenannten Haushaltsvorbehalt bisher derart extensiv ausgelegt, dass Volksbegehren, die Ausgaben mit sich bringen, oft von vornherein keine Chance haben, und das betrifft die meisten potenziellen Projekte. So interpretiert der Gerichtshof die Bestimmung, dass über den Haushalt kein Volksentscheid stattfindet (Art. 73 BV) – entgegen

dem Wortlaut und der Entstehungsgeschichte der Vorschrift[25] – dahingehend, Volksbegehren seien bereits dann
unzulässig, wenn sie sich auch nur auf den Haushalt aus-
wirken, sofern die Auswirkung nicht nur geringfügig sei.[26]
Das jüngst ergangene Urteil, das ein Volksbegehren für zulässig erklärt, mit dem die Studiengebühren abgeschafft
werden sollen, könnte hier allerdings einen Wandel einlei-
ten.[27]

Für verfassungsändernde Volksentscheide verlangt die
Bayerische Verfassung – neben den 10 Prozent der Wahlberechtigten, die das Begehren unterschreiben müssen – die
Zustimmung der Mehrheit bei der Volksabstimmung. Sonstige Erschwerungen sind nicht vorgesehen. Das bestätigt
auch Artikel 2, Absatz 2 der Bayerischen Verfassung, der –
ausdrücklich auch in Bezug auf Volksentscheide – bestimmt,
dass die »Mehrheit entscheidet«. Davon ging auch der Verfassungsgerichtshof selbst – seit einer Entscheidung von
1949[28] – ein halbes Jahrhundert lang aus. Doch plötzlich fordert er – wiederum entgegen dem eindeutigen Wortlaut und
der Entstehungsgeschichte der Verfassung – ein Zustimmungsquorum.[29] Seitdem müssen zusätzlich 25 Prozent der
Wahlberechtigten dem Volksentscheid zustimmen.[30]

Mit dieser durch Richterspruch bewirkten Änderung
des Inhalts der Bayerischen Verfassung hat das Gericht sich
an die Stelle des Volkes gesetzt, obwohl Verfassungsänderungen eigentlich nicht ohne Zustimmung des Volkes zustande kommen dürfen. Der Gerichtshof hat das 25-pro-
zentige Zustimmungsquorum später sogar zu einem nicht
einmal durch Verfassungsänderung abänderbaren Be-

standteil der Verfassung im Sinne des Artikels 75, Absatz 1, Satz 2 der Bayerischen Verfassung erklärt.[31] Nach dieser Vorschrift sind »Anträge auf Verfassungsänderungen, die den demokratischen Grundgedanken der Verfassung widersprechen«, unzulässig.

Der Gerichtshof hat auch die unerhört restriktive einfachgesetzliche Bestimmung, dass für das Sammeln von Unterschriften für Volksbegehren nicht nur bloß vierzehn Tage zur Verfügung stehen[32], sondern die Unterschriften auch auf dem Amt geleistet werden müssen[33], keiner verschärften Kontrolle unterzogen. Obwohl der Landtag diese Bestimmungen in eigener Sache in einem Camouflageverfahren beschlossen hatte, hat der Gerichtshof sie nicht nur zu Verfassungsrecht erklärt, sondern ihnen auch noch den Rang von Ewigkeitsnormen verliehen, die nicht einmal durch eine Verfassungsänderung gemildert werden können.[34]

Im Ergebnis erklärt der Verfassungsgerichtshof seine ganze einschränkende Rechtsprechung zur Volksgesetzgebung für sakrosankt:

- das von ihm entgegen der Verfassung geschaffene Quorum für verfassungsändernde Volksentscheide,
- die 14-Tage-Frist und das Verbot des freien Sammelns von Unterschriften und
- das 10-Prozent-Quorum für Volksbegehren.

Seine rigorose Rechtsprechung sucht der Verfassungsgerichtshof mit der Behauptung zu begründen, die Ewigkeitsbestimmung des Artikels 75, Absatz 1, Satz 2 der Bayerischen Verfassung sei »weit auszulegen«.[35] Er beruft sich dabei auf Wilhelm Hoegner.[36] Dort sucht man nach einer solchen Aussage aber vergebens. Hoegner hatte sich im Gegenteil gegen eine weite Auslegung gewandt. Das zeigt sich beispielhaft daran, dass er ein Quorum beim Volksentscheid für verfassungswidrig hielt,[37] was natürlich auch für ein noch weitergehendes Gebot eines solchen Quorums und erst recht für ein nicht einmal durch Verfassungsänderung zu beseitigendes Gebot gilt.

Auch der Umstand, dass direktdemokratische Gesetze faktisch natürlich die Ausnahme sind, führt zu keiner anderen Beurteilung. Denn das betrifft lediglich die Fallzahl der Gesetze. Doch das Gericht interpretiert dies – entgegen der Absicht des Verfassungsgebers – als sachlichen Vorrang der parlamentarischen Gesetzgebung und entnimmt daraus fälschlicherweise die Befugnis zu massiven, weit über den Wortlaut und den ursprünglichen Sinn der Verfassung hinausgehenden Einschränkungen direkter Demokratie.

Die restriktive Handhabung der Volksrechte kommt im Ergebnis vor allem der CSU zugute und weitet ihren Gestaltungsraum auf Kosten des Volkes aus. Der Verfassungsgerichtshof will ganz gezielt die »demokratisch legitimierten Repräsentationsorgane, […] besonders […] Parlament und Regierung« vor der Beeinträchtigung durch das Volk schützen oder auch nur vor der Gefahr einer solchen Beeinträchtigung.[38] Parlamentsmehrheit und Regierung werden in Bayern aber regelmäßig von der CSU gestellt.[39] Der Gerichtshof lässt außer Betracht,

- dass Parlament und Regierung letztlich nur Vertreter des Volkes sind, von dem sie ihre Legitimation ableiten,
- dass direktdemokratische Entscheidungen mindestens genauso demokratisch legitimiert sind und
- dass Entscheidungen des Parlaments in eigener Sache einer besonders intensiven Gerichtskontrolle bedürfen.

Zugleich immunisierte der Verfassungsgerichtshof auf diese Weise seine eigene regierungsfreundliche Rechtsprechung gegenüber dem Volk und schwang sich damit selbst zum Souverän auf, obwohl diese Stellung doch dem Volk zukommt und die Volkssouveränität zu den unabänderlichen, vom Verfassungsgericht eigentlich zu schützenden Grundlagen der Verfassung gehört.[40] Das bestätigt auch der Umstand, dass Verfassungsänderungen nur mit Zustimmung des Volkes zustande kommen können.

Verfahren der Richterwahl: verbesserungsfähig

Die wesentlichen Entscheidungen werden von berufsrichterlichen Mitgliedern des Bayerischen Verfassungsgerichts getroffen, und die Entscheidung darüber, wer in diesen Kreis gewählt wird, liegt in der Hand der Landtagsmehrheit, seit Jahrzehnten also in der Hand der CSU.

Diese Richter werden in Bayern auf acht Jahre gewählt, eine Wiederwahl ist möglich. Die kurze Wahlperiode, die Möglichkeit der Wiederwahl und die die Wahl dominierende Regierungsmehrheit sind nicht gerade dazu angetan, die Unabhängigkeit der Richter zu stärken. Alle diese die richterliche Unabhängigkeit beeinträchtigenden Elemente sind beim Bundesverfassungsgericht ausgeschlossen (siehe S. 34). Die Unabhängigkeit bayerischer Verfassungsrichter kann also eher auf die Probe gestellt werden als die ihrer Karlsruher Kollegen.

Über die Verfassungsmäßigkeit von Anträgen auf Volksbegehren entscheiden das Innenministerium und der Verfassungsgerichtshof. Regierung und Parlamentsmehrheit sind aber regelmäßig erklärte Gegner der direktdemokratischen Initiativen, sonst würden sie das jeweilige Projekt ja parlamentarisch beschließen[41] – und sie bestimmen die Richter, die endgültig über die Verfassungsmäßigkeit des Antrags urteilen.

Die Gerichtsbarkeit ist dazu da, die Bürger vor Übergriffen der Staatsgewalt zu schützen. Bei einer einseitigen Berufung der Richter besteht die Gefahr, dass ihre Unabhängigkeit auf eine harte Probe gestellt wird und sie die Seite wechseln und die Staatsmacht, das heißt die die Macht innehabende Partei, vor den Bürgern schützen. Gewiss können wir bis zu einem gewissen Grad auf den »Becket-Effekt« vertrauen, der bewirkt, dass Amtsträger und besonders Richter ihren Aufgaben Vorrang vor den Interessen derer geben, die sie bestellt haben. Das reicht aber nicht immer; auch die institutionellen Weichen müssen richtig gestellt sein.

Wenn ein Verfassungsgericht den von der politischen Klasse geknebelten Bürgern die Hilfe versagt und sich stattdessen an ihre Stelle setzt, indem es die Verfassung auf kal-

tem Wege zu Lasten des Volkes einschränkt, obwohl nur
das Volk zu Verfassungsänderungen befugt ist – läuft das
dann nicht auf einen Verfassungsbruch von oben, auf eine
»Art von Staatsstreich«,[42] hinaus? Dann ist Abhilfe gegen
bestimmte Verfassungsverletzungen von diesem Gericht
nicht mehr zu erlangen, und das Gericht wird selbst zum
Problem.

Um Derartiges zu vermeiden, dürfen die Volksrechte
nicht entgegen dem Wortlaut und der Entstehungsgeschichte der Verfassung beschnitten werden. Eher müsste
umgekehrt die Verfassung zugunsten der Volksrechte interpretiert werden. Vielleicht ist das Urteil zu den Studiengebühren[43] ein erstes Signal dafür, dass ein Umdenken des
Gerichtshofs begonnen hat.

Dem Bürger bleibt vorderhand nichts anderes übrig, als
auf die Beherzigung der Verfassungsgrundsätze – und auf
den Becket-Effekt – zu vertrauen.

2 Jeder Bürger hat das Recht: Popularklage

Mit der Popularklage[44] können Grundrechtsverletzungen
angegriffen werden, auch wenn der Kläger selbst nicht davon betroffen ist.[45] Eine Frist gibt es nicht,[46] und die Klagebefugnis ist auch nicht auf bayerische Landeskinder beschränkt. Mit der Popularklage könnte zum Beispiel die
Zulassung von Funktionszulagen im Bayerischen Fraktionsgesetz wegen Verstoßes gegen die Freiheit und Gleich-

heit des Mandats angefochten werden (siehe S. 54 f.). Das liegt nach der Beanstandung der Zulagen durch den Bayerischen Obersten Rechnungshof[47] besonders nahe.

Ebenso könnte die Unzulässigkeit der Öffentlichkeitsarbeit von Fraktionen, die ihren Mutterparteien zugutekommt und gegen die Chancengleichheit der Parteien und die politische Gleichheit der Bürger verstößt (siehe S. 48 ff., 119 ff.), gerichtlich geltend gemacht werden. Auch ihre Bewilligung bloß im Haushaltsplan, die derartige Missbräuche erleichtert, ist nicht aufrechtzuerhalten, seitdem der neu eingeführte Artikel 16a der Bayerischen Verfassung einen speziellen Gesetzesvorbehalt für die Fraktionsfinanzierung vorsieht[48] (siehe S. 47).

Die öffentlichkeitsscheue Bewilligung der Mittel für Abgeordnetenmitarbeiter und ihre heimliche Verwendbarkeit für Parteien, die ebenfalls verfassungswidrig ist (siehe S. 78, 100), können ebenso auf diese Weise angegriffen werden. Ein früheres Urteil des Gerichtshofs, das die Bewilligung von Abgeordnetenmitarbeitern bloß im Haushaltsplan noch zugelassen hatte, ist überholt (siehe S. 81 ff.). Die im Haushaltsplan 2014 bewilligten 21,5 Millionen Euro für Mitarbeiter lassen sich nicht mehr als unwesentliche Größe abtun, um die der Gesetzgeber sich nicht zu kümmern bräuchte.

Überholt dürfte auch die Rechtsprechung des Verfassungsgerichtshofs zur sogenannten Vollalimentation bayerischer Abgeordneter sein, die trotz Artikel 31 der Bayerischen Verfassung ergangen ist, der lediglich eine Aufwandsentschädigung vorsieht (siehe S. 125). Inzwischen haben die Verfassungsgerichte in anderen Ländern und im Bund ihre Maßstäbe zur Überprüfung von Entscheidungen des Parlaments in eigener Sache nämlich deutlich verschärft und ihre Kontrollintensität erhöht (siehe S. 32, 83, 223), eine Entwicklung, die vermutlich auch den Bayerischen Verfassungsgerichtshof nachdenklich machen wird.

Resümee

Wie sich die Bürger wehren können

Geführt von der CSU, haben bayerische Abgeordnete Ende 2012 mit dem Doppelhaushalt 2013/14 beschlossen, das Staatsgeld für ihre persönlichen Mitarbeiter auf jährlich 21,5 Millionen Euro aufzustocken und es damit innerhalb von nur fünf Jahren zu verdoppeln. Auch wenn ein Teil dieser Summe nach dem Skandal um die Verwandtenbeschäftigung nicht mehr in Anspruch genommen werden soll, sucht auch der verbleibende Betrag unter deutschen Landesparlamenten seinesgleichen. Die üppige Selbstbedienung erlaubt es den Abgeordneten, ihre Parteien insgeheim zu finanzieren und außerparlamentarische Konkurrenten klein zu halten. Lange konnten sie damit auch ungestraft Vetternwirtschaft treiben,

Auch die Fraktionen haben ihr Staatsgeld nach der Landtagwahl 2008 um mehr als 50 Prozent erhöht und erhalten jetzt 15,7 Millionen Euro – sehr viel mehr als andere Landtage ihren Fraktionen zahlen. Bayerische Fraktionen, allen voran die der CSU, schwimmen derart im Geld, dass sie ihren Funktionären – entgegen dem Votum des Bayerischen Obersten Rechnungshofs und unter Bruch der Verfassung – hohe Extragehälter bewilligen und massiv Öffentlichkeitsarbeit zugunsten ihrer Parteien machen.

An jeder öffentlichen Kontrolle vorbei, sind die selbst bewilligten Mittel inzwischen auf ein Mehrfaches der durch Obergrenzen gedeckelten staatlichen Parteienfinanzierung hochgeschossen und werden in großem Stil als verkappte Parteienfinanzierung missbraucht – in krassem Gegensatz zum Verfassungsrecht. Außerparlamentarische Parteien, die das Bundesverfassungsgericht eigentlich an der Staatsfinanzierung beteiligen will, sind von dem Geldsegen völlig ausgeschlossen, was der Chancengleichheit der Parteien Hohn spricht.

Obwohl die Bayerische Verfassung Landtagsabgeordneten nur eine Aufwandsentschädigung zugesteht (Art. 31 BV), haben CSU-Parlamentarier sich, in trauter Einigkeit mit der Opposition, neben ihrer steuerfreien Aufwandsentschädigung von 3214 Euro ein Gehalt von 7060 Euro und eine hohe staatlich finanzierte Altersversorgung bewilligt. Alle drei Posten werden von Jahr zu Jahr automatisch angehoben. Solch großzügige Regelungen gibt es in keinem anderen Bundesland. Dass das Grundgesetz die Bayerische Verfassung verdrängt und solche Diäten erlaubt habe, wie bei Verabschiedung des Abgeordnetengesetzes behauptet wurde, ist eine historische Lüge, die einer rechtlichen Nachprüfung nicht standhält.

Neben Artikel 31 geht auch Artikel 30 der Bayerischen Verfassung, der Arbeitgeber dazu verpflichtet, Abgeordneten die Ausübung ihres Mandats zu ermöglichen, davon aus, dass Abgeordnete noch einen Erwerbsberuf neben ihrem Mandat haben, dieses also allenfalls eine Teilzeitbeanspruchung darstellt. Tatsächlich lässt das Mandat sich ja auch in dieser Weise bewältigen. Dass die Abgeordneten sich dennoch eine Vollalimentation bewilligen, erlaubt den einen, tagein, tagaus für ihre Partei tätig zu sein, und verschafft den anderen, die einem Erwerbsberuf nachgehen oder gar ihren politischen Einfluss verkaufen, ein Zweiteinkommen.

Trotz doppelter Einkommen und drohender Interessenkonflikte wehrte sich der Bayerische Landtag lange gegen Transparenzvorschriften, wie sie zum Beispiel im Bundestag längst bestehen. Nach dem Skandal sollen sie jetzt aber zum 1. Oktober 2013 eingeführt werden. Die Abgeordnetenprivilegien nützen vor allem der Partei mit den bei Weitem meisten Mandaten.

Um Selbstbedienung in derartiger Intensität und in derartigem Umfang treiben zu können, hat der Bayerische Landtag alle möglichen Kontrollen außer Kraft gesetzt:

- Die Kontrolle der Wähler wurde durch Allparteienkartelle kaltgestellt, die den Bürgern bei Landtagswahlen keine Wahl mehr lassen.
- Die öffentliche Kontrolle wurde durch manipulierte Gesetzgebungsverfahren lahmgelegt, bei denen die Öffentlichkeit ausgeschaltet, getäuscht und die eigentlichen »Dollpunkte« verschwiegen wurden.
- Die Gerichtskontrolle wurde durch ein einseitiges Verfahren bei der Besetzung der Richterstellen des Bayerischen Verfassungsgerichtshofs geschwächt.
- Die Kontrolle durch die Fachöffentlichkeit wurde mittels Gutachten von der CSU geförderter bayerischer Professoren und durch eine gezielte Besetzung der Diätenkommission konterkariert.
- Zur allseitigen Absicherung der Ausbeutung staatlicher Ressourcen wurden auch die Voraussetzungen für Volksbegehren und Volksentscheide verschärft und so die Kontrolle durch direkte Demokratie erschwert.

Und stets war die CSU, die von den missbräuchlichen Regelungen am meisten profitiert, die treibende Kraft. Sie regiert seit über einem halben Jahrhundert fast immer mit absoluter Mehrheit, sodass andere Parteien lange den Eindruck erweckten, sich mit ihrer Oppositionsrolle abgefunden zu haben, und die Regierungsmehrheit im Wunsch nach guter Dotierung bereitwillig unterstützten.

Die CSU war offenbar auch der Initiator der Aufblähung der Fraktionen und Mitarbeiter nach der Landtagswahl 2008, sodass sie – trotz ihrer großen Verluste an Stimmen und Mandaten – ihren finanziellen Status halten konnte; und auch bei der weiteren Aufstockung im Haushaltsplan 2013/2014 waren sie und ihre Landtagspräsidentin Stamm wohl die treibende Kraft.

Da die manipulative Bewilligung und Verwendung der Staatsgelder gesetzlich abgesegnet wurde, mussten die entsprechenden Gesetze schnell und geheim durchgeboxt werden, denn eine öffentliche Diskussion hätten sie nicht überstanden. Solche Camouflageverfahren sind geradezu zum Muster bayerischer Gesetzgebung in eigener Sache geworden.

Das Fraktionsgesetz, das die Fraktionen zu parteinaher Öffentlichkeitsarbeit und zu Extradiäten richtiggehend auffordert, obwohl beides verfassungswidrig ist, sieht eine öffentlichkeitsscheue Form zur Bewilligung der Fraktionsmittel vor: Ohne jede Begrenzung werden sie im Haushaltsplan versteckt. Vorgestellt worden war dieses Gesetz von einem CSU-Abgeordneten. Die anderen Fraktionen akzeptierten durch einvernehmliches Stillschweigen. Im gesamten Gesetzgebungsverfahren wurde auch nicht einer der problematischen Dollpunkte genannt.

Das Abgeordnetengesetz wurde ohne jede Diskussion im Plenum beschlossen. Wieder war die CSU federführend. Die eigentlichen Probleme wurden gezielt ausgespart, ebenso die unbegrenzte Bewilligung der Mittel für Abgeordnetenmitarbeiter im Haushalt.

Mit diesen Formen der Selbstbedienung übertrifft Bayern alle anderen Länder bei Weitem. Durch Privilegien derart abgesichert, konnte die CSU ihre Dauerherrschaft stabilisieren. Die anderen Fraktionen, die lange keinerlei Hoffnung auf die Regierungsmehrheit hatten, haben um vordergründiger finanzieller Vorteile willen jeweils mitgespielt. Ohnehin besitzt die CSU einen strukturellen Vorteil vor ihren Konkurrenten, weil sie auch aus der normalen Staatsfinanzierung einen besonders großen Batzen erhält und sich als langjährige Regierungspartei zur bayerischen Staatspartei und zur Vertreterin Bayerns im Bund (»Defensor Bavariae«) stilisieren konnte.

Da die CSU Parlament und Regierung beherrscht, hat sie beide zu einer Einheit in ihrem Sinne verklammert. Eine wirksame Kontrolle der Regierung durch den Landtag ist dadurch erheblich erschwert. Der Ministerpräsident, die Staatsminister und die Staatssekretäre gehören – im Widerspruch zum Grundsatz der Gewaltenteilung – regelmäßig auch dem Landtag an. Zudem haben die beiden letzten Ministerpräsidenten, Günther Beckstein und Horst Seehofer, nicht einmal an der Spitze einer Wahlliste um ihr Amt kandidiert, sondern wurden mitten in der Legislaturperiode ohne Zutun des Volkes allein von der CSU gekürt, was nicht gerade zu ihrer demokratischen Legitimierung beiträgt.

Einer durchgreifenden Reform mit wirklich demokratischer Volkswahl des Ministerpräsidenten und echter Gewaltenteilung steht die derzeitige Mehrfachbesoldung von Kabinettsmitgliedern entgegen. Diese beziehen als Abgeordnete nämlich noch zwei weitere Gehälter und stellen damit alle anderen Bundesländer finanziell in den Schatten. Dadurch haben bayerische Staatssekretäre sehr viel höhere Einkommen als selbst Ministerpräsidenten vieler anderer Länder. Die Reform kann deshalb nur an der politischen Klasse vorbei durchgesetzt werden: durch Volksbegehren und Volksentscheid.

Entscheidend ist, dass Öffentlichkeit, Rechnungshof, Wissenschaft und Verfassungsgericht die in eigener Sache entscheidende politische Klasse kontrollieren – die Möglichkeit dazu haben sie. Volksinitiativen und Popularklagen sind überaus wirkungsvolle Mittel, mit denen die Bürger die Selbstermächtigung der politischen Klasse beenden und das Vertrauen in die auf Parteien angewiesene repräsentative Demokratie stärken können. Es gibt also keinen Anlass zum Resignieren, vielmehr tut politisches Engagement not, auch innerhalb der Parteien selbst.

Nachwort
zur erweiterten Neuausgabe

Die Abgeordneten im Bayerischen Landtag und ihre Fraktionen waren sich stets einig, wenn es um die exzessive Bewilligung und die missbräuchliche Verwendung von staatlichem Geld und Personal ging. In Sachen Politikfinanzierung bildeten Mehrheits- und Oppositionsfraktionen ein politisches Kartell und versuchten, alle möglichen Kontrollen zu umgehen. Um dennoch den nötigen öffentlichen Druck zu entfalten und die Politik zur Umkehr zu bewegen, musste dieses Buch in der Vorwahlzeit erscheinen. Stehen Wahlen an, steigen die Chancen für Reformen zum Besseren, selbst wenn das Parlament in eigener Sache entscheidet. Tatsächlich wurde nach der Vorstellung des Buchs mit einem Mal die lange unterdrückte öffentliche Kontrolle mit Macht nachgeholt – jedenfalls hinsichtlich der Verwandtenbeschäftigung.

So richtig Fahrt gewann die öffentliche Kritik aber erst durch das dürftige »Krisenmanagment« der Landtagspräsidentin, die die Situation des Landtags offenbar völlig falsch einschätzte und unmittelbar nach dem Erscheinen des

Buchs eine Pressekonferenz in München einberief. Dort erlebte sie ihr Waterloo, weil sie sich schließlich genötigt sah, die vielen und zum Teil sehr gewichtigen Fälle fortdauernder Beschäftigung von Ehegatten und Kindern auf Staatskosten bekannt zu geben.

Stamm verfolgte hinsichtlich der von ihr immer wieder gepriesenen Tansparenz einen Zick-Zack-Kurs: Zuerst wollte sie die Namen der Abgeordneten nicht nennen, die von der »Übergangsregelung« Gebrauch gemacht hatten.[1] Dann veröffentlichte sie nicht nur die 17 Abgeordneten, die bis in die Gegenwart Ehegatten oder Kinder beschäftigten, sondern auch die 62, die das früher getan hatten. Doch wer von den 79 Abgeordneten vor dem Stichtag, also dem 1. Dezember 2000 auf die »Übergangsregelung« noch »aufgesprungen« ist, wollte sie wiederum nicht sagen, musste dann aber auch hier einlenken (siehe S. 86 und Anlage V im Anhang).[2]

Auch in der Sache suchten Barbara Stamm und Heinrich Oberreuter, die Öffentlichkeit in die Irre zu führen. Sie verfälschten den Diätenvergleich mit Nordrhein-Westfalen, um zu verdecken, dass Bayern auch hierbei Spitze ist (siehe S. 134). Stamm behauptete, der fehlende Wissenschaftliche Dienst sei ein Grund für die hohe bayerische Mitarbeiterentschädigung, obwohl sich an dem großen »Vorsprung« Bayerns selbst dann nichts ändert, wenn man auch die beispielsweise in Niedersachsen und Nordrhein-Westfalen für den Wissenschaftlichen Dienst aufgewendeten Mittel in den Vergleich mit einbezieht (siehe S. 109 f.). Zur Begründung der angeblichen Verfassungsmäßigkeit

der steuerfreien Kostenpauschale führte Stamm Entscheidungen des Bundesverfassungsgerichts und des Bundesfi-
nanzhofs an, die die Frage der Verfassungsmäßigkeit der
Pauschale aber ausdrücklich offen gelassen hatten (siehe
S. 145). Sie erklärte, eine spitze Abrechnung der Aufwendungen sei bayerischen Volksvertretern nicht zuzumuten,
obwohl eben dies in Nordrhein-Westfalen, Schleswig-Holstein, Bremen und Hessen geschieht (siehe S. 147). Stamm
verwies ferner darauf, die Altersversorgung bayerischer
Abgeordneter sei wiederholt eingeschränkt worden (siehe
Anhang, Anlage 21, S. 6), verschwieg aber, dass bayerische
Abgeordnete immer noch, bezogen auf ein Aktivenjahr,
zehnmal so viel Rente erwerben wie ein durchschnittlicher
Sozialversicherter (siehe S. 156). Entweder war Stamm von
der Materie so überfordert, dass sie nicht wusste, was sie
tat, oder – so scheint es jedenfalls – hat sie die Losung, die
Machiavelli dem Herrscher empfiehlt, internalisiert: »Wenn
du nicht überzeugen kannst, musst du verwirren und täu-
schen.«

Ich hatte von Anfang an darauf vertraut, dass im Zuge der
Rezeption meines Buchs konkrete Missbrauchsfälle bekannt
würden, und insoweit auf die Zusammenarbeit zwischen
Wissenschaft und Journalismus gesetzt. Diese »Arbeitstei-
lung« erwies sich als durchschlagend. Nach der nicht ganz
freiwilligen Veröffentlichung der Namen der Abgeordneten,
die Ehegatten oder Kinder auf Grund der Altregelung immer
noch beschäftigten oder früher beschäftigt hatten, wurden
immer neue Fälle bekannt; die mediale Kritik griff wie ein
Lauffeuer immer weiter um sich.

Die Kehrseite war allerdings, dass sich die öffentliche Diskussion zunächst fast ganz auf die Verwandtenbeschäftigung konzentrierte und das Hauptproblem, das den Schwerpunkt des Buchs bildet, nämlich die manipulativen Bewilligungs- und Verwendungsverfahren bei der Finanzierung von Fraktionen, Abgeordneten und ihren Mitarbeitern, erst einmal in den Hintergrund trat.

Es geht eben nicht nur darum, wer die illegitimen Gesetze ausgenutzt hat, sondern vor allem darum, wer die – nach Inhalt und Verfahren – illegitimen Gesetze überhaupt erst gemacht und die unangemessenen Aufstockungen in den Haushaltsplänen beschlossen hat. Die verkürzte Diskussion wird ganz deutlich in der öffentlichen Erklärung von 52 bayerischen Volksvertretern vom 13. Mai 2013, die sich dagegen wehren, dass der ganze Landtag öffentlich vorgeführt werde: »Die Kritik am Fehlverhalten Einzelner« sei »mittlerweile pauschal und ungerechtfertigt auf die Arbeit des gesamten Parlaments ausgedehnt worden« (siehe Anhang, Anlage 23).

In Wahrheit geht es keineswegs nur um das Fehlverhalten einzelner Abgeordneter. Ganz abgesehen davon, dass jeder Abgeordnete die Pflicht hat, die Angemessenheit und Rechtmäßigkeit der Gesetze und sonstigen Regelungen zu überprüfen, die seinen finanziellen Status betreffen – eine Pflicht, die offenbar die meisten versäumt haben –, haben praktisch alle Abgeordneten auch aktiv am grob unangemessenen Ausbau der Politikfinanzierung mitgewirkt.

Ein Beispiel unter den vielen im Buch analysierten manipulativen Gesetzgebungsverfahren ist das Änderungsgesetz zum Abgeordnetengesetz von 2000. Im Vorblatt und in beiden Lesungen des Gesetzes im Parlamentsplenum wurde der Öffentlichkeit vorgegaukelt, bis auf die Übergangsfälle würde sämtliche Verwandtenbeschäftigung auf Staatskosten verboten. Das war schlicht falsch: Die Beschäftigung von Geschwistern, Onkeln, Neffen etc. blieb weiterhin erlaubt (siehe Anhang, Anlage 12). Zudem wurde der Stichtag für die Aufrechterhaltung von Altverträgen auf einen sehr späten Termin gelegt, sodass noch viele aufspringen konnten.

Der CSU-Berichterstatter Dr. Otmar Bernhard, der damals in der ersten und zweiten Lesung des Gesetzes ungeniert die Öffentlichkeit hinters Licht geführt hatte (siehe S. 89), ist nach wie vor Mitglied des Landtags. Aber auch neun andere CSU-Abgeordnete, die die Erklärung unterzeichnet haben, waren damals schon im Landtag und haben die Täuschung mitgetragen. Den Grund für die skandalöse Verwandtenbeschäftigung legte also ein die Öffentlichkeit gezielt täuschendes Gesetzgebungsverfahren. Und dieses war von der Übereinkunft aller Fraktionen im Landtag getragen, die das Gesetz zusammen eingebracht hatten und es (mit Ausnahme einer Gegenstimme des fraktionslosen Abgeordneten Hartenstein) gemeinsam verabschiedeten. Ähnlich manipulativ und im Wege eines großen politischen Kartells kamen die anderen bayerischen Gesetze in Sachen Politikfinanzierung zustande.

Viele der Unterzeichner sind erst eine oder zwei Wahlperioden im Landtag. Diese scheinbare Gnade des späten Eintritts ins Parlament kann sie allerdings nicht wirklich exkulpieren. Sie haben die maßlose Verdoppelung der Mitarbeiterentschädigung seit 2008 (siehe S. 104 ff.) ebenso mitbeschlossen wie die exzessive Aufstockung der Fraktionsmittel um 50 Prozent nach der letzten Wahl (siehe S. 70). Die Abgeordneten der CSU und anderer Fraktionen haben die überzogenen Mittel für Fraktionen auch nicht gesenkt, wie der Rechnungshof dies gefordert hatte. Einen dahingehenden Antrag der Grünen haben sie vielmehr abgeschmettert (siehe S. 71). Sie haben sich *in* ihren Fraktionen nicht – oder jedenfalls nicht erkennbar – gegen die verfassungswidrigen und vom Rechnungshof monierten Zulagen für bestimmte »Amtsträger« zur Wehr gesetzt; die CSU zahlt zum Beispiel für jeden ihrer stellvertretenden Fraktionsvorsitzenden monatlich 5200 Euro. Dem zurückgetretenen Fraktionsvorsitzenden Georg Schmid waren gar 13 700 Euro bewilligt worden.

Es trifft auch nicht zu, dass die allgemeinen Maßstäbe sich verschärft hätten und deshalb früher Tolerables heute nicht mehr akzeptiert würde, wie Betroffene in Bayern die Entwicklung zu erklären und sich zu entlasten suchen.[3] Jedenfalls war das nicht der zentrale Grund. In Wahrheit hätte man auch im Jahre 2000 die Verwandtenbeschäftigung auf Staatskosten nicht aufrechterhalten können, wenn man die Öffentlichkeit nicht gezielt getäuscht hätte. Und ohne mein Buch wäre auch heute noch alles beim Alten.

Was also ist zu tun? Die Beseitigung der Verwandtenbeschäftigung und die Transparenz der Nebeneinnahmen von Abgeordneten reicht nicht. Zusätzlich müssen verfassungswidrige Zahlungen wie die Funktionszulagen zum Beispiel für stellvertretende Fraktionsvorsitzende beseitigt und die Zulagen für Fraktionsvorsitzende kraft Gesetzes veröffentlicht sowie die verfassungswidrige steuerfreie einheitliche Kostenpauschale aufgehoben werden. Exzessive Zahlungen für Fraktionen und Abgeordnetenmitarbeiter müssen gekappt und öffentlichkeitswirksame Gesetzesverfahren sowie Obergrenzen eingeführt werden. Der missbräuchliche Einsatz von Abgeordnetenmitarbeitern und Fraktionsmitteln für Parteizwecke ist wirksam zu unterbinden.

Kann sich der Landtag dazu in einem großen von der Öffentlichkeit, den Medien, dem Rechnungshof, der Wissenschaft und dem Verfassungsgericht unterstützten Reformprozess aufraffen, dürfte er auch das verloren gegangene Vertrauen der Bevölkerung wiedergewinnen. Darin bestätigt sich die Lebenskraft der Demokratie, dass Fehlentwicklungen öffentlich thematisiert und im Wege eines demokratischen Selbstreinigungsprozesses behoben werden können.

Anmerkungen

Vorwort zur erweiterten Neuausgabe

1 Von Arnim, »Abgeordnetenmitarbeiter: Reservearmee der Parteien?«, *Die Öffentliche Verwaltung* 2011, S. 345 (350); ders., *Politische Parteien im Wandel*, 2011, S. 14 mit Tabelle 6 auf S. 86.)

2 Von Arnim, Abgeordnetenmitarbeiter ohne Kontrolle, *Münchner Merkur* vom 6./7.8.2011

3 Siehe Frank Müller/Mike Szymanski, »Stamm erlässt Informationssperre«, *Süddeutsche Zeitung* vom 17.5.2013, S. 45. Später bat sie lediglich noch um Zeit zur Prüfung: dpa-Meldung vom 17.5.2013 (»Alle fordern Aufklärung – Stamm prüft«. Am 28. Mai 2013 legte sie schließlich eine Dokumentation über Personen und Verfahren um das Änderungsgesetz von 2000 vor (siehe Anhang, Anlage I).

4 Bericht und Empfehlungen der Unabhängigen Kommission zu Fragen des Abgeordnetenrechts, Bundestagsdrucksache 17/12500 vom 19.3.2013. Dazu von Arnim, »Eine Kriegserklärung ans BVerfG«, *Neue Zeitschrift für Verwaltungsrecht – Extra* 2013/8a vom 12.4.2013, http://rsw.beck.de/rsw/upload/NVwZ/NVwZ-Extra_2013_8a.pdf

5 http://www.dhv-speyer.de/VONARNIM/Aktuelles/2012/

Klage%20BVerfG%20für%20ÖDP/Klage%20BVerfG%20
für%20ÖDP%202012%20(komp).pdf

6 Christian Rath, »Drei-Prozent-Hürde gegen Kleinparteien«,
taz.de vom 17.5.2013; *FAZ* vom 22.5.2013: »SPD willl doch
Drei-Prozent-Hürde bei Europawahl«

7 Urteil vom 9.11.2011: BVerfGE 129, 300.

Teil 1: Politik: Macht, Missbrauch und Kontrolle

1 So aber Heidi Wolf, »Parlament kostet jeden Bürger 9,15
Euro im Jahr«, *Maximilianeum* vom 15.11.2012.

2 BVerfGE 8, 51 (63): Die Geldmittel der Parteien »dienen in
erster Linie der Wahlvorbereitung«, d.h., sie dienen dem
Wahlkampf, in dem es um Macht und Mandate geht.

3 Rudolf Wildenmann, »Regeln der Machtbewerbung«
(1963), in: ders., *Gutachten zur Frage der Subventionierung
politischer Parteien aus öffentlichen Mitteln*, 1968, 70 ff.

4 BVerfGE 8, 51 (67): »Die Tätigkeit der politischen Parteien
vollzieht sich im Bereich der politischen Willensbildung.
Dem Ergebnis dieser Willensbildung, der Mehrheitsent-
scheidung, sind *alle* unterworfen, auch diejenigen, die nicht
die Parteien der Mehrheit unterstützt haben. Deshalb ist
hier hinsichtlich der Chancengleichheit ein besonders stren-
ger Maßstab anzulegen.«

5 BVerfGE 120, 82 (104): »Das Recht der Chancengleichheit
der Parteien versteht sich [...] als Bestandteil der demokratischen Grundordnung von selbst.«

6 BVerfGE 85, 264 (290).

7 BVerfGE 40, 296 (327).

8 BVerfGE 85, 264 (297): Im Bereich der Chancengleichheit der Parteien und der politischen Gleichheit der Bürger ist »die Gleichheit strikt und formal«. Dem Ermessen der öffentlichen Gewalt sind »daher besonders enge Grenzen gezogen«. BVerfGE 120, 82 (105): »Eine strenge Prüfung ist […] erforderlich, weil mit Regelungen, die die Bedingungen der politischen Konkurrenz berühren, die jeweilige parlamentarische Mehrheit gewissermaßen in eigener Sache tätig wird.« BVerfGE 129, 300 (322 f.): Bei Regelungen, die das Parlament in eigener Sache trifft, bestehe die Gefahr, »dass die jeweilige Parlamentsmehrheit sich statt von gemeinwohlbezogenen Erwägungen vom Ziel des eigenen Machterhalts leiten lässt«. Deshalb unterliege die Ausgestaltung der Regelung »einer strikten verfassungsrechtlichen Kontrolle«.

9 VerfGH Berlin, LKV 1998, 142; VerfGH Mecklenburg-Vorpommern, LKV 2001, 270; VerfGH Nordrhein-Westfalen, DVBl 2009, 250; Thüringer VerfGH, NVwZ-RR 2009, 1; und zusammenfassend StGH Bremen in seinem Urteil vom 14.5.2009, Neue juristische Online Zeitschrift (NJOZ) 2009, 4325.

10 BVerfGE 85, 264 (288 ff.).

11 Zur Problematik der Wahl der berufsrichterlichen Mitglieder des Bayerischen Verfassungsgerichtshofs: Renate Midder, Die Reform des Bayerischen Verfassungsgerichtshofsgesetzes, 1990, 95 ff. mit weiteren Nachweisen.

12 § 6 Bundesverfassungsgerichtsgesetz.

13 § 4 BVerfGG.

14 Art. 4 Abs. 1 Gesetz über den Bayerischen Verfassungsgerichtshof, § 38 Geschäftsordnung für den Bayerischen Landtag. – Die »weiteren Mitglieder« werden auf die Dauer der

Wahlperiode nach den Grundsätzen der Verhältniswahl gewählt (Art. 4 Abs. 2 VfGHG).

15 Art. 4 Abs. 3 VfGHG.

16 Heinrich Amadeus Wolff, in: Lindner/Möstl/Wolff, *Verfassung des Freistaats Bayern*, 2009, Art. 68, Rn 21.

17 §§ 1025 ff. Zivilprozessordnung.

18 § 1034 Abs. 2 ZPO.

19 Art. 80 Abs. 2 BV.

20 Art. 5 Abs. 2 Rechnungshofgesetz.

21 Wilhelm Hoegner, *Lehrbuch des bayerischen Verfassungsrechts*, München 1949, 5.

Teil 2: Versteckte Parteienfinanzierung: Fraktionen und persönliche Mitarbeiter von Abgeordneten

1 Gesetz zur Rechtsstellung und Finanzierung der Fraktionen
im Bayerischen Landtag (Bayerisches Fraktionsgesetz) vom
26.3.1992, GVBl S. 38, geändert durch Gesetz vom 8.7.1994
(GVBl S. 550) und durch Gesetz vom 24.7.2001 (GVBl
S. 347).

2 BVerfGE 85, 264 (290 ff.); § 18 Abs. 2 Parteiengesetz.

3 BVerfGE 85, 264 (290). Wenn Georg Christoph Schneider
(*Die Finanzierung der Parlamentsfraktionen als staatliche
Aufgabe*, 1997, 135) die Gefahr, dass die Selbstbedienung zu
einem Ansehensverlust der Fraktionen führe und ihre
Funktionsfähigkeit beeinträchtige, für geringer hält als bei
den Parteien und dies mit der Vollfinanzierung der Fraktionen und ihrer Bürgerferne begründet, erscheint dies – auch

angesichts der zunehmenden Aufgabenverlagerung auf die Fraktionen – geradezu zynisch.

4 BVerfGE 80, 188 (214 f.).

5 Siehe zum Beispiel Martina Mardini, *Die Finanzierung der Parlamentsfraktionen durch staatliche Mittel und Beiträge der Abgeordneten*, 1990, 127; Christine Landfried, *Parteifinanzen und politische Macht*, 1990, 100 ff.; von Arnim, *Finanzierung der Fraktionen*, 1993; siehe auch schon von Arnim, *Staatliche Fraktionsfinanzierung ohne Kontrolle?*, 1987; Bundespräsidialamt (Hg.), *Empfehlungen der Kommission unabhängiger Sachverständiger zur Parteienfinanzierung*, 1994, 86 f.; Helmut Martin, *Staatliche Fraktionsfinanzierung in Rheinland-Pfalz*, 1995, 83 f.; Annette Fischer, *Abgeordnetendiäten und staatliche Fraktionsfinanzierung in den fünf neuen Bundesländern*, 1995, 203 f. Vgl. auch Ebbighausen und andere, *Die Kosten der Parteiendemokratie*, 1996, 230 f.; Suzanne Schüttemeyer, *Fraktionen im Deutschen Bundestag 1949 – 1997*, 1998, 57 f.

6 Siehe von Arnim, *Der Verfassungsbruch*, 2011, S. 33 f.

7 Hans-Jürgen Papier, *Zur Verfassungsmäßigkeit der Fraktionsfinanzierung nach dem Bayerischen Fraktionsgesetz*, BayVBl. 1998, S. 513 ff.

8 Sven Böll, »Gottes Grundgehalt«, *Der Spiegel* 28/2012.

9 Papier, a. a. O., 515 f.

10 BVerfGE 40, 296 (327).

11 BVerfGE 85, 264 (288 f.).

12 Papier, a. a. O., 516 f.   Sven Hölscheidt, leitender Beamter in der Verwaltung des Bundestags, beschränkt sich zur Ablehnung der Obergrenze für die Fraktionsfinanzierung auf die Aussage, in den Verfassungen fänden sich keine Plafondie-

rungsnormen (Hölscheidt, *Das Recht der Parlamentsfraktionen*, 2001, S. 599). Da das Bundesverfassungsgericht für die Parteienfinanzierung dennoch eine Plafondierung aus dem Grundgesetz entnimmt, obwohl sich darin auch für die Parteienfinanzierung keine Plafondierungsnorm findet, ist das alles andere als ein schlüssiges Argument. Georg Christoph Schneider, der der rheinland-pfälzischen Landtagsverwaltung verbunden ist, hebt vor allem auf die angebliche Starrheit einer Obergrenze ab (Schneider, *Die Finanzierung der Parlamentsfraktionen als staatliche Aufgabe*, 1997, S. 135 f.), übersieht dabei aber, dass auch die absolute Obergrenze bei der Parteienfinanzierung dem Gesetzgeber durchaus erlaubt, Anpassungen gemäß den Preis- und Gehaltssteigerungen und bei einschneidenden Änderungen der Verhältnisse vorzunehmen (BVerfGE 85, 264 [291]).

13 So zum Beispiel der frühere Bundesgeschäftsführer der CDU Peter Radunski, »Fit für die Zukunft? Die Volksparteien vor dem Superwahljahr 1995«, *Sonde* 1991/4, 3 (5), und der Politikwissenschaftler Peter Lösche, »Ende der Volksparteien«, *Aus Politik und Zeitgeschichte* B 51/2009, 9 (11 f.).

14 Überblick bei Friedbert W. Rüb, »Sind die Parteien noch zu retten? Zum Stand der gegenwärtigen Partei- und Parteiensystemforschung«, *Neue Politische Literatur* 2005, 397 (404 ff.); Thomas Poguntke, »Parties in a Legalistic Culture: The Case of Germany«, in: Katz/Mair (Hg.), *How Parties Organize*, 1994, 185; Elmar Wiesendahl, »Zwei Dekaden Party Change-Forschung. Eine kritische Bilanz«, in: David Gehne/Tim Spier (Hg.), *Krise oder Wandel der Parteiendemokratie?*, 2010, 92 ff.

15 Wenn Schneider (a. a. O., S. 135) die Gefahr, dass die Selbstbedienung zu einem Ansehensverlust der Fraktionen und

ihrer Parteien führe, für gering hält, geht auch dies – angesichts der zunehmenden Verlagerung der Parteiaufgaben auf die Fraktionen – an der Problematik vorbei.

16 Papier, a. a. O., S. 515.

17 Siehe Gesetzentwurf der CSU- und der SPD-Fraktionen zur Änderung der Verfassung des Freistaates Bayern vom 4.11.1997, LT-Drs. 13/9366.

18 Dass die Nennung der Beträge bloß im Haushaltsplan jetzt nicht mehr mit Art. 16a BV »zusammenpasst«, räumt auch Markus Möstl ein (in: Lindner/Möstl/Wolff, *Verfassung des Freistaats Bayern*, 2009, Art. 16a, Rn 10). Möstl versucht aber dem eindeutigen Wortlaut ein anderes Ergebnis unterzuschieben.

19 Art. 1 Abs. 1 Satz 4: »Sie (gemeint sind die Fraktionen) können mit Fraktionen anderer Parlamente zusammenarbeiten und die Öffentlichkeit über ihre Tätigkeit unterrichten.« Siehe auch Art. 6 Abs. 3 Nr. 2 Buchst. e), wonach die Fraktionen unter anderem über ihre »Ausgaben für Öffentlichkeitsarbeit« öffentlich Rechnung zu legen haben.

20 BVerfGE 20, 56 (104 f.); 80, 188 (231).

21 So ausdrücklich der Verfassungsgerichtshof Rheinland-Pfalz, Urteil vom 19.8.2002, NVwZ 2003, 75 (78 f.).

22 Hans Meyer, »Das fehlfinanzierte Parlament«, in: Peter M. Huber/Wilhelm Mößle/Martin Stock (Hg.), *Zur Lage der parlamentarischen Demokratie*, 1995, 17 (37).

23 Hans Meyer, »Die Fraktionen auf dem Weg zur Emanzipation von der Verfassung«, in: Festschrift für Ernst Gottfried Mahrenholz, 1994, 319 (331).

24 BVerfGE 20, 56 (104).

25 BVerfGE 20, 56 (100).

26 BVerfGE 80, 188 (231).

27 BVerfG, Beschluss vom 19.5.1982, DÖV 1983, 153 (154) mit kritischer Anm. von von Arnim.

28 BVerfGE 44, 125 (147) – 1977. So, wie erwähnt, auch bereits BVerfGE 20, 56 (100) – 1966.

29 § 18 Abs. 2 und Abs. 5 Satz 2 PartG.

30 BVerfGE 85, 264 (290 ff.).

31 BVerfGE 6, 273 (280 f.), ständige Rechtsprechung.

32 Siehe die Ankündigung der SPD-Fraktion vom 22.12.2009 (»Rinderspacher kündigt Regionaloffensive an«) http://www.antenne.de/nachrichten/bayern/artikel/138703/Rinderspacher-kuendigt-Regionaloffensive-an.html; Presseerklärung der CSU-Fraktion vom 22.12.2009 (»Georg Schmid: CSU geht voran, SPD trottet hinterher«) http://www.csu-landtag.de/www/druckversion/presse_462_32303039323035.asp.

33 Art. 6 Abs. 3 Nr. 2 Buchst. e AbgG.

34 Rechnungsberichte der Fraktionen im Bayerischen Landtag für das Rechnungsjahr 2011, BayLandtag, Drs. 16/13030 vom 2.7.2012.

35 Quelle auch hier jeweils Drs. 16/13030.

36 BVerfGE 40, 296 (317 f.); 102, 224 ff.; 119, 302 (309).

37 Übersicht bei von Arnim, *Der Verfassungsbruch*, 2011, S. 49 ff.; von Arnim/Drysch, Bonner Kommentar, Art. 48 GG (Drittbearbeitung 2010), Rn 180 ff.

38 BVerfGE 102, 224 (244).

39 BVerfGE 40, 296 (318); 102, 224 (244).

40 BVerfGE 40, 296 (318).

41 So Art. 6 Abs. 3 Nr. 2 Buchst. a) in Verbindung mit Abs. 1 FraktG.

42 Hermann Lang, *Gesetzgebung in eigener Sache*, 2007, 81 ff.

43 Bayerischer Oberster Rechnungshof, Jahresbericht 2012, Nr. 20.4.

44 BayObRechnungshof, Jahresbericht 2012, Nr.20.4.5.)

45 BVerfGE 119, 302 (309).

46 Von Arnim, *Der Verfassungsbruch*, 2011, 49 ff.

47 Udo Steiner, Rechtsgutachten zur Frage der Verfassungsmäßigkeit der Gewährung von Zulagen an die Mitglieder des Bayerischen Landtags mit besonderen Funktionen innerhalb einer Fraktion, erstattet im Auftrag des Bayerischen Landtags, Februar 2012.

48 Siehe zur Partei- und Fraktionsnähe der genannten Autoren von Arnim, *Der Verfassungsbruch*, 32 ff., 76 ff.

49 Von Arnim, *Der Verfassungsbruch*, 2011, 49 ff.

50 BayObRH, Jahresbericht 2012, Nr. 20.4.4 und 20.4.5.

51 *Report Mainz*, Sendung vom 20.9.2010: »Abgeordnete und ihre Zulagen. Wieso viele Volksvertreter zu Unrecht kassieren«.

52 Quelle für diese und die folgenden Gesamtsummen: Veröffentlichung der Rechenschaftsberichte der Fraktionen im Bayerischen Landtag für das Rechnungsjahr 2011, BayLT, Drs. 16/13030, S. 2 ff.

53 BVerfGE 80, 188 (214).

54 BVerfGE 80, 188 (214).

55 Papier, 520.

56 Papier, 521.

57 BVerfGE 80, 188 (214).

58 BVerfGE 48, 127 (168 f.); 84, 239 (271 – 273).

59 Das erfährt man erst später aus den Rechnungsberichten.

60 BVerfGE 20, 56 (104); 70, 324 (350 f.); 80, 188 (231).

61 Auch Ernst Heuer kommt in Übereinstimmung mit der herrschenden Meinung und unter Berufung auf die Recht-

sprechung des Bundesverfassungsgerichts zu dem Ergebnis, dass die Haushalts- und Wirtschaftsführung der Fraktionen zu der des Parlaments und damit zu der des Staates gehört. Heuer, »Kontrollauftrag gegenüber den Fraktionen«, in: Böning/von Mutius (Hg.), *Finanzkontrolle im repräsentativ-demokratischen System*, 1990, 107 (108).

62 So auch Walter Schmidt-Bens, »Finanzkontrolle und Fraktionen«, *ZRP* 1992, 281 (283). Anderer Ansicht Papier, BayV-Bl 1998, 513 (517 f.), allerdings ohne Auseinandersetzung mit Schmidt-Bens, Heuer und dem in der folgenden Fußnote genannten Kommissionsbericht.

63 Bundespräsidalamt (Hg.), Empfehlungen der Kommission unabhängiger Sachverständiger zur Parteienfinanzierung, 1994, 87. – So auch schon in einem Rechtsgutachten für den Landesrechnungshof Schleswig-Holstein: von Arnim, »Zur haushaltsrechtlichen Veranschlagung von Fraktionsmitteln«, Rechtsgutachten für den Landesrechnungshof Schleswig-Holstein, 1992 (hektographiert).

64 So mit Recht Verfassungsgerichtshof Nordrhein-Westfalen, Urteil vom 28.1.1992, NVwZ 1992, 470; Urteil vom 3.5.1994, NVwZ 1995, 159. Zustimmend Siekmann, in: Sachs (Hg.), Grundgesetz, 1996, Art. 110, Rn 62; von Münch/Kunig, Grundgesetz, Bd. 3, 3. Auflage, 1996, Art. 110, Rn 12.

65 Bei der Bewilligung von Mitteln müssen das Parlament und – bei Entscheidungen des Parlaments in eigener Sache vor allem – die Öffentlichkeit wissen können, wofür das Geld ganz konkret gedacht ist. Sonst kann die Öffentlichkeit nicht beurteilen, ob eine Ausweitung sinnvoll ist. Wer Mittel bewilligt bzw. die Bewilligung in eigener Sache kontrolliert, muss wissen, wofür. Die öffentliche Rechenschaft über die

Herkunft des Geldes, die teilweise nach den Fraktions- oder Abgeordnetengesetzen vorgesehen ist, kann die vorherige Veranschlagung der geplanten Verausgabung nicht ersetzen, weil sie erst nachträglich erfolgt und zudem zu grob ist.

66 BayLT, Drs. 12/4844.

67 Gesetzentwurf der Fraktionen der CSU, der SPD, der Grünen und der FDP vom 5.2.1992, Drs 12/4844.

68 Abg. Michl (CSU), BayLT, PlenProt 12/44 vom 12.2.1992, S. 2783 ff.

69 BayLT, PlenProt 12/44, S. 2785.

70 BayLT, PlenProt 12/47, S. 2999.

71 BayLT, PlenProt 12/44, S. 2785.

72 BayLT, PlenProt 12/47, S. 2999.

73 BayLT, PlenProt 12/47, S. 2999.

74 Sechzehntes Gesetz zur Änderung des Abgeordnetengesetzes vom 11.3.1994, BGBl. I S. 526. Das Fraktionsgesetz wurde Bestandteil des Abgeordnetengesetzes des Bundes (§§ 45-54).

75 BVerfGE 20, 56.

76 Das ergab sich erst aus der (nachträglichen) Haushaltsrechnung. Siehe Titel 68401 in der Haushaltrechnung für das Jahr 2008.

77 BayLT, Drs. 16/14624.

78 Hans-Jürgen Papier hatte dagegen noch bestritten, dass die gesetzliche Festlegung der Höhe der Zahlungen tendenziell zu einer intensiveren öffentlichen Kontrolle führt: Papier, *Zur Verfassungsmäßigkeit der Fraktionsfinanzierung nach dem Bayerischen Fraktionsgesetz,* BayVBl. 1998, 513 (515 f.).

79 Die Bezifferung der Höhe der Beträge wurde in Niedersachsen durch das 12. Gesetz zur Änderung des Abgeordnetengesetzes vom 30.11.1992 (GVBl. S. 311) eingeführt.

80 Die Benennung der Höhe der Beträge wurde in Rheinland-Pfalz durch das Fraktionsgesetz vom 21.12.1993 (GVOBl. S. 342) eingeführt.

81 Änderungsgesetz vom 23.9.1968 (GVBl. S. 215). 1979 wurde die zahlenmäßige Nennung wieder eingeführt: Gesetz vom 15.5.1979 (GVBl. S. 221).

82 Von Arnim, *Finanzierung der Fraktionen*, 1993, 73.

83 Gesetz vom 9.11.1967 (GVOBl. S. 237), Änderungsgesetz vom 28.10.1968 (GVOBl. S. 305).

84 Verwaltungsgericht Schleswig-Holstein, Gerichtsentscheid vom 24.5.1995 (AZ: 6 A 286/94), S. 5.

85 Zweites Änderungsgesetz zum Abgeordnetenentschädigungsgesetz vom 11.1.1969 (GBl. S. 31).

86 Von Arnim, *Finanzierung der Fraktionen*, S. 73.

87 Gesetz über die Rechtsverhältnisse der Mitglieder des Landtags Nordrhein-Westfalen vom 24.4.1979 (GVBl. S. 238).

88 Von Arnim, *Finanzierung der Fraktionen*, 74 f.

89 Siehe aber von Arnim, »Abgeordnetenmitarbeiter: Reservearmee der Parteien«, in: *Die öffentliche Verwaltung* 2011, 345 ff.; ders., *Politische Parteien im Wandel*, 2011, 13 ff. und öfter.

90 Alle Zitate aus: BVerfGE 40, 296 (327).

91 VerfGH 35, 148 (166).

92 Siehe Anhang, Anlage 6.

93 ThürVerfGH, Urteil vom 14.7.2003, NVwZ-RR 2003, 793 (794).

94 Urteil des VerfGH Nordrhein-Westfalen vom 16.5. 1995, OVGE 45, 285 (285, 288 ff.).

95 Das wird zum Beispiel deutlich am Urteil des BVerfG zur 5%-Klausel bei deutschen Europawahlen, die das Gericht

2011 für verfassungswidrig erklärte (BVerfGE 129, 300). 1979 hatte es die Klausel noch abgesegnet (BVerfGE 51, 222).

96 BVerfGE 120, 82 (105); BVerfG, Urteil vom 9.11.2011 (2 BvC 4/10 und andere), Abs.-Nr. 82.

97 BVerfGE 85, 264 (297).

98 VerfGH 35, 148 (162, 164, 168).

99 Die Beschäftigung von Geschwistern oder Vettern und Cousinen ist weder im Bund noch in einem anderen Land außer Brandenburg erlaubt.

100 Art. 8 Abs. 1 Satz 2 BayAbgG.

101 § 16 des Gesetzes zum Neuen Dienstrecht in Bayern vom 5.8.2010, BayGVBl, S. 410.

102 Siehe § 20 BayVwVfG.

103 § 12 Abs. 3 AbgG des Bundes und die dazu ergangenen Ausführungsbestimmungen. – Die Einstellung von Verwandten und Verschwägerte zweiten und höheren Grades auf Kosten der öffentlichen Hand ist Abgeordneten außer in Bayern nur noch in Brandenburg gestattet.

104 Landtag als Familienbetrieb – Bayerische Abgeordnete versorgen ihre Angehörigen, *Panorama*, Sendung vom 16.3.2000; *Der Spiegel* vom 3.12.1999 (»Wirbel um höhere Mitarbeiter-Bezüge«).

105 Siehe Ziff. 1 der – nicht veröffentlichten – Richtlinien über die Verwendung der Aufwandserstattung für Arbeits-, Dienst- und Werkverträge zur Unterstützung bei der Erledigung der parlamentarischen Arbeit vom 8.7.2009 (Anlage 14 im Anhang).

106 So zum Beispiel § 8 Abs. 2 Satz 4 AbgG Sachsen-Anhalt.

107 Beschlussempfehlung und Bericht des Ausschusses für Verfassungs-, Rechts- und Parlamentsfragen, BayLT, Drs. 14/4801 vom 8.11.2000.

108 PlenProt 14/46 vom 28.9.2000, S. 3145.

109 Siehe Gesetzentwurf vom 26.9.2000 (LTDrucks. 14/4217);
Plenarprotokoll der 1. Lesung vom 28.9.2000, S. 3145; Protokoll der 2. Lesung vom 29.11.2000, S. 3583.

110 Gesetzentwurf der Fraktionen der CSU, der SPD und von
Bündnis 90/Die Grünen vom 26.9.2000, Drs. 14/4217

111 Dr. Bernhard, BayLT, PlenProt 14/46 vom 28.9.2000 (erste
Lesung des Gesetzes), S. 3149.

112 Dr. Bernhard, BayLT, PlenProt 14/52 vom 29.11.2000 (zweite Lesung des Gesetzes), S. 3583.

113 Elisabeth Köhler (Bündnis 90/Die Grünen), BayLT, PlenProt 14/46 vom 28.9.2000, S. 3145.

114 Begründung des Gesetzentwurfs, BayLT Drs. 14/4217, S. 4.

115 Beschlussempfehlung und Bericht des Ausschusses für Verfassungs-, Rechts- und Parlamentsfragen, BayLT, Drs. 14/4801 vom 8.11.2000.

116 So dann auch der Abgeordnete Dr. Bernhard in der zweiten
Lesung: PlenProt 14/52, S. 3583.

117 LT-Drs. 14/4217 vom 26.9.2000, S.1.

118 Art. 8 Abs. 6 AbgG.

119 Art. 8 Abs. 1 Satz 1 AbgG.

120 § 2 Satz 2 des Änderungsgesetzes zum bayerischen Abgeordnetengesetz vom 8.12.2000 (GVBl S. 792).

121 Änderungsgesetz zum bayerischen Abgeordnetengesetz
vom 24. 6. 2004 (GVBl S. 226).

122 Bay Landtag, Plenarprotokoll 15/14 vom 22.4.2004, S. 922
[923].

123 BayLT, PlenProt 14/52 vom 29.11.2000, S. 3583.

124 Reinhard Singer, *Das Verbot widersprüchlichen Verhaltens*,
1993; Arndt Teichmann, »Venire contra factum proprium –

ein Teilaspekt rechtsmissbräuchlichen Handelns«, in: *Juristische Arbeitsblätter* 1985, S. 497 ff.

125 Karl Larenz, *Methodenlehre der Rechtswissenschaft*, 6. Aufl., 1991, S. 391 ff.; Bernd Rüthers, *Rechtstheorie*, 3. Aufl., 2007, Rn 903.)

126 BVerfGE 88, 145 (167.)

127 Larenz, a.a.O., S. 329.

128 BayLT, PlenProt 14/46 vom 28.9.2000, S. 3145.

129 Änderungsantrag der CSU- und der FDP-Fraktionen zum Gesetzentwurf der Staatsregierung zum Haushaltsänderungsgesetz 2013/2014 – Bildungsfinanzierung (Drs. 16/15926) vom 24.4.2013.

130 Tagespresse vom 25.4.2013

131 BVerfGE 48, 127 (168 f.); 80, 188 (214); 84, 239 (271 – 273); Verfassungsgerichtshof Rheinland-Pfalz, NVwZ 2003, 75 (77).

132 So zum Beispiel auch Christian Waldhoff, *Staat und Zwang – Der Staat als Rechtsdurchsetzungsinstanz*, 2008, 85 f.

133 *Spiegel Online* vom 3.12.1999: »Wirbel um höhere Mitarbeiter-Bezüge«.

134 Mike Szymanski, »Landtagsfraktionen stoppen Stamms Pläne«, *Süddeutsche Zeitung* vom 11.5.2013, S. 48.

135 So Barbara Stamm zuletzt anlässlich der einstimmigen Zustimmung des Haushaltsausschusses des Bayerischen Landtags zur Erhöhung der Bewilligung ab Herbst 2013. Mike Schier, Mehr Mitarbeiter für den Landtag, Münchner Merkur, merkur-online.de vom 12.12.2012. Siehe auch Heidi Wolf, »Parlament kostet jeden Bürger 9,15 Euro im Jahr«, *Maximilianeum* vom 15.11.2012.

136 Die jährlichen Personalkosten für den Parlamentarischen Beratungs- und Gutachterdienst des Landtags Nordrhein-

Westfalen belaufen sich (unter Einbeziehung der derzeitigen NN-Stellen) auf 198 750 Euro (ohne Versorgungsrücklagen und ohne Sachkosten). So die Auskunft des Dienstes per Mail vom 17.1.2013. Die entsprechenden Personalkosten des Gesetzgebungs- und Beratungsdienstes des Niedersächsischen Landtags betragen etwa 700 000 Euro im Jahr (Auskunft des Dienstes mit Mail vom 23.1.2013). Siehe auch Matthias Hederich, »Die Entstehung des Niedersächsischen Gesetzgebungs- und Beratungsdienstes«, *Niedersächsisches Verwaltungsblatt* 2006, 295 ff.

137 Gesetz über die politischen Parteien (Parteiengesetz) von 1967, inzwischen mehrfach geändert.

138 Gesetz über die Erstattung von Wahlkampfkosten für Landtagswahlen vom 24.3.1968, GVBl. S. 151.

139 BVerfGE 20, 56.

140 Ermittelt gemäß § 19a Abs. 6 Satz 1 PartG aus 0,5 Euro pro Stimme bei der bayerischen Landtagswahl 2008. Zur Sonderrolle der CSU nach § 19a Abs. 6 Satz 2 PartG, siehe S. 116 ff.

141 BVerfGE 85, 264 (288 ff.).

142 So § 19 Abs. 3 PartG. – »Nominell« deshalb, weil die Beträge im Zuge der Rückführung der gesamten nominellen Leistungen auf die absolute Obergrenze (§ 18 Abs. 2 PartG) wieder proportional gekürzt werden müssen.

143 Quelle: Bekanntmachung der Rechenschaftsberichte politischer Parteien für das Kalenderjahr 2010, Bundestags-Drs. 17/8550 vom 14.2.2012, S. 96 und 138.

144 Siehe § 19a Abs. 6 Satz 2 PartG und die Fußnote in der folgenden Tabelle.

145 § 18 Abs. 1 Satz 1 PartG: »Die Parteien erhalten Mittel als

Teilfinanzierung der allgemein ihnen nach dem Grundgesetz obliegenden Tätigkeit.«

146 Siehe Bundestags-Drs. 17/8550. Die Bundestags-Drs. 17/11090 vom 18.10.2012 mit Angaben für 2011 enthält noch keine parteiinternen Ausgleichszahlungen.

147 BVerfGE 24, 300 (339 ff.).

148 § 18 Abs. 4 PartG.

149 So jüngst nachdrücklich: BVerfGE 111, 382.

150 BVerfGE 111, 382 (303-305).

151 Einschließlich der Fraktionszuschüsse und der Mitarbeiterpauschale, die eben zum Teil eine verdeckte Parteienfinanzierung darstellen, und einschließlich der ihr zustehenden gesamten staatlichen Parteienfinanzierung, mit der sie allerdings auch den Bundes- und den Europawahlkampf bestreiten muss.

152 Otto Stammer, Vorwort, in: Alf Mintzel, Die CSU. Anatomie einer konservativen Partei 1945–1972, 1975, 15. Siehe auch Andreas Zellhuber, Einleitung, in: Kommission für Geschichte des Parlamentarismus und der politischen Parteien sowie dem Archiv für Christlich-Soziale Politik der Hanns-Seidel-Stiftung (Hg.), 2011, S. IX (XI).

153 Zur Sonderrolle der CSU innerhalb des deutschen Parteiensystems und ihrer strategischen Vorteile etwa gegenüber der bayerischen SPD siehe Andreas Kießling, *Die CSU. Machterhalt und Machterneuerung*, 2004, 68 ff.; Yvonne Hempel, »Statthalter einer bundespolitischen Partei oder Juniorpartner der Union? Die Stellung der CSU Landesgruppe in Berlin«, in: Gerhard Hopp/Martin Sebaldt/Benjamin Zeitler (Hg.), *Die CSU*, 2010, 287 ff.

Teil 3: Trickreich an die Spitze: Die Bezahlung und Versorgung von Landtagsabgeordneten

1 Gesetz über die Rechtsverhältnisse der Mitglieder des Bayerischen Landtags (Bayerisches Abgeordnetengesetz) vom 25.7.1977, GVBl. S 369.

2 Gesetzentwurf der Fraktionen der CSU und der SPD sowie der Abgeordnetengruppe der FDP vom 21.6.1977, Drs. 8/5625.

3 Bayerischer Landtag, Stenographischer Bericht 8/86 vom 13.7.1977, S. 4667 ff.

4 Gesetzentwurf der Fraktionen der CSU und der SPD sowie der Abgeordnetengruppe der FDP vom 21.6.1977, Drs. 8/5625, S. 1 (Vorblatt).

5 BVerfGE 40, 296 (314).

6 BVerfGE 40, 296 (319).

7 BayLT, StenBer 8/82 vom 28.6.1977, S. 4398.

8 BayLT, StenBer 8/86 vom 13.7. 1977, S. 4661 ff.

9 Siehe BayLT, StenBer 8/86, S. 4661 f.

10 Bayerischer Landtag, Protokoll der 91. Sitzung des Ausschusses für Verfassungs-, Rechts- und Kommunalfragen am 12. 7.1977, S. 4 ff.)

11 StenBer 8/86, S. 4667.

12 Art. 75 Abs. 2 BV.

13 *FAZ* vom 18.5.1978, S. 4.

14 Entscheidung vom 15.12.1982: VerfGH 35, 148 (157).

15 Das sieht man auch daran, dass Baden-Württemberg sich nach dem Diätenurteil des Bundesverfassungsgerichts zunächst für ein Teilzeitparlament und die Stadtstaaten sich für Teilzeit- oder Feierabendparlamente mit entsprechend niedrigerer Bezahlung der Abgeordneten entschieden.

16 BVerfGE 76, 256 (341-343).

17 BVerfGE 102, 224 (240).

18 BVerfGE 76, 256 (341 f.): »Der Beamte kann – auf Grund verfassungsrechtlicher Gewährleistung – regelmäßig vom Zeitpunkt seines Eintritts in das Beamtenverhältnis an mit einer dauernden Alimentation – auch für den Versorgungsfall – rechnen. Für den Abgeordneten kennt das Verfassungsrecht keine Garantien dieser Art.« – Wird den Abgeordneten dennoch eine Versorgung gewährt, ist allenfalls »eine begrenzte Altersversorgung« erlaubt: BVerfGE 32, 157 (165). Mit diesem Urteil hatte das Gericht eine hessische Versorgungsregelung für noch zulässig erklärt, zu deren Finanzierung die Abgeordneten mit eigenen Beiträgen beitrugen.

19 So z. B. *Main-Echo* vom 19.4.2013, S. 2.

20 Uli Bachmeier, Barbara Stamm: »Politiker sind keine Selbstbediener«, *Augsburger Allgemeine* vom 18.4.2013.

21 So auch in einem Interview mit dem bayerischen Rundfunk, *Rundschau-Magazin* vom 26.4.2013.

22 So auch Stamm selbst laut *Augsburger Allgemeine* vom 18.4.2013.

23 Jörg Sigmund, »Diätenerhöhung für bayerische Abgeordnete sorgt für Zündstoff«, *Augsburger Allgemeine* vom 5.4.2011.

24 Art. 5 Abs. 5 BayAbgG.

25 BVerfGE 40, 296 (316 f., 327).

26 BVerfGE 40, 296 (316 f.): Eine solche Koppelung ist »der Intention nach dazu bestimmt, das Parlament der Notwendigkeit zu entheben, jede Veränderung in der Höhe der Entschädigung im Plenum zu diskutieren und vor den Augen

der Öffentlichkeit darüber als einer selbständigen politischen Frage zu entscheiden«. Deshalb sei sie verfassungswidrig.

27 Daran ändert auch nichts, dass der Landtagspräsident jeweils den neuen Betrag der Entschädigung im Gesetz- und Verordnungsblatt veröffentlicht (Art. 5 Abs. 3 Satz 4 AbgG). Denn es kommt auf die öffentliche Kontrollierbarkeit des Entscheidungsprozesses an.

28 Z. B. Hans Hugo Klein, in: Festschrift für Willli Blümel, 1999, 223 (252); ders., in: Maunz/Dürig/Herzog, Grundgesetz, Art. 48, Rn 152, 156 ff., 206.

29 Gesetz zur Änderung des Bayerischen Abgeordnetengesetzes vom 23.12.1995, BayGVBl S 848.

30 Gesetzentwurf der Fraktionen der CSU und der SPD vom 29.11.1995, Drs 13/3259.

31 BayLT, Plenarprotokoll 13/34 vom 19.11.1995, S.2359 ff.

32 BayLT, PlenProt 13/35 vom 12.12.1995, S. 2444.

33 PlenProt 13/35 vom 12.12.1995, S. 2444.

34 Dr. Fischer (Bündnis 90/Die Grünen), PlenProt 13/34 vom 29.11.1995, S. 2363.

35 Bundestags-Drucks. 12/1520, S. 12

36 BFHE 223, 39 [42].

37 BVerfGK 17, 438

38 Presseinformation des Bayerischen Landtags vom 5.5.2013

39 BVerfGK 438 [438, 441].

40 BVerfGK 17, 438 [441].

41 BVerfGE 40, 296 (328).

42 BVerfGE 40, 296 (328); 49, 1 (1 f.).

43 Hermann Lang, *Gesetzgebung in eigener Sache*, 2007, S. 75 ff.; von Arnim/Drysch, Drittbearbeitung des Art. 48 im

Bonner Kommentar (Stand: Dezember 2010), Rn 256 ff.(264, 272), jeweils mit weiteren Nachweisen.

44 Argumentationspapier (Anlage 21, S. 4).

45 Zur Herstellung von Rechtssicherheit und zur Sicherung der Einheitlichkeit der steuerlichen Behandlung ist zwischen Landtag und Finanzministerium eine klarstellende Regelung vereinbart worden: Landtag Nordrhein-Westfalen, Steuer-rechtliches Konsensualpapier. Hinweise zur steuerlichen Behandlung mandatsbedingter Aufwendungen von Landtagsabgeordneten. Stand: 1.1.2013.)

46 VerfGH 35, 148 (166).

47 VerfGH 35, 148 (165).

48 BVerfGE 49, 1 ff.

49 VerfGH 35, 148 (162, 165 f.).

50 VerfGH 58, 113 (130 ff.).

51 VerfGH 58, 113, 133 ff. (Sondervotum).

52 Von Arnim, Eine Kriegserklärung ans Bundesverfassungsgericht, NVwZ-Extra 2013/8a, S. 7 f. mit weiteren Nachweisen.)

53 Hermann Eicher, *Der Machtverlust der Landesparlamente,* 1988; Gabriela Weber, *Die Stellung der Landesparlamente,* 1996.

54 Von Arnim, »Nebeneinkünfte von Landtagsabgeordneten«, *NVwZ* 2007, S. 1246 ff.

55 §§ 44a und 44b, Abgeordnetengesetz des Bundes.

56 BayLandtag, Drs. 16/14077 vom 16.10.2012.

57 BayLandtag, Drs. 16/14094.

58 Siehe Abgeordnete Margarete Bause, Plenarprotokoll 16/109 vom 17.10.2012, S. 10168 ff.

59 Plenarprotokoll 16/118 vom 29.1.2013, S. 11144 mit der Liste der namentlichen Abstimmung auf S. 11170.

60 Siehe Anlage IV im Anhang.

61 § 44a Abs. 1 Abgeordnetengesetz des Bundes.

62 § 44a Abs. 2 Satz 3 Abgeordnetengesetz des Bundes.

63 BVerfGE 40, 296 (318 f.).

64 VerfGH 35, 148 (155 f.).

65 BVerfGE 40, 296 (318): »Art. 48 Abs. 3 Satz 1 GG in Verbindung mit Art. 38 Abs. 1 Satz 2 GG und der formalisierte Gleichheitssatz ...«. S. 319: Einkünfte der verbotenen Art seien »mit dem unabhängigen Status der Abgeordneten und ihrem Anspruch auf gleichmäßige finanzielle Ausstattung in ihrem Mandat unvereinbar.« – Art. 4a Abs. 2 Nr. 4 BayAbgG, der lediglich den Wortlaut des verfassungsrechtlichen Gebots wiederholt, aber keine gesetzliche Konkretisierung und schon gar kein Verbot arbeitsloser Einkommen enthält, reicht nicht aus. Von Arnim, »Nebeneinkommen von Landtagsabgeordneten«, *NVwZ* 2007, 1246 (1248 f.).

66 Willi Geiger, »Der Abgeordnete und sein Beruf«, *ZParl* 1978, S. 522 (532).

67 Siehe Art. 15 in Verbindung mit Art. 14 Gesetz über die Rechtsverhältnisse der Mitglieder der Staatsregierung; Art. 22 Abs. 4 und Abs. 10 BayAbgG.

68 Hermann Eicher, *Der Machtverlust der Länderparlamente*, 1988.

69 Bayerischer Landtag, Protokoll der 91. Sitzung des Ausschusses für Verfassungs-, Rechts- und Kommunalfragen vom 12.7.1977, S. 5.

70 So zum Beispiel *FAZ.de* vom 16.3.2010, http://www.faz.net/frankfurter-allgemeine-zeitung/politik/boehmer-fuer-teilzeitparlament-1953703.html (abgerufen am 30.1.2013).

71 *Bild.de* vom 16.3.2010, http://www.bild.de/regional/leipzig/

leipzig-regional/sachsenfdp-will-weiter-teilzeitparlament-11847934.bild.html (abgerufen am 30.1.2013).

72 Albert Janssen, »Der Landtag im Leineschloss – Entwicklungs-linien und Zukunftsperspektiven«, in: Präsident des Nieder-sächsischen Landtags (Hg.), *Rückblicke – Ausblicke*, 1992, 15.

73 Stephan Holthoff-Pförtner, *Landesparlamentarismus und Abgeordnetenentschädigung: dargestellt am Beispiel Nord-rhein-Westfalens*, 2000, 72.

74 Joachim Linck, »Zurück zum ehrenamtlichen Landesparla-mentarier?«, in: von Arnim (Hg.), *Defizite in Staat und Verwal-tung*, 2010, 91 (97). Siehe auch ders., »Beruf Abgeordneter?«, *FAZ* vom 28.8.2006 (Leserbrief); ders., »Wir müssen die Lan-desparlamente revitalisieren«, *FAZ* vom 2.3.2009 (Leserbrief).

75 Bayerischer Landtag, Protokoll der 91. Sitzung des Ausschus-ses für Verfassungs-, Rechts- und Kommunalfragen vom 12.7.1977, S. 5.

76 Dazu neuestens Till-R. Stoldt, »Wenn der Landtag disku-tiert, was ihn nichts angeht«, *Weltonline* vom 19.5.2013.

77 Linck, »Zurück zum ehrenamtlichen Landesparlamenta-rier?«, 97.

78 Böhmer, a.a.O., Anm. 70

79 Kai-Uwe von Hassel, »Straffung der Arbeit in den Parla-menten«, *FAZ* vom 2.8.1989. Zum Ganzen auch von Arnim, *Die Partei, der Abgeordnete und das Geld*, 2. Aufl., 1996, S. 227 ff. mit weiteren Hinweisen.

80 Thomas Ellwein, *Das Dilemma der Verwaltung*, 1994, 121.

81 Joachim Linck, »Verfestigung des Leitbildes vom Berufsab-geordneten durch das BVerfG«, *Neue Juristische Wochen-schrift* 2008, 24.

82 BVerfGE 40, 296 (320 f.)

83 BayLT, Protokoll der 91. Sitzung des Ausschusses für Verfassungs-, Rechts- und Kommunalfragen vom 12.7.1977, S. 6.

84 von Arnim/Drysch, Art. 48 GG, Drittbearbeitung 2010, *Bonner Kommentar*, Randnummer 141.

85 Der Bayerische Verfassungsgerichtshof anerkennt diese Möglichkeit grundsätzlich. Die früheren Versuche des Gerichts, den derzeitigen Bestand des Abgeordnetengesetzes gegenüber Volksbegehren und Popularklagen inhaltlich zu immunisieren, sind inzwischen überholt. Das wurde eingehend dargelegt.

Teil 4: Die Regierung: Stets vorne mit dabei

1 Der frühere Bundesminister Horst Seehofer folgte Günther Beckstein erst nach der Landtagswahl 2008 als bayerischer Ministerpräsident und hat deshalb bisher kein Landtagsmandat.

2 Peter Müller, Landtag des Saarlandes, 10. Wahlp., 56. Sitzung am 13. 10. 1993, StenProt, S. 3027.

3 Art. 10 Abs. 1 Nr. 3 BayMinG.

4 Berücksichtigt man, dass Bundesminister lediglich 300 Euro Dienstaufwandsentschädigung erhalten, erscheint dies großzügig gerechnet.

5 Stellt man in Rechnung, dass Minister in Niedersachsen als Abgeordnete eine zusätzliche Aufwandsentschädigung von 786 Euro und in Schleswig-Holstein gar keine bekommen, erscheint die Rechnung keineswegs zu kleinlich.

6 Anders als bei der Berechnung der Bezüge von Markus Söder sind in der Tabelle die steuerfreien Pauschalen nicht

in Bruttoeinkommen umgerechnet. Zudem werden keine Kinderzuschläge unterstellt.

7 Art. 29 BayAbgG.

8 Landtag des Saarlandes, 10. Wahlperiode, 56. Sitzung am 13.10.1993, StenProt, S. 3072.

9 Jan Backmann, *Direktwahl des Ministerpräsidenten als Kern einer Reform der Landesverfassungen*, 2006; von Arnim, »Systemwechsel durch Direktwahl des Ministerpräsidenten?«, in: Benz/Siedentopf/Sommermann (Hg.), *Institutionenwandel in Regierung und Verwaltung*, 2004, 371 ff.; Frank Decker, *Regieren im »Parteienbundesstaat«*, 2011, 307 ff. Siehe jetzt auch die Initiative der ÖDP. Dazu zum Beispiel von Arnim, »Soll der bayerische Ministerpräsident direkt gewählt werden?«, in: *Bayerische Staatszeitung* vom 9.11.2012.

10 Für den Bund kommt eine Direktwahl des Regierungschefs dagegen aus verschiedenen sachlichen Gründen nicht in Betracht, ganz abgesehen davon, dass dort – mangels direkter Demokratie – auch keine Durchsetzungschance besteht.

Teil 5: Die politische Klasse sichert sich ab: Mangelnde Kontrollen

1 Art. 75 Abs. 2 BV.

2 Gesetz zur Änderung des Landeswahlgesetzes vom 28.3.1968, GVBl. S. 36.

3 Entwurf der Staatsregierung eines Gesetzes zur Änderung des Landeswahlgesetzes BayLT, 6. Legislaturperiode, Beilage 621 vom 7.12.1967.

4 Bericht des Ausschusses für Verfassungs-, Rechts- und Kom-

munalfragen vom 7.3.1968, BayLT, 6. Legislaturperiode, Beilage 872.

5 BayLT, 6. Wahlper., StenBer der 38. Sitzung vom 27.3.1968, S. 1923 ff.

6 Til Huber, »Der Landtag im Visier des Rechnungshofs«, *Donaukurier* von 10. 5. 2013.

7 So Frank Müller/Mike Szymanski, »Rechnungshof durchleuchtet Abgeordnete«, *Süddeutsche Zeitung* vom 10.5.2013, S. 44.

8 Kritik daran z. B. bei von Arnim, *Wirtschaftlichkeit als Rechtsprinzip*, 1988, S. 107 ff. mit weiteren Nachweisen.

9 So die Einleitung zu den Bemerkungen des Bundesrechnungshofs für das Haushaltsjahr 1978, Bundestagsdrucksache 9/38, S. 4, seitdem ständig verwendete Formel.

10 Z. B. *Straubinger Tagblatt* vom 18.4.2013

11 Joerg Lau, »Auf höheres Drängen. Wer will Oberreuter zum Politologieprofessor in München machen?«, *Die Zeit* vom 7.11.2002.

12 VGH München Beschluss vom 4.11.2002, *Neue Juristische Wochenschrift* 2003, S. 1682.

13 Siehe auch BVerfGE 85, 264 (291 f.).

14 Die in der Presseerklärung aufgestellte Behauptung, von Arnim habe erklärt, der bayerische Finanzminister habe höhere Bezüge als die Bundeskanzlerin, ist unzutreffend und findet keinerlei Bestätigung im Buch.

15 Näheres zu diesem Verband und seinem Präsidenten bei von Arnim, *Politik, Macht, Geld*, 2001, S. 182 f.

16 BVerfGE 95, 267 (317). Siehe auch BVerfGE 50, 50 (332 f.).

17 Zum inneren Gesetzgebungsverfahren Klaus Meßerschmidt, *Gesetzgebungsermessen*, 2000, 828 ff.

18 So schon Ernst Benda, »Bundesverfassungsgericht und Gesetzgeber im dritten Jahrzehnt des Grundgesetzes«, *DÖV* 1979, 465 (466 ff.). Siehe auch Klaus Meßerschmidt, *Gesetzgebungsermessen*, 2000, 875 f.; Gunnar Folke Schuppert, »Gute Gesetzgebung«, *ZG-Sonderheft* 2003, 12 ff., 17 ff.; Ulrich Karpen, *Gesetzgebungslehre – neu evaluiert*, 2. Aufl., 2008, 38 ff., jeweils mit weiteren Nachweisen.

19 Siehe soeben S. 184 ff.

20 So z. B. bei Erlass des Fraktionsgesetzes (siehe S. 65 f.) und bei Behandlung der Beschäftigung von Ehegatten und Verwandten (siehe S. 88 ff.).

21 So z. B. bei Einführung der öffentlichkeitsscheuen Bewilligung von Abgeordnetenmitarbeitern (siehe S. 79 ff.).

22 So z. B. bei den sprunghaften Erhöhungen der Mittel für Fraktionen (siehe S. 70) und Abgeordnetenmitarbeiter (siehe S. 104 ff.).

23 So z. B. bei Erlass des Abgeordnetengesetzes (siehe S. 128 f., 132 ff.).

24 Zur »ungewohnten Eilfertigkeit«, »Geheimniskrämerei« und »Einstimmigkeit« von Gesetzen über Diäten und Parteienfinanzierung siehe schon Hartmut Klatt, *ZParl* 1973, 415.

25 Johannes Rux: *Direkte Demokratie in Deutschland*, 2008, 273 ff. Mit Haushalt sind, wie Art 78 Abs. 3 BV zeigt, Haushaltsplan und Haushaltsgesetz als Ganzes gemeint. Zur Entstehungsgeschichte siehe Rux, 274.

26 VerfGH 47, 276 (304 f.); 53, 42 (64 f., 67 f.). Dazu Markus Möstl, in: Lindner/Möstl/Wolff: *Verfassung des Freistaates Bayern*. Kommentar, 2009, Art. 73 Rn 4.

27 VerfGH, 22.10.2012, Aktenzeichen: Vf. 57-IX-12.

28 VerfGH 2, 181.

29 Otmar Jung: »Direkte Demokratie – Die Angst der politischen Klasse vor dem Volk. Fortschritte und Rückschritte in den letzten 15 Jahren in Deutschland«, in: von Arnim (Hg.), *Defizite in Staat und Verwaltung*, 2010, S. 105 (137 ff. m.w.N.); ders.: *Direkte Demokratie und Föderalismus*, Manuskript, S. 10 ff. m.w.N.

30 VerfGH 52, 104.

31 VerfGH, Urteil vom 31.3.2000, VerfGH 53, 42 (65 ff.).

32 In 12 Bundesländern, darunter in allen, die ihre Regelungen in letzter Zeit modernisiert haben, sind deutlich längere Fristen für das Sammeln von Unterschriften vorgesehen: Günther Jürgens/Frank Rehmet, »Direkte Demokratie in den Bundesländern – ein Überblick«, in: Hermann K. Heußner/Otmar Jung (Hg.), *Mehr direkte Demokratie wagen*, 2. Aufl., 2009, 197 (203 f.).

33 In den meisten Bundesländern mit jüngst reformierten Landesverfassungen können die Unterschriften frei gesammelt werden: Jürgens/Rehmet, 202.

34 VerfGH 53, 42 (69 ff.).

35 VerfGH 53, 42 (60).

36 Wilhelm Hoegner, *Lehrbuch des Bayerischen Verfassungsrechts*, 1949, 67.

37 Siehe das Minderheitsvotum VerGH 53, 42 (76).

38 VerfGH 53, 42 (63).

39 Bemerkenswerterweise dürfte das Minderheitsvotum, welches sich gegen das änderungsfeste Festklopfen der restriktiven Bedingungen für die Volksgesetzgebung wendet (VerfGH 42, 74 ff.), von einem der wenigen Verfassungsrichter mit SPD-Parteibuch stammen.

40 So ausdrücklich auch Hoegner, 67.

41 Der Landtag hat zwar die Möglichkeit, sich dem Volksbegehren anzuschließen und damit das begehrte Gesetz selbst zu erlassen oder dem Volk einen eigenen Alternativentwurf zu präsentieren (Art. 74 Abs. 4 BV). Doch das geschieht dann ja unter dem Druck der 940 000 Unterschriften des Volksbegehrens und des drohenden Volksentscheids.

42 So auch Rux, *Direkte Demokratie in Deutschland*, 2008, 329.

43 BayVerfGH, 22.10.2012, Aktenzeichen: Vf. 57-IX-12.

44 Art. 98 Satz 4 BV.

45 Theodor Meder, *Die Verfassung des Freistaats Bayern*, Handkommentar, 4. Aufl., 1992, Art. 98, Rn 7.

46 Art. 55 f. Verfassungsgerichtshofgesetz. Dazu Heinrich Amadeus Wolff, in: Lindner/Möstle/Wolff, *Verfassung des Freistaats Bayern*, Kommentar, 2009, Art. 98, Rn 13.

47 Bayerischer Oberster Rechnungshof, Jahresbericht 2012.

48 Zur Möglichkeit, beim Vorliegen neuer Tatsachen oder gewandelter Rechtauffassung Popularklage zu erheben, selbst wenn der Verfassungsgerichtshof die Verfassungsmäßigkeit des Gesetzes früher festgestellt hat, siehe Wolff, Art. 98, Rn 53.

Nachwort zur erweiterten Neuausgabe

1 *AZ münchen online* vom 17.4.2013.

2 Frank Müller/Mike Szymanski, »Stamm erlässt Informationssperre«, *Süddeutsche Zeitung* vom 17.5.2013, S. 45.

3 Siehe z. B. Interview mit der neuen CSU-Fraktionsvorsitzenden Christa Stevens mit dem *Donaukurier* vom 7.5.2013 (»Das passt nicht mehr in unsere Zeit«).

Dokumentenanhang

**Gesetz zur Rechtsstellung und Finanzierung
der Fraktionen im Bayerischen Landtag
(Bayerisches Fraktionsgesetz)
Vom 26. März 1992**

Fundstelle: GVBl 1992, S. 39

Stand: letzte berücksichtigte Änderung: Art. 3 Abs. 3 neu gefasst, Art. 6 Abs. 4 geänd. (G v. 24.7.2001, 347)

Der Landtag des Freistaates Bayern hat das folgende Gesetz beschlossen, das nach Anhörung des Senats hiermit bekanntgemacht wird:

Art. 1

Rechtsstellung der Fraktionen

(1) [1] Fraktionen sind mit eigenen Rechten und Pflichten ausgestattete Vereinigungen im Bayerischen Landtag, zu denen sich Mitglieder des Bayerischen Landtags zusammengeschlossen haben. [2] Sie dienen der politischen Willensbildung im Bayerischen Landtag. [3] Sie helfen den Mitgliedern, ihre parlamentarische Tätigkeit auszuüben und zur Verfolgung gemeinsamer Ziele aufeinander abzustimmen. [4] Sie können mit Fraktionen anderer Parlamente zusammenarbeiten und die Öffentlichkeit über ihre Tätigkeit unterrichten.

(2) [1] Fraktionen können am allgemeinen Rechtsverkehr teilnehmen und unter ihrem Namen klagen und verklagt werden. [2] Sie sind nicht Teil der öffentlichen Verwaltung und üben keine öffentliche Gewalt aus.

(3) Das Nähere über die Bildung einer Fraktion sowie über ihre Rechte und Pflichten bestimmt die Geschäftsordnung des Bayerischen Landtags .

Art. 2

Leistungen an Fraktionen

[1] Zur Wahrnehmung ihrer Aufgaben erhalten die Fraktionen Zuschüsse nach Art. 3 sowie sonstige Zuschüsse für bestimmte Zwecke, soweit dies der Haushaltsplan vorsieht. [2] Der Bayerische Landtag kann den Fraktionen Gegenstände zur Nutzung überlassen. [3] Die Leistungen dürfen nicht für Zwecke der Parteien verwendet werden.

Art. 3

Zuschüsse zur Deckung
des allgemeinen Bedarfs

(1) [1] Die Fraktionen erhalten monatliche Zuschüsse zur Deckung ihres allgemeinen Bedarfs, deren Höhe im Haushaltsplan festgesetzt wird. [2] Der Zuschuß setzt sich aus einem Grundbetrag für jede Fraktion, aus einem Betrag für jedes Mitglied und einem weiteren Zuschlag für jede Fraktion, die nicht die Staatsregierung trägt (Oppositionszuschlag), zusammen.

(2) [1] Eine Fraktion erhält den Zuschuß ab dem auf die Wahl folgenden Tag, wenn sie sich innerhalb eines Monats bildet, bis zum Wahltag des nächsten Landtags. [2] Im übrigen wird der Zuschuß nur für den Zeitraum gewährt, in dem die Fraktion die Voraussetzungen erfüllt, die die Geschäftsordnung des Bayerischen Landtags stellt. [3] Art. 24 Abs. 6 des Bayerischen Abgeordnetengesetzes gilt entsprechend.

(3) Die Fraktionen dürfen Rücklagen bis zur Höhe von 60 v.H. der jährlichen Mittel nach Absatz 1 bilden.

Art. 4

Rückgewähr

(1) Zuschüsse, die nicht für den in Art. 2 oder Art. 3 bestimmten Zweck verwendet wurden, sind mit Vorlage der Rechnung nach Art. 6, spätestens jedoch nach Ablauf der Fristen des Art. 6 Abs. 1 Satz 3 zurückzuzahlen.

(2) [1] Erfüllt eine Fraktion nicht mehr die Voraussetzungen, die die Geschäftsordnung des Bayerischen Landtags stellt, so sind Gegenstände, die der Bayerische Landtag zur Verfügung gestellt hat oder die aus Zuschüssen nach Art. 2 oder Art. 3 beschafft worden sind, dem Bayerischen Landtag zu übertragen. [2] Die Fraktion gilt über die Dauer der Wahlperiode hinaus als fortbestehend, sofern sie sich in der folgenden Wahlperiode nach den Bestimmungen der Geschäftsordnung des Bayerischen Landtags neu bildet; das Vermögen einschließlich der Forderungen und Verbindlichkeiten aus Rechtsgeschäften der früheren Fraktion geht auf sie über.

Art. 5

Buchführung

[1] Erhalten die Fraktionen Zuschüsse nach Art. 2 und 3, so haben sie über diese getrennt nach Einnahmen und Ausgaben in der Gliederung des Art. 6 Abs. 3 Buch zu führen. [2] Aus diesen Mitteln beschaffte oder vom Bayerischen Landtag überlassene Sachen sind zu kennzeichnen und in einem besonderen Nachweis aufzuführen.

Art. 6

Rechnungslegung der Fraktionen

(1) [1] Die Fraktionen haben über die Verwendung der Zuschüsse nach Art. 2 und 3 öffentlich Rechnung zu legen. [2] Die Rechnung muß jeweils ein Kalenderjahr umfassen. [3] Sie ist spätestens zum Ende des sechsten Monats nach Ablauf des Kalenderjahres oder des Monats vorzulegen, in dem die Zuschüsse nach Art. 3 Abs. 2 letztmals gezahlt wurden.

(2) Die Rechnung ist vom Fraktionsvorsitzenden und einem Stellvertreter zu unterzeichnen.

(3) Die Rechnung ist wie folgt nach Einnahmen und Ausgaben zu gliedern:

1.   Einnahmen:

    a) Zuschüsse nach Art. 2 und 3,

    b) sonstige Einnahmen.

2.   Ausgaben:

    a) Vergütungen an Fraktionsmitglieder mit besonderen Funktionen (Gesamtbetrag),

    b) Personalausgaben für Fraktionsmitarbeiter (Gesamtbetrag, Zahl der Mitarbeiter, die eine der Besoldungsgruppe A 13 entsprechende oder höhere Vergütung erhalten haben, Zahl der übrigen Mitarbeiter),

    c) Ausgaben des laufenden Geschäftsbetriebes,

    d) Ausgaben für Veranstaltungen oder für die Zusammenarbeit mit Fraktionen anderer Parlamente,

    e) Ausgaben für Öffentlichkeitsarbeit,

    f) sonstige Ausgaben.

(4) Die Rechnung muß außerdem das Vermögen und die Schulden zu Beginn und Ende des Kalenderjahres sowie die Höhe der Rücklagen ausweisen.

(5) Die Rechnung muß den Prüfungsvermerk eines Wirtschaftsprüfers oder einer Wirtschaftsprüfungsgesellschaft aufweisen, daß die Vorschriften der Absätze 3 und 4 eingehalten sind.

(6) Solange Fraktionen mit der Rechnungslegung im Verzug sind, sind Zuschüsse nach Art. 2 oder Art. 3 zurückzuhalten.

Art. 7

Veröffentlichung

Der Präsident des Bayerischen Landtags veröffentlicht jährlich die geprüften Rechnungen der Fraktionen als Drucksache.

Art. 8

Rechnungsprüfung

[1] Der Oberste Rechnungshof ist berechtigt, die Verwendung der Zuschüsse nach Art. 2 und 3 durch Fraktionen zu prüfen. [2] Die Art. 89, 90, 94 bis 99 der Bayerischen Haushaltsordnung finden Anwendung; die Erforderlichkeit der Wahrnehmung der parlamentarischen Aufgaben einer Fraktion ist nicht Gegenstand der Prüfung.

Art. 9

Verschwiegenheitspflicht der Fraktionsangestellten

(1) [1] Angestellte der Fraktionen sind, auch nach Beendigung ihres Beschäftigungsverhältnisses, verpflichtet, über die ihnen bei ihrer Tätigkeit bekanntgewordenen Angelegenheiten Verschwiegenheit zu bewahren. [2] Dies gilt nicht für Tatsachen, die offenkundig sind oder ihrer Bedeutung nach keiner Geheimhaltung bedürfen.

(2) [1] Angestellte der Fraktionen dürfen, auch nach Beendigung ihres Beschäftigungsverhältnisses, ohne Genehmigung über solche Angelegenheiten weder vor Gericht noch außergerichtlich aussagen oder Erklärungen abgeben. [2] Die Genehmigung erteilen die jeweiligen Fraktionsvorsitzenden.

Art. 10

Liquidation

(1) [1] Erfüllt eine Fraktion nicht mehr die Voraussetzungen, die die Geschäftsordnung des Bayerischen Landtags stellt, oder löst sie sich auf, so findet eine Liquidation statt. [2] Die Fraktion gilt bis zur Beendigung der Liquidation als fortbestehend, soweit der Zweck der Liquidation dies erfordert. [3] Die Liquidation erfolgt durch den Vorstand, wenn die Satzung der Fraktion nichts anderes bestimmt.

(2) [1] Die mit der Liquidation Beauftragten haben die laufenden Geschäfte zu beenden, die Forderungen einzuziehen und die Gläubiger zu befriedigen. [2] Sie sind berechtigt, zu diesem Zweck neue Geschäfte einzugehen und das Vermögen in Geld umzusetzen. [3] Die Zweckbindung gemäß Art. 2 Satz 3 ist zu beachten. [4] Fällt den mit der Liquidation Beauftragten bei der Durchführung der Liquidation ein Verschulden zur Last, so haften sie für den daraus entstehenden Schaden gegenüber den Gläubigern als Gesamtschuldner.

(3) Das nach der Beendigung der Liquidation auf Grund von Leistungen nach Art. 2 und 3 vorhandene Vermögen ist entsprechend Art. 4 zurückzugewähren.

(4) [1] Das verbleibende Vermögen der Fraktion ist den Anfallsberechtigten zu überlassen. [2] Anfallsberechtigt sind die in der Satzung der Fraktion bestimmten Personen oder Stellen. [3] Enthält die Satzung hierüber keine Bestimmung, so fällt das Vermögen an die Partei, aus der die Fraktion hervorgegangen ist.

(5) [1] Maßnahmen nach den Absätzen 3 und 4 dürfen erst vorgenommen werden, wenn seit dem Ereignis, das zum Verlust der Rechtsstellung nach Art. 1 geführt hat, sechs Monate verstrichen sind. [2] Die Sicherung der Gläubiger hat nach § 52 des Bürgerlichen Gesetzbuchs zu erfolgen.

Art. 11

Inkrafttreten

[1] Dieses Gesetz tritt mit Wirkung vom 1. Januar 1992 in Kraft. [2] Zugleich tritt Art. 8 Abs. 9 des Haushaltsgesetzes 1981/1982 vom 6. August 1981 (GVBl S. 301) in der Fassung des Art. 8 Abs. 1 des Haushaltsgesetzes 1991/1992 vom 29. Juli 1991 (GVBl S. 231) außer Kraft.

München, den 26. März 1992

Der Bayerische Ministerpräsident

Dr. h. c. Max Streibl

Anlage 2

Haushaltsplan 2013/2014: Fraktionen

01 01   Landtag

Titel	FKZ	Zweckbestimmung	2013 Tsd. €	2014 Tsd. €	A B C	Soll 2012 Ist 2011 Ist 2010 Tsd. €
1	2	3	4	5		6
		Ausgaben für Zuweisungen und Zuschüsse mit Ausnahme für Investitionen				
⋮	⋮					
684 01-8	011	Zuschüsse an die Fraktionen nach Art. 3 des Bayerischen Fraktionsgesetzes *Die Erläuterungen sind verbindlich.*	15.700,0	15.900,0	A B C	15.286,4 15.005,8 14.672,7
684 02-7	019	Zahlungen nach dem Parteiengesetz sowie nach Art. 61 Landeswahlgesetz *Die Mittel sind übertragbar.*	2.380,0	2.380,0	A B C	2.380,0 2.370,7 2.370,7

Erläuterungen

Zu 01 01/684 01
Die Fraktionen haben nach Art. 3 des Bayerischen Fraktionsgesetzes vom 26. März 1992 (GVBl S. 39), zuletzt geändert durch Gesetz vom 24. Juli 2001 (GVBl S. 347), Anspruch auf monatliche Zuschüsse zur Deckung ihres allgemeinen Bedarfs. Der Zuschuss setzt sich aus einem Grundbetrag für jede Fraktion, aus einem Betrag für jedes Mitglied und einem weiteren Zuschlag für jede Fraktion, die nicht die Staatsregierung trägt (Oppositionszuschlag), zusammen und beträgt nach dem Rechtsstand 1. Januar 2012:

		€
a)	Grundbetrag für jede Fraktion monatlich	96.109,24
b)	Betrag für jedes Mitglied monatlich	3.221,84
c)	Oppositionszuschlag für jedes Mitglied monatlich	2.487,92

Die Zuschüsse ändern sich um den gleichen Vomhundertsatz, um den die Entgelte der Arbeitnehmer des Freistaates Bayern durch Entgelttarife durchschnittlich geändert werden. Die Mitarbeiter der Fraktionen können übertariflich bezahlt werden.

2013 gegenüber 2012:
Mehr 413,6 Tsd. €,

2014 gegenüber 2013:
Mehr 200,0 Tsd. € nach dem voraussichtlichen Bedarf in Anpassung an die voraussichtliche Tarifentwicklung.

Zu 01 01/684 02
Nach § 18 Abs. 1 des Parteiengesetzes gewährt der Staat den Parteien Mittel als Teilfinanzierung der allgemein ihnen nach dem Grundgesetz obliegenden Tätigkeit. Maßstab für die Verteilung der staatlichen Mittel bildet dabei, soweit der Staatshaushalt betroffen ist, der Erfolg, den eine Partei bei Landtagswahlen erzielt.
Die Parteien erhalten jährlich im Rahmen der staatlichen Teilfinanzierung 0,50 € für jede für ihre jeweilige Liste abgegebene gültige Stimme, wobei bei der Berechnung zu berücksichtigen ist, dass nach Art. 42 Abs. 2 des Landeswahlgesetzes für die Sitzverteilung im Bayerischen Landtag die Summe aller gültigen Erst- und Zweitstimmen maßgeblich ist, so dass sich die Höhe der staatlichen Mittel nach dem Mittelwert der Erst- und Zweitstimmen richtet.

Anlage 3

Haushaltsplan 2009/2010: Fraktionen

01 01   Landtag

Titel	FKZ	Zweckbestimmung	2009 Tsd. EUR	2010 Tsd. EUR	A B C	Soll 2008 Ist 2007 Ist 2006 Tsd. EUR
1	2	3	4	5		6
		Ausgaben für Zuweisungen und Zuschüsse mit Ausnahme für Investitionen				
⋮	⋮					
684 01-8	011	Zuschüsse an die Fraktionen nach Art. 3 des Bayerischen Fraktionsgesetzes *Die Erläuterungen sind verbindlich.*	14.350,0	14.650,0	A B C	9.600,0 9.255,6 9.198,5
684 02-7	019	Zahlungen nach dem Parteiengesetz sowie nach Art. 61 Landeswahlgesetz *Die Mittel sind übertragbar.*	2.726,0	2.380,0	A B C	2.430,0 2.429,1 2.429,1

Erläuterungen

⋮

Zu 01 01/684 01
Die Fraktionen haben nach Art. 3 des Bayerischen Fraktionsgesetzes vom 26. März 1992 (GVBl S. 39), zuletzt geändert durch Gesetz vom 24. Juli 2001 (GVBl S. 347), Anspruch auf monatliche Zuschüsse zur Deckung ihres allgemeinen Bedarfs. Der Zuschuss setzt sich aus einem Grundbetrag für jede Fraktion, aus einem Betrag für jedes Mitglied und einem weiteren Zuschlag für jede Fraktion, die nicht die Staatsregierung trägt (Oppositionszuschlag), zusammen und beträgt nach dem Rechtsstand 1. Januar 2009:

		EUR
a)	Grundbetrag für jede Fraktion monatlich	88.000,00
b)	Betrag für jedes Mitglied monatlich	2.950,00
c)	Oppositionszuschlag für jedes Mitglied monatlich	2.278,00

Die Zuschüsse ändern sich um den gleichen Vomhundertsatz, um den die Entgelte der Arbeitnehmer des Freistaates Bayern durch Entgelttarife durchschnittlich geändert werden. Die Mitarbeiter der Fraktionen können übertariflich bezahlt werden.

2009 gegenüber 2008:
Mehr 4.750,0 Tsd. EUR nach dem voraussichtlichen Bedarf.

2010 gegenüber 2009:
Mehr 300,0 Tsd. EUR nach dem voraussichtlichen Bedarf.

Zu 01 01/684 02
Nach § 18 Abs. 1 des Parteiengesetzes gewährt der Staat den Parteien Mittel als Teilfinanzierung der allgemein ihnen nach dem Grundgesetz obliegenden Tätigkeit. Maßstab für die Verteilung der staatlichen Mittel bildet dabei, soweit der Staatshaushalt betroffen ist, der Erfolg, den eine Partei bei Landtagswahlen erzielt.
Die Parteien erhalten jährlich im Rahmen der staatlichen Teilfinanzierung 0,50 EUR für jede ihre jeweilige Liste abgegebene gültige Stimme, wobei bei der Berechnung zu berücksichtigen ist, dass nach Art. 41 Abs. 2 des Landeswahlgesetzes für die Sitzverteilung im Bayerischen Landtag die Summe aller gültigen Erst- und Zweitstimmen maßgeblich ist, so dass sich die Höhe der staatlichen Mittel nach dem Mittelwert der Erst- und Zweitstimmen richtet.

2009 gegenüber 2008:
Mehr 296,0 Tsd. EUR nach dem voraussichtlichen Bedarf.

2010 gegenüber 2009:
Weniger 346,0 Tsd. EUR nach dem voraussichtlichen Bedarf.

Anlage 4

Haushaltsplan 2007/2008: Fraktionen

01 01   Landtag

Titel	FKZ	Zweckbestimmung	2007 Tsd. EUR	2008 Tsd. EUR	A B C	Soll 2006 Ist 2005 Ist 2004 Tsd. EUR
1	2	3	4	5		6
		Ausgaben für Zuweisungen und Zuschüsse mit Ausnahme für Investitionen				
⋮	⋮					
684 01-8	011	Zuschüsse an die Fraktionen nach Art. 3 des Bayerischen Fraktionsgesetzes *Die Erläuterungen sind verbindlich.*	9.500,0	9.600,0	A B C	9.500,0 9.183,8 9.183,8
684 02-7	019	Zahlungen nach dem Parteiengesetz sowie nach Art. 61 Landeswahlgesetz *Die Mittel sind übertragbar.*	2.430,0	2.430,0	A B C	2.430,0 2.429,1 2.287,0

Erläuterungen

⋮

Zu 01 01/684 01

Die Fraktionen haben nach Art. 3 des Bayerischen Fraktionsgesetzes vom 26. März 1992 (GVBl S. 39), zuletzt geändert durch Gesetz vom 24.07.2001 (GVBl S. 347), Anspruch auf monatliche Zuschüsse zur Deckung ihres allgemeinen Bedarfs. Der Zuschuss setzt sich aus einem Grundbetrag für jede Fraktion, aus einem Betrag für jedes Mitglied und einem weiteren Zuschlag für jede Fraktion, die nicht die Staatsregierung trägt (Oppositionszuschlag), zusammen und beträgt nach dem Rechtsstand 01.08.2006:

		EUR
a)	Grundbetrag monatlich	
	CSU	145.092,13
	SPD	116.076,20
	Bündnis 90/DIE GRÜNEN	58.041,20
b)	Betrag für jedes Mitglied monatlich	1.840,30
c)	Oppositionszuschlag monatlich	
	SPD	79.084,43
	Bündnis 90/DIE GRÜNEN	36.997,00

Die Zuschüsse ändern sich um den gleichen Vomhundertsatz, um den die Vergütungen der Arbeitnehmer des Freistaates Bayern durch Vergütungstarife durchschnittlich geändert werden. Die Mitarbeiter der Fraktionen können übertariflich bezahlt werden.

2008 gegenüber 2007:
Mehr 100,0 Tsd. EUR nach dem voraussichtlichen Bedarf.

Zu 01 01/684 02

Nach § 18 Abs. 1 des Parteiengesetzes gewährt der Staat den Parteien Mittel als Teilfinanzierung der allgemein ihnen nach dem Grundgesetz obliegenden Tätigkeit. Maßstab für die Verteilung der staatlichen Mittel bildet dabei, soweit der Staatshaushalt betroffen ist, der Erfolg, den eine Partei bei Landtagswahlen erzielt.
Die Parteien erhalten jährlich im Rahmen der staatlichen Teilfinanzierung 0,50 EUR für jede ihrer jeweiligen Liste abgegebene gültige Stimme, wobei bei der Berechnung zu berücksichtigen ist, dass nach Art. 41 Abs. 2 des Landeswahlgesetzes für die Sitzverteilung im Bayerischen Landtag die Summe aller gültigen Erst- und Zweitstimmen maßgeblich ist, so dass sich die Höhe der staatlichen Mittel nach dem Mittelwert der Erst- und Zweitstimmen richtet.

Anlage 5

Haushaltsplan 2009/2010: Abgeordnetenmitarbeiter

01 01   Landtag

Titel	FKZ	Zweckbestimmung	2009 Tsd. EUR	2010 Tsd. EUR	A B C	Soll 2008 Ist 2007 Ist 2006 Tsd. EUR
1	2	3	4	5		6
		Personalausgaben				
⋮	⋮					
411 03-6	011	Aufwendungen für die Beschäftigung von Mitarbeitern der Abgeordneten gem. Art. 8 BayAbgG *Gegenseitig deckungsfähig mit 411 01.* *Erstattungen von Aufwendungen dürfen von den Ausgaben abgesetzt werden.* *Die Erläuterungen sind verbindlich.*	15.500,0	15.750,0	A	

Erläuterungen

⋮

Zu 01 01/411 03
Für Arbeits-, Dienst- und Werkverträge zur Unterstützung bei der Erledigung der parlamentarischen Arbeit können nach Maßgabe des Art. 8 BayAbgG und der hierzu von Präsidium und Ältestenrat erlassenen Richtlinien Aufwendungen gegen Nachweis monatlich erstattet werden. Die Erstattungshöchstbeträge orientieren sich an der Beschäftigung einer Vollzeitkraft in Anlehnung an die Entgeltgruppe 6 TV-L (Rechtsstand 1. Juli 2008: 3.114 EUR) sowie einer Teilzeitkraft mit zwei Drittel der regelmäßigen wöchentlichen Arbeitszeit in Anlehnung an die Entgeltgruppe 13 TV-L (Rechtsstand 1. Juli 2008: 3.584 EUR), jeweils letzte Entwicklungsstufe, einschließlich Jahressonderzahlung. Die Beträge enthalten die Arbeitgeberanteile zur Sozialversicherung (Beitragssatz der AOK Bayern) sowie den Beitrag zur gesetzlichen Unfallversicherung und werden der Einkommensentwicklung im öffentlichen Dienst (Tarifabschlüsse zum TV-L) und Beitragssatzänderungen in der Sozialversicherung einschließlich der Unfallversicherung durch das Landtagsamt angepasst.

2009 gegenüber 2008:
    10.360,0 Tsd. EUR mehr wegen Umsetzung von Titel 411 01
     5.140,0 Tsd. EUR mehr nach dem voraussichtlichen Bedarf
    15.500,0 Tsd. EUR mehr.

2010 gegenüber 2009:
Mehr 250,0 Tsd. EUR nach dem voraussichtlichen Bedarf.

Anlage 6

Haushaltsplan 2013/2014: Abgeordnetenmitarbeiter

01 01   Landtag

Titel	FKZ	Zweckbestimmung	2013	2014	A B C	Soll 2012 Ist 2011 Ist 2010
			Tsd. €	Tsd. €		Tsd. €
1	2	3	4	5		6
		Personalausgaben				
411 01-8	011	Aufwendungen für die Mitglieder des Bayerischen Landtags	24.500,0	24.300,0	A B C	22.810,0 22.039,2 21.731,9
		Die Mittel sind bis zu 300,0 Tsd. € übertragbar.				
		Zu 411 01, 411 02 und 411 03:				
		Gegenseitig deckungsfähig und übertragbar.				
		Erstattungen von Aufwendungen dürfen von den Ausgaben				
		abgesetzt werden.				
		Die Erläuterungen sind verbindlich.				
⋮	⋮					
411 03-6	011	Aufwendungen für die Beschäftigung von Mitarbeitern der Abgeordneten gem. Art. 8 BayAbgG	18.054,0	21.516,3	A B C	15.880,0 14.806,0 13.659,5
		Vgl. Vermerk bei 411 01.				

Erläuterungen

⋮

Zu 01 01/411 01
Die Mitglieder des Bayerischen Landtags haben Anspruch auf die im Bayerischen Abgeordnetengesetz (BayAbgG) aufgeführten Leistungen, insbesondere nach Art. 5 BayAbgG (Entschädigung) und Art. 6 BayAbgG (Mandatsausstattung, Kostenpauschale).

2013 gegenüber 2012:
Mehr 1.690,0 Tsd. €,

2014 gegenüber 2013:
Weniger 200,0 Tsd. € nach dem voraussichtlichen Bedarf aufgrund der in Art. 5 Abs. 3 und Art. 6 Abs. 2 BayAbgG festgelegten Index-Regelungen.

Zu 01 01/411 03
Für Arbeits-, Dienst- und Werkverträge zur Unterstützung bei der Erledigung der parlamentarischen Arbeit können nach Maßgabe des Art. 8 BayAbgG und der hierzu von Präsidium und Ältestenrat erlassenen Richtlinien Aufwendungen gegen Nachweis monatlich erstattet werden. Die Erstattungshöchstbeträge orientieren sich an der Beschäftigung einer Vollzeitkraft in Anlehnung an die Entgeltgruppe 6 TV-L (Rechtsstand 1. Januar 2012: 3.426 €) sowie einer Teilzeitkraft mit zwei Drittel der regelmäßigen wöchentlichen Arbeitszeit in Anlehnung an die Entgeltgruppe 13 TV-L (Rechtsstand 1. Januar 2012: 3.904 €), jeweils letzte Entwicklungsstufe, einschließlich Jahressonderzahlung. Die Beträge enthalten die Arbeitgeberanteile zur Sozialversicherung (Beitragssatz der gesetzlichen Krankenversicherung) sowie den Beitrag zur gesetzlichen Unfallversicherung und werden der Einkommensentwicklung im öffentlichen Dienst (Tarifabschlüsse zum TV-L) und Beitragssatzänderungen in der Sozialversicherung einschließlich der Unfallversicherung durch das Landtagsamt angepasst.

Aus dem Ansatz können nach Maßgabe des Art. 8 BayAbgG vorbehaltlich der hierzu noch zu modifizierenden Richtlinien ab 1. Oktober 2013 bis zu 1.054,0 Tsd. € und ab 1. Januar 2014 bis zu 4.216,3 Tsd. € für Arbeits-, Dienst- und Werkverträge zusätzlich geleistet werden.

2013 gegenüber 2012:
Mehr 2.174,0 Tsd. € nach dem voraussichtlichen Bedarf, insbesondere auch in Anpassung an das Istergebnis 2011.

2014 gegenüber 2013:
Mehr 3.462,3 Tsd. € nach dem voraussichtlichen Bedarf.

Bayerisches Abgeordnetengesetz vom 25.7.1977

Art. 6 Abs. 6
Aufwandsentschädigung

(6) Aufwendungen für die Beschäftigung von Mitarbeitern werden nach Maßgabe des Haushaltsgesetzes ersetzt.

Bayerisches Abgeordnetengesetz (bis 31.5.2013 geltende Fassung)

Art. 8
Arbeits-, Dienst- und Werkverträge
zur Unterstützung der parlamentarischen Arbeit

(1) [1] Auf Antrag werden einem Mitglied des Bayerischen Landtags zur Unterstützung seiner parlamentarischen Arbeit Kosten für Arbeits-, Dienst- und Werkverträge in dem im Haushaltsgesetz vorgesehenen Umfang gegen Nachweis erstattet. [2] Nicht erstattungsfähig sind Kosten für Verträge mit Personen, die mit dem Mitglied des Landtags verheiratet, im ersten Grad verwandt oder im ersten Grad verschwägert sind oder eine Lebenspartnerschaft im Sinn des Lebenspartnerschaftsgesetzes begründet haben. [3] Nicht erstattungsfähig sind auch Kosten für Beraterverträge, die keine konkreten Leistungen zum Vertragsinhalt haben.

(2) [1] Der Erstattungsanspruch besteht in der beantragten Höhe ab dem Ersten des Monats, in dem der Antrag gestellt wird, frühestens ab Erwerb der Rechtsstellung als Mitglied des Bayerischen Landtags. [2] Beim Ausscheiden aus dem Landtag werden Kosten bis zum Ende des fünften Monats nach dem Ausscheiden erstattet.

(3) Es werden monatliche Vorauszahlungen an das Mitglied des Bayerischen Landtags geleistet.

(4) Bis spätestens 15. Februar ist für das vorausgegangene Kalenderjahr durch Rechnungslegung der Nachweis über die zweckbestimmte Verwendung der Vorauszahlungen zu führen.

(5) [1] Nicht im Sinne der gesetzlichen Zweckbestimmung in Anspruch genommene Vorauszahlungen sind zurückzuerstatten. [2] Das Gleiche gilt, wenn für das vorangegangene Kalenderjahr bis zum 30. April des Folgejahres kein oder ein unzureichender Nachweis über die Verwendung im Sinne der gesetzlichen Zweckbestimmung erbracht wurde. [3] Zugleich sind künftige Vorauszahlungen auszusetzen. [4] Nach Vorlage der entsprechenden Verwendungsnachweise können in diesem Fall Leistungen auch rückwirkend gewährt werden.

(6) Wird bis Ende des Folgejahres kein oder ein unzureichender Nachweis über die Verwendung im Sinne der gesetzlichen Zweckbestimmung erbracht, erlischt der Erstattungsanspruch in Höhe der nicht nachgewiesenen Kosten.

Seite 1

Anlage 8

Presseinformation

85/13

Bayerischer
Landtag

München, 19.04.2013

Abgeordneten-Arbeitsverträge mit nahen Familienangehörigen:

17 Parlamentarier beschäftigten im Jahre 2012 rechtmäßig Verwand-

te ersten Grades

Am Montag dieser Woche ist das Buch „Die Selbstbediener" des Parteienkritikers Hans Herbert von Arnim erschienen. Seit der Vorstellung dieses Buches konzentrieren sich die Nachfragen von Journalistinnen und Journalisten auf die Arbeitsverträge von Abgeordneten mit Ehefrauen sowie Verwandten und Verschwägerten ersten Grades. Nachprüfungen haben ergeben, dass es sich um 17 Fälle handelt; die betroffenen Abgeordneten gehören der CSU-Fraktion an. Hierzu ist folgendes zu bemerken:

Seit dem 1. Dezember 2000 sind im Rahmen der Mitarbeiterentschädigung nach Art. 6 Absatz 7 Satz 2 des Bayerischen Abgeordnetengesetzes nicht erstattungsfähig Kosten für Verträge mit Personen, die mit dem Mitglied des Landtags verheiratet, im ersten Grad verwandt oder im ersten Grad verschwägert sind.

Dazu gibt es folgende Übergangsregelung:
Gemäß § 2 Satz 2 des Gesetzes zur Änderung des Bayerischen Abgeordnetengesetzes vom 8. Dezember 2000 findet Artikel 6 Absatz 7 Satz 2 Bayerisches Abgeordnetengesetz keine Anwendung für die bei Inkrafttreten des Änderungsgesetzes bestehenden Arbeitsverhältnisse über die Wahlperiode hinaus.

Präsidium und Ältestenrat des Bayerischen Landtags haben diese Übergangsregelung mit Beschlüssen vom Dezember 2000, Juni 2004 und Juli 2009 bestätigt.

81627 München · Landtagsamt · Pressestelle
Telefon 089 4126-2337, -2341, -2601
Telefax 089 4126-1601
E-Mail: pressesprecher@bayern.landtag.de
Internet: http://www.bayern.landtag.de

Seite 2

Presseinformation

85/13

Bayerischer
Landtag

<u>Aufgrund dieser Übergangsregelung beschäftigten folgende Abgeordnete im Jahre 2012
rechtmäßig Verwandte ersten Grades:</u>

Gerhard Eck

Robert Kiesel

Alexander König

Christa Matschl

Walter Nadler

Eduard Nöth

Franz Josef Pschierer

Eberhard Rotter

Heinrich Rudrof

Georg Schmid

Peter Schmid

Dr. Ludwig Spaenle

Max Strehle

Joachim Unterländer

Georg Winter

Dr. Manfred Weiß

Otto Zeitler

Die Abgeordneten treten bei der Mitarbeiter-Beschäftigung selbst als Arbeitgeber auf und
schließen die Verträge eigenständig ab. Sie werden von den Sozialversicherungsträgern regelmäßig überprüft. Die Familienangehörigen müssen wie andere Arbeitnehmer auch ihr Gehalt versteuern und Sozialabgaben bezahlen.

Landtagspräsidentin Barbara Stamm empfiehlt, dass der neue Landtag, der im Herbst 2013
gewählt wird, im Rahmen der wieder anstehenden Änderung des Abgeordnetengesetzes eine
transparente Regelung beschließt.

Mit freundlichen Grüßen

Heidi Wolf, Pressesprecherin

81627 München · Landtagsamt · Pressestelle
Telefon 089 4126-2337, -2341, -2601
Telefax 089 4126-1601
E-Mail: pressesprecher@bayern.landtag.de
Internet: http://www.bayern.landtag.de

Anlage 9

Presseinformation des Bayerischen Landtags vom 02.05.2013

1. Beendigung in der 14. Wahlperiode (1998 – 2003)

Im Laufe bzw. zum Ende der 14. Wahlperiode, d. h. der Wahlperiode, in der die
Altfallregelung beschlossen wurde, haben 29 Parlamentarier (+3 Verstorbene) die Altverträge
beendet.

Dies sind:

	MdL Name, Vorname	Vertrag beendet zum	MdL ausgeschieden am
1	Brosch Franz	31.03.2004	05.10.2003 (Ende WP)
2	Eppeneder Josef	30.09.2002	30.04.2002 (Wahl zum Landrat)
3	Göppel Josef	max. bis 31.12.2002	31.10.2002 (Wahl in Bundestag)
4	Heckel Dieter	31.03.2004	05.10.2003 (Ende WP)
5	Hofmann Walter	30.09.2003	05.10.2003 (Ende WP)
6	Klinger Rudolf	31.03.2004	05.10.2003 (Ende WP)
7	Knauer Christian	max. bis 31.10.2002	30.04.2002 (Wahl zum Landrat)
8	Loscher-Frühwald Friedrich	31.03.2004	05.10.2003 (Ende WP)
9	Dr. Merkl Gerhard	31.03.2004	05.10.2003 (Ende WP)
10	Mirbeth Herbert	30.09.2002	30.04.2002 (Wahl zum Landrat)
11	Müller Willi	max. bis 31.03.2004	05.10.2003 (Ende WP)
12	Regensburger Hermann	max. bis 31.12.2003	05.10.2003 (Ende WP)
13	Ritter Ludwig	max. bis 31.03.2004	05.10.2003 (Ende WP)
14	Schreck Helmut	31.03.2004	05.10.2003 (Ende WP)
15	Schweiger Rita	31.03.2004	05.10.2003 (Ende WP)

CSU insgesamt: 15 + 2 Verstorbene = 17

	MdL Name, Vorname	Vertrag beendet zum	MdL ausgeschieden am
1	Appelt Dieter	31.03.2004	05.10.2003 (Ende WP)
2	Geiger Hermann	31.03.2004	05.10.2003 (Ende WP)
3	Hartmann Gerhard	31.03.2004	05.10.2003 (Ende WP)
4	Hecht Inge	31.03.2004	05.10.2003 (Ende WP)
5	Hirschmann Anne	31.03.2004	05.10.2003 (Ende WP)
6	Dr. Köhler Heinz	31.03.2003	31.10.2002 (Wahl in Bundestag)
7	Mehrlich Heinz	31.03.2004	05.10.2003 (Ende WP)
8	Möstl Fritz	max. bis 31.12.2001	05.10.2003 (Ende WP)
9	Niedermeier Hermann Josef	max. bis 31.03.2004	05.10.2003 (Ende WP)
10	Peters Gudrun	31.12.2001	19.10.2008 (Ende WP)
11	Schmidt Renate	max. bis 30.04.2003	MdL 1994 – 15.11.2002 ab 22.10.2002 Bundesministerin
12	Schultz Heiko	31.03.2004	05.10.2003 (Ende WP)
13	Strasser Johannes	31.03.2004	05.10.2003 (Ende WP)

SPD insgesamt: 13 + 1 Verstorbener = 14

MdL Name, Vorname	Vertrag beendet zum	MdL ausgeschieden am
Hartenstein Volker	max. bis 31.12.2003	1994 – 1999 Bündnis 90/Die Grünen Fraktionslos ab 12/1999 – 05.10.2003 (Ende WP)

Fraktionslos insgesamt: 1

2. Beendigung in der 15. Wahlperiode (2003 – 2008)

Im Laufe bzw. zum Ende der 15. Wahlperiode haben weitere 30 Parlamentarier die Altverträge beendet.

Dies sind:

	MdL Name, Vorname	Vertrag beendet zum	MdL ausgeschieden am
1	Ach Manfred	31.03.2009	19.10.2008 (Ende WP)
2	Brunner Helmut	31.12.2009	noch MdL Kabinettsmitglied seit: Okt. 2008
3	Ettengruber Herbert	31.03.2009	19.10.2008 (Ende WP)
4	Dr. Fickler Ingrid	31.03.2009	19.10.2008 (Ende WP)
5	Fischer Herbert	31.03.2009	19.10.2008 (Ende WP)
6	Gabsteiger Günther	31.03.2009	19.10.2008 (Ende WP)
7	Guckert Helmut	31.10.2008	19.10.2008 (Ende WP)
8	Kaul Henning	31.03.2009	19.10.2008 (Ende WP)
9	Kreidl Jakob	30.09.2008	30.04.2008 (Wahl zum Landrat)
10	Dr. Müller Helmut	31.03.2009	19.10.2008 (Ende WP)
11	Neumeier Johann	31.03.2009	19.10.2008 (Ende WP)
12	Peterke Rudolf	31.03.2009	19.10.2008 (Ende WP)
13	Rubenbauer Herbert	max. bis 31.10.2008	30.04.2008 (Wahl zum Bürgermeister)
14	Schmid Berta	30.11.2008	19.10.2008 (Ende WP)
15	Schneider Siegfried	max. bis 31.12.2005	11.05.2011 Kabinettsmitglied: 2005 – 2011
16	Sibler Bernd	31.10.2007	noch MdL Kabinettsmitglied : 2007 – 2008 und seit 2011
17	Prof. Stockinger Hans Gerh.	max. bis 31.03.2009	19.10.2008 (Ende WP)
18	Thätter Blasius	31.03.2009	19.10.2008 (Ende WP)
19	Prof. Vocke Jürgen	max. bis 31.12.2008	19.10.2008 (Ende WP)
20	Welnhofer Peter	31.03.2009	19.10.2008 (Ende WP)
21	Zeller Alfons	31.03.2009	19.10.2008 (Ende WP)
22	Zengerle Josef	31.03.2009	19.10.2008 (Ende WP)

CSU insgesamt: 22

	MdL Name, Vorname	Vertrag beendet zum	MdL ausgeschieden am
1	Boutter Rainer	max. bis 31.03.2009	19.10.2008 (Ende WP)
2	Dr. Kaiser Heinz	31.12.2004	19.10.2008 (Ende WP)
3	Leichtle Wilhelm	31.03.2009	19.10.2008 (Ende WP)
4	Lück Heidi	max. bis 31.03.2009	19.10.2008 (Ende WP)
5	Müller Herbert	31.03.2009	19.10.2008 (Ende WP)
6	Wahnschaffe Joachim	31.03.2009	19.10.2008 (Ende WP)
7	Wolfrum Klaus	31.03.2009	19.10.2008 (Ende WP)

SPD insgesamt: 7

MdL Name, Vorname	Vertrag beendet zum	MdL ausgeschieden am
Scharfenberg Maria	31.07.2006	noch MdL

Bündnis 90/Die Grünen insgesamt: 1

Anlage 10

Anstalt des öffentlichen Rechts
HA Chefredaktion Fernsehen
Abteilung Inland
Redaktion REPORT MAINZ

Am Fort Gonsenheim 139
55122 Mainz

Telefon: 06131 / 9293-0
Durchwahl: 06131 / 9293-3351
Telefax: 06131 / 9293-3050

Telefax bitte sofort weiterleiten!

29.04.2013

Presseinformation

Affäre um Vetternwirtschaft bei Mitarbeitern von Landtagsabgeordneten in Bayern weitet sich aus

Auch Politiker von SPD, Grünen und Freien Wählern versorgten Verwandte

Mainz – Die Affäre um Vetternwirtschaft bei Mitarbeitern von Landtagsabgeordneten in Bayern weitet sich aus. Das ARD-Politikmagazin REPORT MAINZ berichtet über sechs neue Fälle von Parlamentariern, die Verwandte als Mitarbeiter auf Steuerkosten beschäftigen (heute Abend, 21.45 Uhr, Das Erste). Nachdem sich die Gehaltsaffäre zunächst auf 17 Abgeordnete der CSU-Fraktion konzentriert hatte, ist jetzt auch die Opposition betroffen. Es handelt sich um die Abgeordneten Susann Biedefeld (SPD), Maria Noichl (SPD), Thomas Gehring (Grüne), Hubert Aiwanger (Fraktionsvorsitzender Freie Wähler), Erika Görlitz (CSU) und Martin Neumeyer (CSU). Alle sechs bestätigten auf Anfrage von REPORT MAINZ, dass sie Verwandte als Mitarbeiter beschäftigen.

Nach dem neuen Abgeordnetengesetz, das der Bayerische Landtag seit vergangener Woche berät, dürfen künftig auch Verwandte zweiten und dritten Grades grundsätzlich nicht mehr beschäftigt werden. Danach wären die Arbeitsverhältnisse der genannten Abgeordneten nicht mehr zulässig und müssten beendet werden. Seit dem Jahr 2000 sind Beschäftigungsverhältnisse mit Verwandten ersten Grades zwar verboten. Aber damals schon bestehende Verträge waren als Übergangsregelung weiterhin erlaubt.

Staatsrechtler Prof. Hans Herbert von Arnim, der mit seinem Buch „Die Selbstbediener" die Affäre ins Rollen gebracht hatte, kritisierte auf Anfrage von REPORT MAINZ die neuen Fälle: „Vetternwirtschaft ist Vetternwirtschaft, ob das nun Kinder, Ehegatten oder Geschwister sind. Mit Recht hat hier der Volksmund ein gutes Gefühl dafür, dass sowas auf Staatskosten nicht sein sollte", betonte von Arnim. Zur Argumentation der betroffenen Parlamentarier, wonach die Beschäftigung ihrer Verwandten laut Bayerischem Abgeordnetengesetz legal sei, erklärte Prof. von Arnim: „Legal ist es, weil die Abgeordneten diese Legalität selbst hergestellt haben, und sie dann ausnutzen."

Seite 1 von 2

Aber sich nachher darauf zu berufen, das wäre ja ganz legal, ist geradezu zynisch, denn man hat ja die Legalität in höchst problematischer Weise selbst hergestellt."

Die SPD-Landtagsabgeordnete Susann Biedefeld bestätigte, dass sie seit 1998 ihre Schwester als Bürokraft im Stimmkreis beschäftige. Den Verdienst wollte sie jedoch nicht veröffentlichen: „Sie ist verwandt mit mir, aber ich lass mich nicht in den Sumpf mit reinziehen, den 17 CSU-Abgeordnete und ausschließlich CSU-Abgeordnete angerichtet haben. Damit lass ich mich nicht vergleichen, ich habe mir nichts vorzuweifen, hab auch alles beim Landtagsamt entsprechend nachgewiesen und kann es auch jederzeit jedem nachweisen", sagte Biedefeld im Interview mit REPORT MAINZ.

Der Fraktionsvorsitzende der Freien Wähler, Hubert Aiwanger, bestätigte, dass er seinen Schwager als Büroleiter für rund 2.600 Euro beschäftige. Im Interview mit REPORT MAINZ bestritt er, dass es sich dabei um Vetternwirtschaft handle und erklärte wörtlich: „Es ist vielleicht für einen Außenstehenden im Großen und Ganzen das Gleiche, aber es ist doch ein Unterschied, ob man die direkt Blutsverwandten, ob man seine Eltern und Kinder anstellt oder einen angeheirateten Schwager." 2009 habe er den Mitarbeiter angestellt, 2011 habe dieser seine Schwester geheiratet. „Also in meinen Augen ist das in Ordnung, das ist kein Missbrauch", sagte Aiwanger.

Der Grünen-Abgeordnete Thomas Gehring bestätigte, dass er seinen Bruder auf Werkvertragsbasis beschäftige. Er erstelle für ihn die Homepage. Im Interview mit REPORT MAINZ sagte Gehring: „Ich hab kein schlechtes Gewissen, dass ich mit meinem eigenen Bruder einen Vertrag mache. Der macht das gewerbemäßig, und wenn mein Bruder eine Bäckerei hat, dann würde ich bei meinem Bruder Semmeln kaufen und nicht beim Nachbarn." Die genaue Höhe des Honorars für seinen Bruder auf Steuerkosten wollte er nicht offenlegen: „Ich rede hier über jemanden, der ein Unternehmen hat, und über dessen Einkünfte rede ich mit Ihnen nicht im Fernsehen."

Die SPD-Landtagsabgeordnete Maria Noichl erklärte auf Anfrage von REPORT MAINZ, sie habe seit 2008 ihren Bruder als Büroleiter angestellt. „Er arbeitet 40 Stunden die Woche und ist natürlich in vollem Umfang sozialversichert. Dies ist in Rosenheim allgemein bekannt. Zu jedem Zeitpunkt war dies nicht nur legal, sondern auch legitim. Er ist seiner Ausbildung entsprechend bei mir eingruppiert", erklärte Noichl. Weiter teilte sie mit, der eigentliche Skandal sei, dass 17 CSU-Abgeordnete Ehefrauen und Kinder beschäftigt hätten: „Wenn Sie versuchen, die völlig legalen Arbeitsverhältnisse mit Geschwistern in die Nähe dieser ,schwarzen Brut' zu rücken, arbeiten Sie für sie."

Die CSU-Abgeordnete Erika Görlitz bestätigte, dass sie ebenfalls eine Verwandte beschäftige: „Es ist meine Schwester, die seit über 20 Jahren das einzige Büroservice-Unternehmen im näheren Umkreis betreibt und seit 15 Jahren verschiedene Arbeiten für mich erledigt, die meine anderen Mitarbeiter nicht erledigen können." Weiter sagte sie: „Ich kann keine Vetternwirtschaft feststellen, wenn hier eine Leistung erbracht wird, die bezahlt wird." Görlitz erklärte: „Also ich seh' jetzt in Verwandten nicht unbedingt was Schlimmes- Ich weiß nicht, warum man Familien immer diskriminieren muss, warum des so schlimm ist, also wir haben in Bayern halt noch stabile Familien."

Der CSU-Abgeordnete Martin Neumayer erklärte gegenüber REPORT MAINZ zunächst, er beschäftige einen Vetter. Später korrigierte er seine Angaben und teilte mit, es handle sich um einen „Großneffen", der für ihn auf 400-Euro-Basis arbeite.

Verwandten-Affäre

Nach Schmid auch noch Brunner und Merk

Die Verwandten-Affäre weitet sich aus. Nach BR-Recherchen sollen mehr als 30 Landtagsabgeordnete Verwandte beschäftigt haben. Betroffen sind auch Kabinettsmitglieder wie Landwirtschaftsminister Brunner und Justizministerin Merk.

Stand: 02.05.2013

Helmut Brunner soll seine Frau bis vor vier Jahren angestellt und nach den Tarifen des öffentlichen Dienstes bezahlt haben. Auch seine CSU-Kollegin Beate Merk teilte dem Bayerischen Rundfunk ein familiäres Beschäftigungsverhältnis mit: Ihre Schwester habe gegen Rechnung zwischen 2010 und 2013 Fachtexte fürs Internet erstellt. Die Ministerin legte Wert auf die Feststellung, dass die Beschäftigung von Verwandten zweiten Grades auf Staatskosten erlaubt und diese Regelung von allen Fraktionen des Landtags 2004 ausdrücklich bestätigt worden sei.

BR-Recherchen: Mehr als 30 Abgeordnete sind betroffen

Nach Informationen des Bayerischen Rundfunks haben 31 Abgeordnete im Landtag Familienmitglieder beschäftigt. Betroffen sind Parlamentarier aus allen Fraktionen außer der FDP. Das hat die schriftliche Nachfrage der BR-Redaktion Landespolitik bei allen Landtagsabgeordneten ergeben. Dabei handelt es sich um Beschäftigungen von Ehefrauen und Kindern, die seit 2000 verboten sind (17 bis vor kurzem noch bestehende "Altfälle" bei der CSU, mehrere bis 2008 bestehende „Altfälle" auch bei Grünen und SPD) sowie Beschäftigungen von Geschwistern, Nichten und anderen Verwandten, die bis heute legal sind, was der Landtag aber noch in dieser Legislaturperiode untersagen will. Folgende Abgeordnete haben bisher auf die Anfrage des BR erklärt, dass sie Verwandte beschäftigen oder beschäftigt haben. (Details zu den Beschäftigungsverhältnissen, soweit angegeben, in Klammern):

Überblick

CSU	SPD	Grüne	Freie Wähler
Helmut Brunner (Ehefrau, von 2000 bis 2009 beschäftigt)	Susann Biedefeld (Schwester)	Thomas Gehring (Bruder)	Hubert Aiwanger (Schwager, seit Herbst 2008 angestellt, seit 2011 verschwägert)
Gerhard Eck (Ehefrau, beschäftigt seit September 2000, inzwischen beendet)	Maria Noichl (Bruder, seit 2008)	Maria Scharfenberg (Sohn, beschäftigt von 1998 bis 2001 und Tochter, beschäftigt von 1999 bis 2006)	Günther Felbinger (Nichte, Minijob 2008 bis 2010)
Kurt Eckstein (Verwandter zweiten Grades als Mutterschaftsvertretung von November 2003 bis Mai 2004)			Jutta Widmann (Nichte, kurzzeitiger Minijob)
Albert Füracker (Minijob Verwandte zweiten Grades, März 2011 bis März 2013)			

CSU	SPD	Grüne	Freie Wähler
Robert Kiesel			
Alexander König			
Christa Matschl			
Beate Merk (Schwester, von Anfang 2010 bis Februar 2013)			
Walter Nadler (Ehefrau, beschäftigt vor 2000 bis April 2013)			
Eduard Nöth			
Franz Josef Pschierer			
Tobias Reiß (Bruder, beschäftigt von Mai bis November 2009)			
Eberhard Rotter			
Heinrich Rudrof (Ehefrau, beschäftigt bis März 2013)			
Berthold Rüth (Schwägerin, beschäftigt seit 2003 und Schwester, beschäftigt seit 2004)			
Georg Schmid (Ehefrau)			
Peter Schmid (Ehefrau)			
Bernd Sibler (Mutter, beschäftigt von 1998 bis 2000 und Ehefrau, beschäftigt von 2000 bis Oktober 2007)			
Ludwig Spaenle			
Max Strehle			
Joachim Unterländer			
Manfred Weiß			
Georg Winter (Ehefrau und zwei Söhne bis Dezember 2012 beschäftigt)			
Otto Zeitler (unklare Angaben)			

Aiwanger verteidigt sich, Bause und Seehofer fordern Aufklärung

Freie-Wähler-Chef Hubert Aiwanger hat die Beschäftigung seines Schwagers in seinem Stimmkreisbüro verteidigt. Entscheidend sei die Arbeitsleistung. Grünen-Fraktionschefin Margarete Bause forderte eine unabhängige Kommission, um alle Verträge mit Verwandten seit dem Jahr 2000 unter die Lupe zu nehmen. Sauer reagierte auch Ministerpräsident Horst Seehofer. Er fordert eine sofortige Aufklärung aller Beschäftigungsverhältnisse.

Die Causa Schmid

Losgetreten hatte die "Verwandten-Affäre" die Causa Schmid: Der frühere CSU-Fraktionsvorsitzende hatte seine Ehefrau jahrelang auf Kosten der Steuerzahler beschäftigt - und ihr dabei monatlich bis zu 5.500 Euro netto gezahlt. Gegen Schmid und seine Frau liegen inzwischen drei Strafanzeigen vor. Schmid legte im Zug der Affäre zunächst den Fraktionsvorsitz nieder. Am 1. Mai gab er zudem bekannt, im Herbst nicht mehr für den Landtag zu kandidieren und auch den Vorsitz des CSU-Kreisverbands Donau-Ries abzugeben.

Schmid sagte nach der überraschenden Sitzung des Kreisvorstandes, er müsse sich jetzt um seine Familie kümmern. Außerdem wolle er dazu beitragen, die CSU aus der Schusslinie zu bringen. Nach dem Ende seiner politischen Karriere will sich Schmid nun ehrenamtlich engagieren.

Noch am Wochenende hatte ihm sein Kreisverband Donau-Ries das Vertrauen als Kreisvorsitzender ausgesprochen. Der Entschluss, nicht mehr für den Landtag zu kandidieren, kam auch für Insider überraschend.

Weitere Bekenntnisse

Der Landtagsabgeordnete Günther Felbinger von den Freien Wählern sprach sein Bedauern darüber aus, dass er für seine Arbeit als Abgeordneter seine Nichte beschäftigt hatte. Dem Bayerischen Rundfunk sagte er auf Anfrage: "Ich würde das heute nie mehr machen." Zugleich rief er dazu auf, den Fall differenziert zu sehen, da es sich nicht - wie bei mehreren CSU-Abgeordneten - um einen Fall der Altfallregelung handele.

Maria Scharfenberg

Auch die Grünen-Landtagsabgeordnete Maria Scharfenberg zeigte sich reumütig und bezeichnete die geringfügige Beschäftigung ihrer Kinder als politischen Fehler. Die Oberpfälzer Abgeordnete hatte ihre Tochter und ihren Sohn als Mini-Jobber angestellt. Sie habe die Beschäftigungsverhältnisse beim Landtagsamt korrekt nachgewiesen. Gleichwohl sei nicht alles, was rechtlich in Ordnung sei, auch politisch korrekt.

Bereits am Mittwochabend war nach Recherchen des Bayerischen Rundfunks zudem bekannt geworden, dass auch Kultusstaatssekretär Bernd Sibler (CSU) jahrelang Familienangehörige beschäftigt hatte. Zunächst habe ihm seine Mutter beim Aufbau seines Stimmkreisbüros geholfen. Von 2000 bis 2007 sei seine Frau als Mitarbeiterin in Stimmkreisangelegenheiten bei ihm angestellt gewesen.

Stamm wehrt sich gegen Vorwürfe

Bayerns Landtagspräsidentin Barbara Stamm (CSU) will sich derweil schnell für schärfere Vorschriften einsetzen. Sie wehrte sich gegen die Vorwürfe des Parteienkritikers Hans Herbert von Arnim, sie habe das rechtzeitige Einschreiten in der sogenannten Abgeordnetenaffäre versäumt. Gegenüber dem Bayerischen Rundfunk sagte Stamm, die Landtagsverwaltung sei nicht verantwortlich für die Arbeitsverträge, die die Abgeordneten abschließen. Die Landtagsabgeordneten träten selbst als Arbeitgeber auf und schlössen die Verträge mit ihren Angestellten in eigener Verantwortung.

> "Ich kann nur dann für etwas verantwortlich sein und Dinge abstellen, wenn ich auch die Letztverantwortung habe."
>
> Landtagspräsidentin Barbara Stamm

Gültigkeit übersehen?

Laut BR-Informationen war die umstrittene Regelung zur Beschäftigung von Familienangehörigen auch noch in der laufenden Legislaturperiode, am 8. Juli 2009 Thema im Ältestenrat. Die Beschäftigung von Ehepartnern oder Verwandten oder Verschwägerten ersten Grades wurde dabei ausdrücklich als zulässig bezeichnet. Vertreter der Oppositionsparteien, SPD, Freie Wähler und Grünen sagten zu den Recherchen des Bayerischen Rundfunks, dass nicht genau genug nachgesehen wurde und die Gültigkeit der Regelung offenbar übersehen worden sei.

> "Wir hatten das überhaupt nicht mehr auf dem Schirm."
>
> Grünen-Fraktionschefin Margarete Bause zum BR

URL: http://www.br.de/nachrichten/csu-spd-gehalt100.html (aufgerufen am 02.05.2013)

Anlage 12

Zur Verwandtenbeschäftigung: Fehlinformationen der Öffentlichkeit im Gesetzgebungsverfahren 2000

1. **Gesetzentwurf der CDU, SPD und von Bündnis 90 Die Grünen vom 26.9.2000 zur Änderung des Bayerischen Abgeordnetengesetzes (Drs. 14/4217), S. 1:**

   „Insbesondere wird bestimmt, dass künftig die Erstattung für Abgeordnetenmitarbeiter, die mit dem Mitglied des Landtags verwandt, verheiratet oder verschwägert sind, unzulässig ist…"

2. **Erste Lesung des Gesetzes im Landtag am 28.9.2000, Plenarprotokoll 14/46, S. 3145:**

   Dr. Bernhard (CSU):

   „Zum anderen geht es um die Mitarbeiterentschädigung, über die wir uns schon öfter unterhalten haben, vor allem um die Frage, ob Beschäftigungsverhältnisse mit Ehegatten, Verwandten und Verschwägerten zulässig sind. Wir haben immer die klare und eindeutige Auffassung vertreten, dass wir solche Beschäftigungsverhältnisse für zulässig und auch für hilfreich halten. Wir haben aber in den Beratungen in unserer interfraktionellen Diätenkommission schließlich die Auffassung vertreten, eine Regelung zu treffen, wonach bestehende Beschäftigungsverhältnisse dieser Art Vertrauensschutz auch über die Legislaturperiode hinaus genießen, dass aber in Zukunft solche Beschäftigungsverhältnisse nicht mehr begründet werden können…"

3. **Zweite Lesung des Gesetzes im Landtag am 29.11.2000, Plenarprotokoll 14/52, S. 3583:**

   Dr. Bernhard (CSU):

   „Die wesentlichen Schwerpunkte der Novelle sind […] die Aufnahme einer Regelung betreffend die Zulässigkeit der Beschäftigung von Ehegatten und Verwandten, die künftig nicht mehr möglich ist. Allerdings gibt es eine Übergangsregelung und einen entsprechenden Vertrauensschutz für bestehende Arbeitsverhältnisse…"

Bund der Steuerzahler in Bayern e.V. - Von Arnim liegt daneben

17.04.2013

Von Arnim liegt daneben

Wie üblich überzieht Herbert von Armin in seiner Kritik an der Besoldung der Abgeordneten in Bayern. Er möchte ja auch ein Buch verkaufen.

Nach Auffassung des Bundes der Steuerzahler sollen Abgeordnete gut bezahlt werden, da sie unabhängig sein müssen von Lobbyismus und der Einflussnahme von Interessengruppen oder großen Firmen.

Der Freistaat Bayern unterscheidet sich, was die Verschuldung und Investitionsquote anbetrifft, aber auch mit seinen Haushalten ohne Neuverschuldung seit sieben Jahren und der Tatsache, dass voraussichtlich mit der nächsten Landtagswahl ein Verschuldungsverbot in die Verfassung aufgenommen wird, wohltuend von den übrigen Bundesländern.

Der Bund der Steuerzahler sieht dies auch als ein Ergebnis qualitativ hochwertiger Arbeit aller Abgeordneten des Bayerischen Landtags sowie des Bayerischen Kabinetts. Insofern liegt von Arnim mit seinen Vergleichen mit anderen Bundesländern daneben.

Bayern hat unter Ministerpräsident Stoiber auf Betreiben des Bundes der Steuerzahler den Landtag von 204 auf 180 Abgeordnete verkleinert und im gleichen Maße auch das Kabinett. Dies war ein wichtiger Schritt, was die Kosten betrifft. Auf Bundesebene haben wir mit der voraussichtlichen Vergrößerung des Deutschen Bundestages eine entgegengesetzte Entwicklung.
Außerdem wurde in der Vergangenheit auf Anregung des Bundes der Steuerzahler, mit Hilfe der Bayerischen Diätenkommission, daran gearbeitet, die Altersversorgung von Politikern und Kabinettsmitgliedern im Sinne der Steuerzahler zu verbessern.
Daran weiterzuarbeiten wird eine Aufgabe der Diätenkommission in der nächsten Legislaturperiode sein. In NRW konnte der Bund der Steuerzahler mit einem Volksbegehren inzwischen eine bessere Lösung durchsetzen. Hier bekommen Abgeordnete mehr Geld, müssen sich dann aber selbst um ihre Altersvorsorge kümmern.

Es wird auch eine Aufgabe der Diätenkommission in der kommenden Legislaturperiode sein, die Transparenz der Bezüge aus Nebentätigkeiten von Abgeordneten neu zu regeln. Bei Ministern sind solche ohnehin ausgeschlossen.

Ein Thema, das den Steuerzahlerbund seit vielen Jahren bewegt, ist die steuerfreie Aufwandspauschale für Abgeordnete. Eine Regelung, die es für alle anderen Steuerzahler in dieser Form nicht gibt. Auch mit dieser Frage wird sich die Diätenkommission in der nächsten Legislaturperiode erneut befassen müssen. Der Bund der Steuerzahler in Bayern wird hierzu, dem Beispiel in NRW folgend, Vorschläge einbringen.

Von Arnim irrt, wenn er behauptet, die Bayerische Finanzminister verdiene mehr als die Bundeskanzlerin. Diese bezieht einschließlich ihrer weiteren politischen Einkünfte 4.000 Euro monatlich mehr als Markus Söder.

Was nicht akzeptabel ist, ist, dass der Ministerpräsident, der nicht Angehöriger des Parlaments ist, weniger verdient als seine Minister. Auch daran muss in der Diätenkommission gearbeitet werden.

Ein Vergleich mit der Bezahlung in der freien Wirtschaft ist an den Haaren herbeigezogen.

URL dieser Seite: http://www.steuerzahler-bayern.de/wcsite.php?
wc_c=53315&wc_id=62323&wc_p=1&wc_lkm=1924

Anlage 14

Richtlinien
über die Verwendung der Aufwandserstattung für Arbeits-, Dienst- und Werkverträge
zur Unterstützung bei der Erledigung der parlamentarischen Arbeit
vom 08.07.2009

Das Präsidium des Bayerischen Landtags erlässt im Einvernehmen mit dem Ältestenrat für den Vollzug des Art. 8 des Bayerischen Abgeordnetengesetzes (BayAbgG) folgende Richtlinien:

1. Auf Antrag werden einem Mitglied des Bayerischen Landtags zur Unterstützung bei der Erledigung seiner parlamentarischen Arbeit im Rahmen von Arbeits-, Dienst- und Werkverträgen in dem im Haushaltsgesetz vorgesehenen Umfang Aufwendungen im Sinne eines Personalkostenersatzes gegen Nachweis erstattet. Zum Personalkostenersatz gehören auch die mandatsbedingten Aufwendungen für die Fortbildung der Mitarbeiter, einschließlich des Schulungsaufwands für mandatsbedingte IuK-Einrichtungen (soweit dieser IuK-Schulungsaufwand nicht bereits innerhalb des zuschussfähigen Betrags von 1.279 € nach Art. 6 Abs. 4 BayAbgG erstattet wurde). Erstattungsfähig sind auch die anfallenden Lohnbuchhaltungskosten sowie die Kosten der Rechnungslegung nach Nummer 4.

   Es wird empfohlen, die vom Landtagsamt zur Verfügung gestellten Musterverträge und Musterformulare zu verwenden.

   Nicht erstattungsfähig sind,

   * Sachkosten, die bereits mit der Kostenpauschale nach Art. 6 Abs. 2 BayAbgG abgegolten sind. Mit der Kostenpauschale abgegolten sind insbesondere Sachkosten für die Betreuung des Stimm- und Wahlkreises, Bürokosten wie Kosten für die Büroausstattung, -unterhaltung und -einrichtung, Porto und Telefon sowie Fahrtkosten einschließlich Aufwendungen für Taxi.

   * Aufwendungen für Personen, die mit dem Mitglied des Landtags verheiratet oder im ersten Grad verwandt oder im ersten Grad verschwägert sind. Abweichend hiervon bleiben Aufwendungen für die am 01.12.2000 bestehenden Verträge mit diesem Personenkreis auch über die 14. Wahlperiode (1998 – 2003) hinaus erstattungsfähig. Abzustellen ist hierbei darauf, ob am Stichtag 01.12.2000 ein Arbeitsverhältnis im arbeitsrechtlichen Sinn gegeben war. Wurde ein Arbeitsverhältnis vor dem Stichtag wirksam beendet, fällt eine Wiederbegründung nach dem Stichtag nicht unter die Übergangsregelung.

   * Aufwendungen für Beraterverträge, die keine konkreten Leistungen zum Vertragsinhalt haben.

2. Der Anspruch auf Aufwandserstattung besteht ab dem ersten des Monats, in dem der Antrag gestellt wird, frühestens ab Erwerb der Rechtsstellung als Mitglied des Bayerischen Landtags. Es werden monatliche Vorauszahlungen an das Mitglied des Bayerischen Landtags geleistet.

   Die Erstattungshöchstbeträge orientieren sich an der Beschäftigung einer Vollzeitkraft in Anlehnung an die Entgeltgruppe 6 TV-L (Rechtsstand 01.03.2010: 3.289 €) sowie einer Teilzeitkraft mit zwei Drittel der regelmäßigen wöchentlichen Arbeitszeit in Anlehnung an die Entgeltgruppe 13 TV-L (Rechtsstand 01.03.2010: 3.757 €), jeweils letzte Entwicklungsstufe, einschließlich Jahressonderzahlung. Die Beträge enthalten die Arbeitgeberanteile zur Sozialversicherung sowie den Beitrag zur gesetzlichen Unfallversicherung und werden der Einkommensentwicklung im öffentlichen Dienst (Tarifabschlüsse zum TV-L) und Beitragssatzänderungen in der Sozialversicherung einschließlich der Unfallversicherung durch das Landtagsamt angepasst; eines besonderen Antrags des Mitglieds des Landtags bedarf es nicht. Die Zahlungen erfolgen an den Antragsteller. Zahlungen an Dritte sind ausgeschlossen.

3. Für die Einhaltung der steuerlichen und sozialversicherungsrechtlichen Vorschriften ist das Mitglied des Bayerischen Landtags verantwortlich.

2

4. Der Antragsteller hat dem Landtagsamt jeweils bis spätestens zum 15. Februar für das vorausgegangene Kalenderjahr auf Formblatt über die Verwendung der Aufwandserstattung Rechnung zu legen und die Erklärung abzugeben, dass die Gelder diesen Richtlinien gemäß verwendet wurden. Nicht verbrauchte Mittel sind zurückzuerstatten und sofort fällig.

Sofern die geleisteten Vergütungen zulässigerweise an Ehegatten bzw. Verwandte oder Verschwägerte ersten Grades gewährt wurden (siehe oben Ziffer 1), sind bei Arbeitsverträgen Bestätigungen über die Anmeldung bei der Krankenkasse sowie eine Lohnsteueranmeldung (ersatzweise Ablichtung der Lohnsteuerkarte) und die Meldung zur Berufsgenossenschaft und bei Dienst- und Werkverträgen Ablichtungen der entsprechenden Verträge beizufügen.

Da die Mittelverwendung der Nachprüfung durch den Obersten Rechnungshof und gegebenenfalls anderer Stellen (z.B. Sozialversicherung, Steuerverwaltung) unterliegt, wird empfohlen, die Belege über die Mittelverwendung aufzubewahren.

5. Die geleisteten Vorauszahlungen sind zurückzufordern, wenn für das vorangegangene Kalenderjahr bis zum 30. April des Folgejahres kein oder ein unzureichender Nachweis über die Verwendung im Sinne der gesetzlichen Zweckbestimmung erbracht wurde. Zugleich werden künftige Vorauszahlungen ausgesetzt.

6. Wird bis Ende des Folgejahres kein oder ein unzureichender Nachweis über die Verwendung im Sinne der gesetzlichen Zweckbestimmung erbracht, erlischt der Erstattungsanspruch in Höhe der nicht nachgewiesenen Kosten.

Absender:_____, MdL

Bitte umgehend zurücksenden an:

Bayerischer Landtag
Landtagsamt - Z I 1
Maximilianeum
81627 München

Aufwandserstattung für Arbeits-, Dienst- und Werkverträge zur Unterstützung
bei der Erledigung der parlamentarischen Arbeit - Art. 8 BayAbgG

Antrag

1. Zur Unterstützung bei der Erledigung der parlamentarischen Arbeit beantrage ich die Erstattung der Aufwendungen für eine Vollzeitkraft in Anlehnung an die Entgeltgruppe 6 TV-L. Dies entspricht einem monatlichen Erstattungsbetrag in Höhe von 3.426 € (Rechtsstand 01.01.2012).

2. Von der Möglichkeit des erweiterten Erstattungshöchstbetrages für die Beschäftigung einer Teilzeitkraft mit zwei Drittel der wöchentlichen Arbeitszeit in Anlehnung an die Entgeltgruppe 13 TV-L möchte ich Gebrauch machen*/keinen Gebrauch machen*. Ich beantrage daher die zusätzliche Erstattung eines monatlichen Betrages in Höhe von 3.904 € (Rechtsstand 01.01.2012).

3. Ich werde bis spätestens 15. Februar des auf die Auszahlung folgenden Jahres dem Landtagsamt mitteilen, in welcher Höhe mir entsprechende Auslagen entstanden sind und dass die erhaltenen Beträge nach den Richtlinien über die Verwendung der Aufwandserstattung für Arbeits-, Dienst- und Werkverträge zur Unterstützung bei der Erledigung der parlamentarischen Arbeit verwendet wurden (Rechnungslegung).

4. Falls die an mich ausbezahlten Beträge nicht entsprechend verbraucht wurden, verpflichte ich mich zur Rückzahlung.

5. Von den Richtlinien über die Verwendung der Aufwandserstattung für Arbeits-, Dienst- und Werkverträge zur Unterstützung bei der Erledigung der parlamentarischen Arbeit vom 08.07.2009 habe ich Kenntnis genommen.

_____   _____
Datum   Unterschrift

* nicht Zutreffendes bitte streichen

Absender: _____ , MdL   **Anlage 16**

Bitte bis spätestens **15.02.2011** zurücksenden an:

Bayerischer Landtag
Landtagsamt
Maximilianeum
81627 München

Aktenzeichen des Landtagsamt
Z I/M-3150-

Verwendung der Aufwandserstattung für Arbeits-, Dienst- und Werkverträge zur Unterstützung bei der Erledigung der parlamentarischen Arbeit im Jahr 2010

Auf meinen Antrag hin habe ich im Zeitraum 01.01.2010 bis 31.12.2010 einen Betrag von _____ EUR erhalten.

Ich versichere, dass ich diesen Betrag ausschließlich entsprechend Art. 8 BayAbgG und den hierzu erlasse-nen Richtlinien über die Verwendung der Aufwandserstattung für Arbeits-, Dienst- und Werkverträge zur Unterstützung der parlamentarischen Arbeit verwendet habe, und zwar

      ☐   in voller Höhe

      ☐   in Höhe von _____ EUR .[1]

Soweit nach der Übergangsvorschrift für wiedergewählte Abgeordnete die Aufwandserstattung ganz oder teilweise als **Vergütung an meinen Ehegatten oder an Verwandte ersten Grades oder Verschwägerte ersten Grades** verwendet wurde, versichere ich, dass die entsprechenden Verträge **vor dem 01.12.2000** geschlossen wurden. Ich füge dieser Erklärung

    a) bei Arbeitsverträgen mit meinem Ehegatten oder mit Verwandten ersten Grades oder Verschwä-gerten ersten Grades:
        Bestätigungen über die Anmeldung bei der Krankenkasse, eine Lohnsteueranmeldung bzw. eine Ablichtung der Lohnsteuerkarte und die Anmeldung zur Berufsgenossenschaft,

    b) bei Dienst- und Werkverträgen mit meinem Ehegatten oder mit Verwandten ersten Grades oder Verschwägerten ersten Grades:
        die entsprechenden Verträge

bei.

_____ , den _____   _____
                                                    Unterschrift

[1] Über den sich ergebenden Rückzahlungsbetrag wird Ihnen vom Landtagsamt eine Zahlungsaufforderung mit vorbereitetem Überweisungsträger zugesandt.

Rechnungslegung

**über die Verwendung der Aufwandserstattung für Arbeits-, Dienst- und Werkverträge
zur Unterstützung bei der Erledigung der parlamentarischen Arbeit im Jahr 2010**

1. Aufwendungen für Arbeitsverträge

Name, Vorname, Adresse	Ehegatte/ verwandt verschwägert ja / nein ggf. Datum des Arbeitsvertrags	Spalte 1 Bruttogehalt	Spalte 2 Aufwand für Pauschalsteuern des Arbeitgebers	Spalte 3 Sozialversicherungsanteile des Arbeitgebers
Zwischensumme				
Summe der Aufwendungen (Summe aus Spalten 1 bis 3)				
Berufsgenossenschaft				
abzüglich Erstattungen von anderer Seite, z.B. von Krankenkassen im Ausgleichsverfahren bei Krankheit (U 1 Verfahren) oder bei Mutterschaft (U 2 Verfahren)				
Gesamtaufwendungen für Arbeitsverträge				

2. Aufwendungen für Dienst- und Werkverträge

Firma/Name, Adresse	Beteiligung von Ehegatten, Verwandten, Verschwägerten ja / nein ggf. Datum des Vertrags	

3.	**Aufwendungen für Lohnbuchhaltung und Rechnungslegung im Zusammenhang mit der Verwendung der Aufwandserstattung**	

4.	**Gesamtaufwendungen** (Summe aus Nummern 1 bis 3)	

Ich versichere die Vollständigkeit und Richtigkeit meiner Angaben.

_____   _____
Datum   Unterschrift

Mustervertrag für die Beschäftigung freier Mitarbeiter

Vertrag

Zwischen dem Mitglied des Bayerischen Landtags _____
als Auftraggeber/in

und

Herrn/Frau _____

- im Folgenden freie/r Mitarbeiter/in – genannt

wird ein Vertrag über die Tätigkeit als freie/r Mitarbeiter/in geschlossen.

§ 1
Art der Tätigkeit

1. Der/die freie Mitarbeiter/in wird als _____
zur Unterstützung des/der Auftraggebers/in bei der Ausübung seines/ihres Mandats als Mitglied des Bayerischen Landtags beschäftigt. Der/die freie Mitarbeiter/in wird durch diesen Vertrag nicht Angehörige/r des öffentlichen Dienstes.

2. Der/die freie Mitarbeiter/in ist verpflichtet, die Dienstleistungen selbst zu erbringen. Im Falle der Erkrankung oder Dienstverhinderung ist die Verhinderung unverzüglich anzugeben.

§ 2
Vergütung

1. Für jede geleistete Stunde erhält der/die freie Mitarbeiter/in eine Vergütung in Höhe von _____ Euro gegebenenfalls zuzüglich gesetzlicher Mehrwertsteuer. Über die Vergütung ist eine Rechnung zu erstellen.

2. Die Besteuerung der Vergütung und die Abführung etwaiger Sozialversicherungsbeiträge obliegt dem/ der freien Mitarbeiter/in.

3. Nebenkosten (z.B. sämtliche Sachaufwendungen) werden vom/ von der freien Mitarbeiter/in gesondert in Rechnung gestellt.

4. ☐ Der/die Auftraggeber/in verpflichtet sich, sämtliche Nebenkosten, insbesondere Sachaufwendungen, die zur Ausübung der vertraglich vereinbarten Art der Tätigkeit erforderlich und angemessen sind, nach Vorlage entsprechender Belege zu erstatten.

2

☐ Der/die Auftraggeber/in verpflichtet sich, folgende Nebenkosten und Sachaufwendungen nach Vorlage entsprechender Belege zu erstatten:

_____ .

§ 3
Schweigepflicht

Der/die freie Mitarbeiter/in hat über Angelegenheiten des/der Auftraggebers/in auch nach Beendigung des Dienstverhältnisses Verschwiegenheit zu wahren.

§ 4
Aufbewahrung und Rückgabe von Unterlagen

Der/die freie Mitarbeiter/in verpflichtet sich, alle ihm/ihr zur Verfügung gestellten Unterlagen des/der Auftraggebers/in ordnungsgemäß aufzubewahren, insbesondere dafür zu sorgen, dass Dritte nicht Einsicht nehmen können. Ohne Genehmigung des/der Auftraggebers/in darf der/die freie Mitarbeiter/in von Schriftstücken, Dateien und sonstigen elektronischen Dokumenten außer zu betrieblichen Zwecken, weder sich noch einem anderen Kenntnis, Abschriften oder Ablichtungen verschaffen. Die zur Verfügung gestellten Unterlagen sind während der Dauer des Vertragsverhältnisses auf Anforderung, nach Beendigung des Vertragsverhältnisses unverzüglich unaufgefordert an den/die Auftraggeber/in zurückzugeben. Diese Aufbewahrungs- und Herausgabepflicht gilt für sämtliche Dokumente (auch elektronische), welche die Angelegenheiten des/der Auftraggeber/in betreffen. Der/die freie Mitarbeiter/in ist nicht berechtigt, an solchen Unterlagen ein Zurückbehaltungsrecht auszuüben.

§ 5
Konkurrenzverbot

Dem/der freien Mitarbeiter/in bleibt es überlassen, auch für andere Auftraggeber tätig zu werden. Durch eine anderweitige Tätigkeit darf jedoch die Tätigkeit für den/die Auftraggeber/in nicht beeinträchtigt werden.

§ 6
Vertragsdauer

Der Vertrag beginnt am _____ und endet am _____ , spätestens mit dem Ausscheiden des/der Auftraggebers/in aus dem Bayerischen Landtag.

Das Vertragsverhältnis kann von jeder Partei mit einer Frist von einem Monat zum Ende des Kalendermonats gekündigt werden. Die Kündigung bedarf der Schriftform.

3

§ 7
Nebenabreden und Vertragsänderungen

Mündliche Nebenabreden bestehen nicht. Änderungen und Ergänzungen dieses Vertrags bedürfen zu ihrer Wirksamkeit der Schriftform.

§ 8
Schlussbestimmungen

Für das Vertragsverhältnis gelten ergänzend die Bestimmungen des Bürgerlichen Gesetzbuchs für Dienstverträge.

_____   _____
(Datum, Ort)   (Datum, Ort)

_____, MdL   _____
Auftraggeber/in   freie/r Mitarbeiter/in

Anlage 18

<u>Musterarbeitnehmerüberlassungsvertrag</u> bezogen auf einen <u>bestimmten</u> Mitarbeiter

z.B. zwischen einem Mitglied des Bayerischen Landtags und den Parteigeschäftsstellen,

Verbänden, (Rechtsanwalts-) Kanzleien, etc.

Arbeitnehmerüberlassungsvertrag [1]

zwischen

dem Mitglied des Bayerischen Landtags

_____ (Entleiher/in)

und

_____ (Verleiher/in)

§ 1 Vertragsgegenstand

1. Der/die Verleiher/in verpflichtet sich dem/der Entleiher/in den/die Arbeitnehmer/in _____ im Rahmen eines Arbeit-
nehmerüberlassungsvertrages zur Verfügung zu stellen.

2. Der / die Arbeitnehmer/in übt für den/die Entleiher/in folgende Tätigkeit aus:

   ☐ Sekretariatsarbeiten
   ☐ Bearbeitung von Bürgeranliegen und Bürgeranfragen
   ☐ Presse- und Öffentlichkeitsarbeit
   ☐ _____

---

[1] Betreibt der/die Verleiher/in die Arbeitnehmerüberlassung <u>gewerbsmäßig</u>, bedarf es hierzu einer <u>behördli-
chen Erlaubnis</u> (§ 1 Abs. 1 Satz 1 Arbeitnehmerüberlassungsgesetz - AÜG). Gewerbsmäßigkeit liegt in der
Regel vor, wenn der/die Verleiher/in seine/n Arbeitnehmer/in mit <u>Gewinnerzielungsabsicht</u> entleiht. Stellt
der/die Verleiher/in hingegen lediglich anteilig die Personalkosten in Rechnung, die auch ihm/ihr bei der Inanspruchnahme des/der Arbeitnehmer/in entstanden wären, besteht keine Erlaubnispflicht.

Liegt eine erforderliche Erlaubnis nicht vor, ist der zwischen Entleiher/in und Verleiher/in geschlossene Ar-
beitnehmerüberlassungsvertrag <u>nichtig</u> (§ 9 Nr. 1 AÜG). Der/die Entleiher/in wird nach dem Gesetz so behandelt, als hätte er/sie mit dem/der entliehenen Arbeitnehmer/in unmittelbar einen Arbeitsvertrag geschlossen
(§ 10 Abs. 1 Satz 1 AÜG). <u>Der/die Entleiher/in tritt in diesem Fall in vollem Umfang in die arbeitsrechtlichen Pflichten ein.</u>

2

3. Der /die Arbeitnehmer/in _____ steht dem/der Entleiher/in

☐ _____ Stunden
☐ mindestens _____ Stunden
☐ zwischen _____ und _____ Stunden
☐ _____

in der Woche zur Verfügung.

§ 2 Vergütung

Für die Geschäftsbesorgungstätigkeit erhält der/die Verleiher/in eine Vergütung in Höhe der zeitanteiligen Personalkosten. Die Rechnungen werden vom/von der Verleiher/in _____ (monatlich/ wöchentlich/ vierteljährlich) erstellt.

Die Vergütung ist nach Vorlage der detaillierten Rechnung fällig.

Sachaufwandskosten (Büromaterial, Porto etc.) werden gesondert abgerechnet.

§ 3 Vertragsdauer

Der Vertrag beginnt am _____ und endet – soweit nichts anderes vereinbart wird – mit dem Ausscheiden des/der Entleihers/in aus dem Bayerischen Landtag.

§ 4 Vertragsbeziehungen

Der/die Entleiher/in unterhält allein vertragliche Beziehungen zum/zur Verleiher/in. Vertragsbeziehungen zum/zur Arbeitnehmer/in bestehen nicht.

§ 5 Weisung und Überwachung

Das allgemeine Weisungsrecht bezüglich der Arbeitsleistung steht dem/der Entleiher/in zu. Er/Sie darf den/die überlassene/n Arbeitnehmer/in nur mit Arbeiten betrauen, die bei der Ausübung der in § 1 (Vertragsgegenstand) angegebenen Tätigkeit gewöhnlich anfallen. Die Überwachung der Tätigkeit des/der Arbeitnehmers/in ist Sache des/der Entleihers/in.

§ 6 Treuepflicht

Der/die Verleiher/in hat den/die überlassene/n Arbeitnehmer/in vertraglich zu verpflichten, dem/ der Entleiher/in gegenüber Treue und Verschwiegenheit – auch nach Beendigung der Arbeitnehmerüberlassung – zu wahren. Er/sie hat den/die Arbeitnehmer/in zu verpflichten bei Vertragsbeendigung sämtliche, dem/der Arbeitnehmer/in übergebene/n Unterlagen einschließlich gefertigter Kopien herauszugeben.

3

§ 7 Austausch

Der/die entliehene Arbeitnehmer/in kann mit Zustimmung des jeweils anderen Vertragspartners und des/der Arbeitnehmers/in oder bei Vorliegen eines wichtigen Grundes ausgetauscht werden.

§ 8 Kündigung

Das Vertragsverhältnis kann von jeder Partei mit einer Frist von einem Monat zum Ende des Kalendermonats gekündigt werden. Die Kündigung bedarf der Schriftform.

Die Grundsätze der außerordentlichen Kündigung aus wichtigem Grund bleiben hiervon unberührt.

§ 9 Haftung

Der/die Verleiher/in steht dafür ein, dass der/die überlassene Arbeitnehmer/in allgemein für die in diesem Vertrag angegebene Tätigkeit geeignet ist.

§ 10 Form, Nebenabreden

Änderungen und Ergänzungen sowie die Aufhebung auch nur einzelner Bestimmungen dieses Vertrages bedürfen zu ihrer Wirksamkeit der Schriftform.

_____, den _____
(Ort)   (Datum)

_____, MdL _____
(Entleiher)   (Verleiher)

Anlage 19

Mustervertrag für die Erbringung von Leistungen zur Unterstützung der mandatsbezogenen Arbeit eines Mitglieds des Bayerischen Landtags

mögliche Vertragspartner: Parteigeschäftsstellen, Verbände,
(Rechtsanwalts-) Kanzleien, etc.
keine Zuordnung eines bestimmten Mitarbeiters

Vertrag

zwischen

dem Mitglied des Bayerischen Landtags

(Auftraggeber/in)

und

(Auftragnehmer/in)

§ 1
Vertragsgegenstand

1. Der/die Auftragnehmer/in unterstützt personell den/die Auftraggeber/in bei der Erledigung seiner/ihrer Landtagsarbeit.

   Insbesondere sind folgende Arbeiten zu erledigen:

   ☐ Sekretariatsarbeiten
   ☐ Bearbeitung von Bürgeranliegen und Bürgeranfragen
   ☐ Presse- und Öffentlichkeitsarbeit
   ☐ _____

2. Die vergebenen Arbeitsaufträge werden vom/von der Auftragnehmer/in intern verteilt.
   Ihm/ihr allein obliegt die Überwachung seiner/ihrer Mitarbeiter.

3. Der/die Auftraggeber/in unterhält lediglich vertragliche Beziehungen zum/zur Auftrag-
   nehmer/in. Er/sie ist gegenüber den Mitarbeitern des/der Auftragnehmers/in nicht wei-
   sungsbefugt.

4. Der/die Auftragnehmer/in verpflichtet sich, besonders auf die Wünsche und Verhältnisse
   des/der Auftraggebers/in Rücksicht zu nehmen.

§ 2
Ort und Zeit der Tätigkeit

Grundsätzlich hat die Auftragsleistung an dem Ort zu erfolgen, an dem der/die Auftragneh-
mer/in Aufgaben dieser Art im Allgemeinen erledigt. Die Arbeiten sind innerhalb der
vom/von der Auftraggeber/in gewünschten Zeit zu erledigen.

2

§ 3
Vergütung/Fälligkeit

Für das Tätigwerden nach § 1 dieses Vertrages erhält der/die Auftragnehmer/in eine Vergütung in Höhe der zeitanteiligen Personalkosten. Der/die Auftragnehmer/in ist verpflichtet, für die jeweiligen Leistungen pro Monat eine Aufstellung über die erbrachten Stunden und die jeweils ausgeführten Arbeiten zu erstellen.

Die Vergütung ist nach Vorlage der detaillierten Abrechnung fällig. Anfallende Sachkosten (z.B. Büromaterial, Portokosten etc.) sind gesondert in Rechnung zu stellen.

§ 4
Vertragsdauer

Der Vertrag beginnt am _____ und endet – soweit nichts anderes vereinbart wird – mit dem Ausscheiden des/der Auftraggebers/in aus dem Bayerischen Landtag.

Das Vertragsverhältnis kann von jeder Partei mit einer Frist von einem Monat zum Ende eines Kalendermonats gekündigt werden. Eine Kündigung bedarf der Schriftform.

§ 5
Verschwiegenheitspflicht

Der/die Auftragnehmer/in verpflichtet sich, über alle Angelegenheiten die ihm/ihr im Zusammenhang mit der Ausführung des Vertrages bekannt werden, Verschwiegenheit zu bewahren. Diese Verpflichtung gilt auch nach Beendigung des Vertrages fort.

Bei Vertragsbeendigung ist der/die Auftragnehmer/in verpflichtet, sämtliche ihm/ihr übergebenen Unterlagen einschließlich gefertigter Kopien herauszugeben.

Der/die Auftragnehmer/in hat die o.g. Verschwiegenheits- und Herausgabepflicht an alle mit der vertraglich vereinbarten Arbeit befassten Mitarbeiter weiterzugeben.

§ 6
Nebenabreden, Schriftform

Mündliche Nebenabreden zu diesem Vertrag bestehen nicht. Änderungen des Vertrages bedürfen zu ihrer Wirksamkeit der Schriftform.

_____ , den   _____

_____ , MdL   _____
Auftraggeber/in   Auftragnehmer/in

Anlage 20

Parteifunktionen von Mitarbeitern von Europa-, Bundestags- und Landtagsabgeordneten in Bayern (Bezirk Oberpfalz), soweit im Internet ausgewiesen (Stand: Juli 2012)

Abgeord-neter	Partei	Parteifunktion des Abgeordneten	Ort des Büros	Name des Mitarbeiters	Parteifunktion des Mitarbeiters
I. Abgeordnete des Europäischen Parlaments					
1. **Deß, Albert**	CSU	Mitglied in der CSU-Fraktion im Kreistag Neumarkt/ Oberpfalz	Neumarkt/ Oberpfalz	Christa, Martha	Schriftführerin des CSU-Kreisverbands Neumarkt/ Oberpfalz
		Beisitzer im CSU Bezirksverband Oberpfalz		Rackl, Heidi	Vorsitzende des CSU-Ortsverbands Pölling-Rittershof
		Vorsitzender der CSU-AG Land-wirtschaft Bezirk Oberpfalz			stellv. Vorsitzende des CSU-Kreisverbands Neumarkt/ Oberpfalz
		Agrarpolitischer Sprecher der EVP-Fraktion			Beisitzerin im CSU-Be-zirksverband Oberpfalz
					Vorsitzende des CSA (Christlich Soziale Arbeitnehmerunion)-Kreisverbands Neu-markt/ Operpfalz
					Mitglied der CSU-Fraktion im Kreisrat Neumarkt/Oberpfalz
					stellv. Vorsitzende des CSA (Christlich Soziale Arbeitnehmerunion)-Be-zirksverbands Oberpfalz

Abgeord-neter	Partei	Parteifunktion des Abgeordneten	Ort des Büros	Name des Mitarbeiters	Parteifunktion des Mitarbeiters
				Fürst, Rosmarie	Geschäftsführerin des CSU-Bezirksverbands Oberpfalz, Geschäftsstelle Bezirkswahlkreis 232 Amberg
					Geschäftsführerin der Kreisgeschäftsstelle des CSU-Kreisverbands Neumarkt/Oberpfalz
2. **Ertug, Ismail**	SPD	Stellv. Vorsitzender des SPD-Bezirks Oberpfalz	Parlamentsbüro Brüssel	Gluck, Luisa	Beisitzerin der Jusos Finkenwerder
		Beisitzer der SPD Bayern	Regensburg	Hintermaier, Johannes	Vorsitzender des SPD-Ortsvereins Erdig (bis 2010)
		Vorsitzender des SPD-Unterbezirks Amberg			stellv. Vorsitzender der Jusos Bayern
					kooptiertes Vorstandsmitglied der Jusos München
					Vorsitzender des Arbeitskreises Internationales und Europa der Jusos München
				Sichler, Nina	Sprecherin der Hochschulgruppe der Friedrich-Ebert-Stiftung
			Deggendorf	Reitmaier, Katja	stellv. Vorsitzende des SPD-Unterbezirks Passau
					Vorsitzende des Juso-Unterbezirks Passau

Abgeord- neter	Partei	Parteifunktion des Abgeordneten	Ort des Büros	Name des Mitarbeiters	Parteifunktion des Mitarbeiters
					Vorsitzende der AG sozialdemo-kratischer Frauen des SPD-Unter- bezirks Passau
					Mitarbeiterin im Abge ordnetenbüro Deggen- dorf von Florian Pronold MdB

II. Abgeordnete des Deutschen Bundestags

Abgeord- neter	Partei	Parteifunktion des Abgeordneten	Ort des Büros	Name des Mitarbeiters	Parteifunktion des Mitarbeiters
1. **Aumer, Peter**	CSU	Vorsitzender des CSU-Ortsverbands Rampsau	Bundestags- büro Berlin	Rascher, Christopher	Beisitzer im JU-Kreis- verband Bayreuth Stadt
		Vorsitzender der CSU Markt Regenstauf		Wagner, Verena	stellv. Vorsitzende des JU-Ortsverbands Kirchseeon
		Vorsitzender des CSU-Kreisverbands Regensburg-Land	Regensburg	Scheuerer, Stefan	Beisitzer im JU- Ortsverband Laaber
		Deligierter der CSU Regensburg-Land zu Bezirks- und Lan- desparteitagen			Beisitzer im CSU-Kreis- verband Regensburg- Land
		Beisitzer des CSU- Bezirksverbands Oberpfalz		Weigert, Wolfgang	2. Bürgermeister des Marktes Donaustauf
		Mitglied der CSU-Fraktion im Marktgemeinderat Regenstauf			Mitglied im Marktge- meinderat Donaustauf
		Mitglied der CSU- Fraktion im Kreistag Regensburg			Vorsitzender des Haupt- und Finanzaus- schusses Markt Donaustauf

Abgeord-neter	Partei	Parteifunktion des Abgeordneten	Ort des Büros	Name des Mitarbeiters	Parteifunktion des Mitarbeiters
					Vorsitzender des CSU-Ortsverbands Donaus-tauf-Sulzbach
					Geschäftsführer des CSU-Kreisverbands Regensburg-Land
2. **Hol-meier, Karl**	CSU	Bürgermeister der Gemeinde Weiding (Landkreis Cham)	Cham	Hopp, Dr. Gerhard	Beisitzer der JU Bayern
		Vorsitzender der CSU-Fraktion im Kreistag Cham			stellv. Vorsitzender des JU-Bezirks Oberpfalz
		stellv. Vorsitzender des CSU-Kreisver-bands Cham			Vorsitzender des JU-Ortsverbands Windisch-bergerdorf
		Vorsitzender des CSU-Ortsverbands Weiding			stellv. Vorsitzender des AK Außen- und Sicherheitspoltik des CSU-Kreiverbands Cham
					Pressebeauftragter der CSU-Kreisgeschäfts-stelle Cham
					Mitarbeiter im Stimm-kreisbüro Roding von Markus Sackmann MdL (s.u.) (Bürgerbüro)
				Stock, Maria	Beisitzerin im CSU-Ortsverband Windisch-bergerdorf
			Schwandorf	Laubinger, Brunhild	Mitglied der CSU-Fraktion im Marktge-meinderat Bruck in der Oberpfalz

Abgeord-neter	Partei	Parteifunktion des Abgeordneten	Ort des Büros	Name des Mitarbeiters	Parteifunktion des Mitarbeiters
					Mitglied der CSU-Fraktion im Kreistag des Landkreises Schwandorf
					Mitarbeiterin im Stimm-kreisbüro Schwandorf von Philipp Graf von u. zu Lerchenfeld MdL (s.u.) (Bürgerbüro)
3. Meier-hofer, Horst	FDP	Vorsitzender der Landesgruppe der bayerischen FDP-Abgeordneten	Bundestags-büro Berlin	Schnurre, Sebastian	Beisitzer im FDP-Bezirksverband Pankow
		Beisitzer im FDP-Bundesvorstand			Beisitzer im FDP-Ortsverband Prenzlauer Berg
		Vorsitzender des FDP-Bezirksver-bands Oberpfalz			FDP-Spitzenkandidat für die Wahl zur Bezirksver-ordnetenversammlung Pankow 2011
		Beisitzer im Präsidi-um der FDP Bayern	Regensburg	Lechte, Ulrich	Beisitzer der FDP Bayern auf Vorschlag des Bezirksverbands Oberpfalz
		Vorsitzender des Bundesfachaus-schusses der FDP für Umwelt und Raumordnung			Vorsitzender des FDP-Kreisverbands Regens-burg-Stadt
		Schriftführer der Vereinigung liberaler Kommunalpolitiker Bayern e.V.			kooptiertes Vorstands-mitglied der JuLis Bayern
					kooptiertes Vorstands-mitglied der JuLis Oberpfalz

Abgeord- neter	Partei	Parteifunktion des Abgeordneten	Ort des Büros	Name des Mitarbeiters	Parteifunktion des Mitarbeiters
					Schriftführer des FDP-Bezirksverbands Oberpfalz
			Weiden	Skutella, Christoph	Vorsitzender der JuLis Weiden
					Schriftführer des FDP-Kreisverbands Weiden
					Fraktionsbeirat der FDP-Fraktion im Stadtrat Weiden
					Beisitzer im FDP- Bezirksverband Oberpfalz
					Mitarbeiter im Stimm- kreisbüro Weiden von Thomas Dechant MdL (s.u.) (Bürgerbüro)
					kooptiertes Vorstands- mitglied der JuLis Oberpfalz
					Vorsitzender der JuLis Oberpfalz (bis 2011)
			Amberg	Gräf, Ulrike	Mitarbeiterin im Stimm- kreisbüro Amberg von Thomas Dechant MdL (s.u.) (Bürgerbüro)
				Kriegeskorte, Arndt	Vorsitzender des FDP-Kreisverbands Neumarkt
					Geschäftsführer der FDP Oberpfalz

Abgeord-neter	Partei	Parteifunktion des Abgeordneten	Ort des Büros	Name des Mitarbeiters	Parteifunktion des Mitarbeiters
					Mitarbeiter im Stimmkreisbüro Amberg von Thomas Dechant MdL (s.u.) (Bürgerbüro)
4. **Schieder, Marianne**	SPD	Beisitzerin im Prä-sidium der Bayern-SPD	Wernberg-Köblitz	Reitinger, Maria	2. Bürgermeisterin der Gemeinde Schäftlarn, UWG (Unab.Wählergem. Gemeindewohl)
		stellv. Vorsitzende des SPD-Bezirks Oberpfalz	Cham	Bartonizek, Walburga (halbtags)	Beisitzerin im SPD-Ortsverband Cham
		Vorsitzende des SPD-Unterbezirks Schwandorf-Cham			stellv. Schriftführerin des SPD-Kreisverbands Cham
		Vorsitzende des SPD-Ortsvereins Wernberg-Köblitz			Geschäftsführerin des SPD-Büros Cham
		Mitglied der SPD-Fraktion im Marktgemeinderat Wernberg-Köblitz			
		Sprecherin der SPD-Fraktion im Marktgemeinderat Wernberg-Köblitz			
		stellv. Landrätin des Landkreises Schwandorf			
		Mitglied der SPD-Fraktion im Kreistag Schwandorf			

Abgeord- neter	Partei	Parteifunktion des Abgeordneten	Ort des Büros	Name des Mitarbeiters	Parteifunktion des Mitarbeiters
III. Abgeordnete des Bayerischen Landtags					
1. **Dechant, Thomas**	FDP	Mitglied der FDP-Fraktion im Kreistag Regensburg	Regenstauf	Feil, Michael	stellv. Vorsitzender des FDP-Kreisverbands Regensburg-Land
		kooptiertes Vorstandsmitglied des FDP-Bezirksverbands Oberpfalz			stellv. Vorsitzender der JuLis Oberpfalz
		Beisitzer im FDP-Kreisverband Regensburg-Land			stellv. Vorsitzender des FDP-Ortsverbands Regenstauf
		Sprecher für Europol., Ländl. Raum, Verbraucherschutz, Ernährung, Landwirtschaft und Forsten der FDP-Fraktion im Bay. LT	Weiden	Skutella, Christoph	Mitarbeiter im Stimmkreisbüro Weiden von Horst Meierhofer MdB (s.o.) (Bürgerbüro)
					Vorsitzender der JuLis Weiden
					Schriftführer des FDP-Kreisverbands Weiden
					Fraktionsbeirat der FDP-Fraktion im Stadtrat Weiden
					Beisitzer im FDP-Bezirksverband Oberpfalz
					kooptiertes Vorstandsmitglied der JuLis Oberpfalz
					Vorsitzender der JuLis Oberpfalz (bis 2011)

	Abgeordneter	Partei	Parteifunktion des Abgeordneten	Ort des Büros	Name des Mitarbeiters	Parteifunktion des Mitarbeiters
				Amberg	Gräf, Ulrike	Mitarbeiterin im Stimmkreisbüro Amberg von Horst Meierhofer MdB (s.o.) (Bürgerbüro)
					Kriegeskorte, Arndt	Vorsitzender des FDP-Kreisverbands Neumarkt Geschäftsführer der FDP Oberpfalz Mitarbeiter im Stimmkreisbüro Amberg von Horst Meierhofer MdB (s.o.) (Bürgerbüro)
2.	**Dettenhöfer, Petra**	CSU	stellv. Voristzende des CSU-Kreisverbands Neustadt/Waldnaab Beisitzerin des CSU-Bezirksverbands Oberpfalz Mitglied der CSU-Fraktion im Kreistag Neustadt/Waldnaab	Weiden	Baschnagel, Dominik	Vorsitzender der JU Altenstadt an der Waldnaab stellv. Vorsitzender des JU-Kreisverbands Neustadt an der Waldnaab Beisitzer im CSU-Kreisverband Neustadt an der Waldnaab Mitglied der CSU-Fraktion im Gemeinderat Altenstadt an der Waldnaab Sprecher der CSU-Fraktion im Gemeinderat Altenstadt an der Waldnaab
					Wasel, Helga	Schriftführerin des FU-Ortsverbands Pirk

	Abgeord- neter	Partei	Parteifunktion des Abgeordneten	Ort des Büros	Name des Mitarbeiters	Parteifunktion des Mitarbeiters
3.	**Lerchen- feld, Philipp Graf von und zu**	CSU	Mitglied der CSU- Fraktion im Kreistag Regensburg	Schwandorf	Laubinger, Brunhild	Mitglied der CSU-Frakti- on im Marktgemeinderat Bruck in der Oberpfalz
			Beisitzer der CSU- Fraktion im Bayeri- schen Landtag			Mitglied der CSU- Fraktion im Kreistag des Landkreises Schwandorf
			Mitglied der CSU/ Parteifreie Wähler im Gemeinderat Köfering			Mitarbeiterin im Stimm- kreisbüro Schwandorf von Karl Holmeier MdB (s.o.) (Bürgerbüro)
4.	**Karl, Annette**	SPD	stellv. Vorsitzende der SPD Bayern	Neustadt/ Waldnaab	Krauß, Johanna	Vorsitzende der AG sozialdemokratischer Frauen Kreis Neustadt a. d. Waldnaab
			Mitglied der SPD- Fraktion im Kreistag Neustadt/Waldnaab			Vorsitzende des SPD- Ortsvereins Weiher- hammer
			Vorsitzende des SPD-Kreisverbands Neustadt/Waldnaab			Mitglied der SPD-Frak- tion im Gemeinderat Weiherhammer
						Schatzmeisterin des SPD-Kreisverbands Neustadt an der Wald- naab
					Döhler, Thomas	stellv. Vorsitzender des SPD-Kreisverbands Tirschenreuth
						Schriftfüher des SPD- Ortsvereins Pechbrunn- Groschlattengrün
						Internetbeauftragter des SPD-Ortsvereins Pech- brunn-Groschlattengrün

Abgeord-neter	Partei	Parteifunktion des Abgeordneten	Ort des Büros	Name des Mitarbeiters	Parteifunktion des Mitarbeiters
					Internetbeauftragter des SPD-Unterbezirks Weiden-Neustadt-Tischenreuth
5. **Rieger, Dr. Franz**	CSU	stellv. Vorsitzender des CSU-Kreisverbands Regensburg-Stadt	Regensburg	Wildfeuer, Dr. Bianca	Geschäftsführerin des CSU-Kreisverbands Regen
		Mitglied der CSU-Fraktion im Stadtrat Regensburg			Schatzmeisterin der JU Regen
		stellv. Vorsitzender des CSU-Ortsverbands Äußerer Westen			
6. **Sack-mann, Markus**	CSU	stellv. Vorsitzender des CSU-Bezirksverbands Oberpfalz	Roding	Hopp, Dr. Gerhard	Beisitzer in der JU Bayern
		Vorsitzender des CSU-Kreisverbands Cham			stellv. Vorsitzender des JU-Bezirks Oberpfalz
		Mitglied im Vorstand der CSU			Vorsitzender des JU-Ortsverbands Windischbergerdorf
		Mitglied der CSU-Fraktion im Stadtrat Roding			stellv. Vorsitzender des AK Außen- und Sicherheitspoltik des CSU-Kreiverbands Cham
		Mitglied der Fraktion der CSU-CLLW HBL-Grenzfahne im Kreistag Cham			Pressebeauftragter der CSU-Kreisgeschäftsstelle Cham
					Mitarbeiter im Stimmkreisbüro Roding von Karl Holmeier MdB (s.o.) (Bürgerbüro)

	Abgeord-neter	Partei	Parteifunktion des Abgeordneten	Ort des Büros	Name des Mitarbeiters	Parteifunktion des Mitarbeiters
7.	Scharfen-berg, Maria	Grüne	Mitglied der Fraktion der Grünen-Ökol. Wählergem. im Marktrat Laaber Mitglied der Grünen-Fraktion im Kreistag Regensburg	Regensburg	Mistol, Jürgen	Vorsitzender der Grünen-Fraktion im Stadtrat Regensburg
8.	Schwei-ger, Tanja	FW	Mitglied der FW-Fraktion im Kreistag Regensburg Mitglied der FW-Fraktion Gemeinderat Pettendorf Vorsitzende des FW-Bezirksverbands Oberpfalz	Peltendorf	Hillebrand, Harald	Vorsitzender des FW-Ortsverbands Abensberg stellv. Vorsitzender des FW-Landkreises Kelheim stellv. Vorsitzender des FW-Bezirks Niederbayern Mitglied im AK Umwelt und Energie der FW Bayern
9.	Stiers-dorfer, Sylvia	CSU	stellv. Vorsitzende des CSU-Bezirksver-bands Oberpfalz Mitglied der CSU-Fraktion im Gemein-derat Pfatter Mitglied der CSU-Fraktion im Kreistag Regensburg stellv. Vorsitzende des CSU-Kreisver-bands Regensburg-Land	Regensburg	Groß, Stefanie - - - - - - Gabriel, Romina	Beisitzerin im CSU-Kreisverband Regensburg-Land Vorsitzende des JU-Ortsverbands Laaber Schriftführerin des JU-Ortsverbands Pentling

Abgeord-neter	Partei	Parteifunktion des Abgeordneten	Ort des Büros	Name des Mitarbeiters	Parteifunktion des Mitarbeiters
		stellv. Vorsitzende des Frauen-Union-Bezirksverbands Oberpfalz			
		Vorsitzende des Frauen-Union-Kreisverbands Regensburg-Land			
10. **Strobl, Reinhold**	SPD	Vorsitzender des SPD-Kreisverbands Amberg-Sulzbach	Landtags-büro München	Kraus, Sibylle	Kassenprüferin des SPD-Ortsvereins Hirschau/ Oberpfalz
		Mitglied der SPD-Fraktion im Kreistag Amberg-Sulzbach	Schnaitten-bach	Bosser, Claudia	Kassenprüferin des SPD-Ortsvereins Hirschau/ Oberpfalz
		Beisitzer im SPD-Bezirk Oberpfalz			
		Vorsitzender des AK Bildung des SPD-Bezirksvorstands Oberpfalz			
		Sprecher der Sozialdemokrati-schen Gemeinschaft für Kommunalpoltik Oberpfalz			
11. **Wild, Margit**	SPD	Mitglied der SPD-Fraktion im Stadtrat Regensburg	Regensburg	Drallmer, Gabriele	Vorsitzende des SPD-Ortsvereins Neutraubling
		Vorsitzende des SPD-Stadtverbands Regensburg			Vorsitzende der SPD-Fraktion im Stadtrat Neutraubling
				Jobst, Matthias	Beisitzer im SPD-Bezirk Oberpfalz

Abgeord-neter	Partei	Parteifunktion des Abgeordneten	Ort des Büros	Name des Mitarbeiters	Parteifunktion des Mitarbeiters
					Beisitzer im SPD-Kreis-verband Regensburg-Land
					Beisitzer im SPD-Unter-bezirk Regensburg
					Beisitzer der Jusos Oberpfalz
					Beisitzer der Jusos Re-gensburg, Schwerpunkt Gesundheitspolitik
					SPD-Kandidat für den Bezirkstag Oberpfalz; Bezirkswahl 2013
				Akili, Juba	Beisitzer der Jusos Oberpfalz
					Beisitzer der Jusos Regensburg, Schwer-punkt Bildung
					Juso-Vertreter im Vor-stand des SPD Unterbe-zirks Regensburg
					Schriftführer des SPD-Ortsvereins Regensbur-ger Stadtsüden Kumpf-mühl/Königswiesen/Ziegetsdorf
					Kandidat der LAF/Juso-Hochschulgruppe; Wahl zum stud. Konvent 2012, List.pl. 28
					Deligierter des SPD-Bezirks Oberpfalz zum Landesparteitag

Parteifunktionen der Mitarbeiter:	Anzahl
Bürgermeister/-innen	2
Kommunale Abgeordnete	9
Kandidaten/-innen	3
Geschäftsführer/-innen	7
Vorsitzende	23
Vorsitzende (stellv.)	16
Schriftführer/-innen	9
Schriftführer/-innen (stellv.)	1
Schatzmeister/-innen	2
Beisitzer/-innen	23
kooptierte Vorstandsmitglieder	5
Sprecher/-innen	2
Internetbeauftragte	2
Pressebauftrage	2
Kassenprüfer/-innen	2
Fraktionsbeiräte/-innen	2
Vertreter/-innen	1
Deligierte	1
andere Mitarbeiter/-innen	11

(teilweise auch Mehrfachnennungen)

Seite 1

Presseinformation

79/13

München, 17. April 2013

„Politiker sind keine Selbstbediener"
Gemeinsame Pressekonferenz von Landtagspräsidentin Barbara Stamm und
Heinrich Oberreuter, dem Vorsitzenden der Diätenkommission, zum neuesten
Buch des Parteienkritikers Hans Herbert von Arnim am Mittwoch, 17. April 2013,
11.30 Uhr, im PK-Raum 211 des Maximilianeums

Argumentationspapier

„Dieses **Buch enthält nichts Neues**, sondern ist nur ein Aufguss längst bekannter Thesen",
reagiert Barbara Stamm auf die neueste Veröffentlichung Hans Herbert von Arnims „Die
Selbstbediener. Wie bayerische Politiker sich den Staat zur Beute machen."

Grundtenor in dem Buch ist, Bundesländer brauchen kein Vollzeitparlament, es reicht ein Teilzeitparlament.
Allein das zeigt, dass **von Arnim keine Ahnung von der Aufgabenfülle eines Parlaments
in einem Flächenstaat wie Bayern hat**, der größer ist als etliche Nationalstaaten in der EU.
Es entspricht auch in keiner Weise der Lebenswirklichkeit in einer globalisierten Welt am Anfang des 21. Jahrhunderts, in der Bayern zusammen mit dem Bund seine Interessen politisch
und wirtschaftlich geltend machen muss, um den hohen Lebensstandard zu erarbeiten und zu
halten.

**Behauptungen, die Aufgaben haben in den letzten Jahren abgenommen, sind schlicht-
weg falsch:** So sind zum Beispiel im Zuge der Föderalismusreform Aufgaben auf die Länder
zurück übertragen worden. Die Landesparlamente wirken außerdem bei der Gesetzgebung in
der EU für ihre Regionen mit (Stichwort: Subsidiaritätsprüfung von EU-Vorhaben). Zu den
wichtigsten Aufgaben gehört außerdem die Kontrolle der Regierung. „Sonst wird immer die
Ohnmacht des Parlaments gegenüber der Regierung beklagt. Für den Parteienkritiker von
Arnim offensichtlich kein Argument", stellt Stamm fest. Diese Kontrolle kann jedenfalls nur
dann wirksam erfolgen, wenn die Volksvertretung mit ihren Fraktionen sowohl personell als
auch finanziell entsprechend ausgestattet ist.

81627 München · Landtagsamt · Pressestelle
Telefon 089 4126–2337, -2341, -2601
Telefax 089 4126–1601
E-Mail: pressesprecher@bayern.landtag.de
Internet: http://www.bayern.landtag.de

Seite 2

Presseinformation
79/13

Bayerischer
Landtag

Den **höheren Arbeitsaufwand** belegt Stamm zudem mit Zahlen: In der noch laufenden 16. Wahlperiode liegen derzeit (knapp ½ Jahr vor dem Ende der Wahlperiode) 16 352 Drucksachen vor (15. Wahlperiode insgesamt 11 391), 324 Gesetze und Staatsverträge (15. Wahlperiode insgesamt 245) und 5 437 Anträge (15. Wahlperiode insgesamt 3 600).

Angesichts der immer komplexer werdenden Sachverhalte sind die Abgeordneten **auf die Unterstützung wissenschaftlicher Mitarbeiter angewiesen.** Nur unter diesen Voraussetzungen kann das Parlament der Regierung einigermaßen auf Augenhöhe begegnen. Stamm verweist auch darauf, dass die Erwartungen der Bürgerinnen und Bürger an die direkt gewählten Abgeordneten mit dem Einsatz von Internet und sozialen Medien stark gestiegen sind. Sie tragen außerdem das Risiko, ihr Mandat bei der nächsten Wahl zu verlieren – das heißt: das Volk als Souverän kann die Abgeordneten zur Rechenschaft ziehen. Die Entschädigung ist dazu da, den Parlamentariern die politische und wirtschaftliche Unabhängigkeit zu sichern.

Entschieden tritt Stamm dem Eindruck entgegen, die Abgeordneten genehmigen sich ihr Einkommen selbst. Seit 1996 gelte die Indexierungsregelung, die in Abstimmung mit der Diätenkommission getroffen wurde, einem unabhängigen Gremium aus sieben Mitgliedern, die nicht dem bayerischen Landtag oder einer Körperschaft des öffentlichen Rechts angehören dürfen. In der 16. Walperiode sind dies:

Prof. Dr. Dr. h.c. Heinrich Oberreuter, Politikwissenschaftler
Professor Dr. Manfred Bengel, Ehrenpräsident der Notarkasse
Professor Günther Goth, Vorstandsvorsitzender des Bildungswerks der Bayerischen Wirtschaft e.V.
Rolf von Hohenhau, Präsident des Bundes der Steuerzahler in Bayern e.V.;
Hildegund Holzheid, Präsidentin des Bayerischen Verfassungs-gerichtshofes a.D.
Hannelore Leimer, Ehrenpräsidentin der IHK Schwaben
Manfred Schoch, Gesamtbetriebsratsvorsitzender BMW AG

Die Einrichtung einer Diätenkommission wurde in Bayern als eines der ersten Länder bereits im November 1979 in das Bayerische Abgeordnetengesetz aufgenommen.

81627 München · Landtagsamt · Pressestelle
Telefon 089 4126-2337, -2341, -2601
Telefax 089 4126-1601
E-Mail: pressesprecher@bayern.landtag.de
Internet: http://www.bayern.landtag.de

Seite 3

Presseinformation

79/13

Bayerischer
Landtag

Die aktuellen Zahlen ab 1. Juli 2013:

Entschädigung

Die Entschädigung erhöht sich um 184 Euro (2,6 Prozent) auf 7 244 Euro, die Kostenpauschale um 68 Euro (2,1 Prozent) auf 3 282 Euro.

Maßzahl für die jährliche Anpassung der Bezüge ist die **allgemeine Preis- und Einkommensentwicklung** jeweils ein Jahr vorher; die **Berechnung nimmt das Bayerische Landesamt für Statistik und Datenverarbeitung vor**. Die Behörde orientiert sich dabei insbesondere an der Einkommensentwicklung von Beschäftigten im produzierenden Gewerbe und im Dienstleistungsbereich. **Diesen vom Parlament unabhängigen Berechnungsmodus hat der Landtag zu Beginn der Legislaturperiode 2008 als Gesetz beschlossen.**

Landtagspräsidentin Barbara Stamm sieht darin eine **vernünftige und transparente Regelung**. „Man kann auf keinen Fall von einer Selbstbedienung der Parlamentarier reden", betont Stamm. Die Regelung hat sich bewährt und wurde mittlerweile auch von zehn anderen Bundesländern übernommen.

Mit der Einführung der Indexierungsregelung im Jahr 1995 (Inkrafttreten 1996) war man sich mit der Diätenkommission einig, dass sich die Entschädigung der Landtagsabgeordneten an einem Amt der Besoldungsgruppe B 3 bzw. an dem Einkommen eines Ersten Bürgermeisters einer Gemeinde bis zu 30.000 Einwohnern orientieren soll. Dies ist absolut der Fall: Besoldung B 3: = 7343,20 Euro, Entschädigung eines Abgeordneten: = 7244 Euro

Kostenpauschale

Die Kostenpauschale ist **dafür da, Aufwendungen zu bestreiten, die das Mandat mit sich bringt.** Darunter fallen zum Beispiel die Miete für ein Büro im Wahl- oder Stimmkreis, Ausgaben für Porto, Telefon, Reinigung, Büromaterial, Fachliteratur und Ausgaben für mandatsbedingte Fahrten innerhalb Bayerns. Entsprechende Regelungen finden sich in Artikel 5 und 6 des Bayerischen Abgeordnetengesetzes.

81627 München · Landtagsamt · Pressestelle
Telefon 089 4126-2337, -2341, -2601
Telefax 089 4126-1601
E-Mail: pressesprecher@bayern.landtag.de
Internet: http://www.bayern.landtag.de

Presseinformation

79/13

Bayerischer Landtag

Der **Bundesfinanzhof** hat – nach Vorlage der Frage beim Bundesverfassungsgericht - die pauschale Erstattung dieser Aufwendungen im Rahmen der Kostenpauschale für **zulässig** erklärt. In seinem Urteil vom 11. September 2008 wird darin ausgeführt, dass die Kostenpauschale selbst wie auch ihre Steuerfreiheit der Vereinfachung und der Vermeidung von Abgrenzungsschwierigkeiten dient, da die Geltendmachung der mandatsbezogenen Aufwendungen als Werbungskosten entfällt. Müssten die mandatsbezogenen Aufwendungen als Werbungskosten einzeln geltend gemacht werden, würde von einem Finanzbeamten beurteilt, was mandatsbezogener Aufwand ist oder nicht. Dies ist mit der Unabhängigkeit der Mandatsausübung eines Abgeordneten unvereinbar.

Die Kostenpauschale ist für den Steuerzahler eine **klare und transparente** Regelung. Jeder Abgeordnete erhält den gleichen Betrag und kann **keine weiteren** Kosten über dieses Budget hinaus abrechnen.

Mitarbeiterentschädigung

Zur **Unterstützung bei der Erledigung der parlamentarischen Arbeit im Rahmen von Arbeits-, Dienst- und Werkverträgen werden Aufwendungen gegen Nachweis** bis zu einem Betrag von 7.524 Euro pro Monat bezahlt. Dieser Betrag orientiert sich an der Beschäftigung einer Vollzeitkraft in Anlehnung an die Entgeltgruppe 6 TV-L (Sekretärin) sowie einer Teilzeitkraft mit zwei Drittel der regelmäßigen wöchentlichen Arbeitszeit in Anlehnung an die Entgeltgruppe 13 TV-L (Wissenschaftlicher Mitarbeiter). Die **letzte strukturelle Erhöhung** der Mitarbeiterentschädigung erfolgte **im Jahr 2009**. Mit dieser Änderung wurde die Anhebung der Erstattung einer wissenschaftlichen Hilfskraft von ein Viertel auf zwei Drittel angehoben. Die vorletzte Änderung erfolgte bereits im Jahr 2000. Die Mitarbeiterentschädigung ist, wie der Name schon sagt, kein Entgelt für den Abgeordneten, sondern Lohn für dessen Mitarbeiter!

Die Höhe der Mitarbeiterentschädigung hat sich vor allem zu orientieren an den Anforderungen an die Abgeordneten. **Diese haben sich in den letzten Jahren verändert und vermehrt.** Die Rolle des Abgeordneten hat sich über seine klassischen Aufgaben im Parlament (Gesetzgebung und Kontrolle) hinaus ausgeweitet zu einer Art Bürgeranwalt, Ombudsmann und Nothelfer. Für diese zunehmenden Aufgaben benötigt der Abgeordnete daher eine entsprechende Sachausstattung, aber auch eine entsprechende **personelle Ausstattung**. Zu berücksichtigen ist auch der große Aufwand bei Nutzung der sozialen Netzwerke wie Twitter, Facebook etc.

81627 München · Landtagsamt · Pressestelle
Telefon 089 4126-2337, -2341, -2601
Telefax 089 4126-1601
E-Mail: pressesprecher@bayern.landtag.de
Internet: http://www.bayern.landtag.de

Seite 5

Presseinformation

79/13

Bayerischer Landtag

Im Vergleich mit dem Bundestag ist die Erstattungsregelung im Rahmen der Mitarbeiterentschädigung in Bayern sehr zurückhaltend. Dass Bayern im Ländervergleich die weitestgehenden Erstattungsregelungen bei der Mitarbeiterentschädigung aufweist, liegt auch daran, dass in Bayern im Gegensatz zu manch anderen Bundesländern **kein wissenschaftlicher Dienst in der Landtagsverwaltung** existiert und die Abgeordneten primär darauf angewiesen sind, zu ihrer Unterstützung entsprechende Mitarbeiter zu beschäftigen.

Falsch ist die von Hans Herbert von Arnim aufgestellte Behauptung, die Mitarbeiterentschädigung habe sich in den vergangenen fünf Jahren verdoppelt. Die Entscheidung darüber, **ob und in welcher Höhe** die Mitarbeiterentschädigung zu verändern ist, hat der **nächste Landtag** zu treffen. In dieser Wahlperiode wurden **lediglich die haushaltsmäßigen Vorkehrungen getroffen, um dem nächsten Parlament einen Gestaltungsspielraum zu ermöglichen.**

Abgeordnetenversorgung

In Bayern besteht wie beim Bundestag und in den meisten Ländern ein eigenständiges Altersversorgungssystem für Abgeordnete.

Rechtslage:
Ein Anspruch auf Altersentschädigung nach Art. 12 Bayerisches Abgeordnetengesetz besteht erst, wenn der Abgeordnete das 67. Lebensjahr vollendet und dem Bayerischen Landtag **10 Jahre** angehört hat.

Mit jedem über das 10. Jahr hinausgehenden Jahr bis zum 20. Jahr der Mitgliedschaft im Landtag entsteht der Anspruch auf Altersentschädigung ein halbes Lebensjahr früher. Die Mindestaltersentschädigung beträgt 33,5 Prozent und erhöht sich für jedes weitere Jahr der Mitgliedschaft bis zum 20. Jahr um 3,825 Prozent (d.h. maximal 71,75 %).

81627 München · Landtagsamt · Pressestelle
Telefon 089 4126-2337, -2341, -2601
Telefax 089 4126-1601
E-Mail: pressesprecher@bayern.landtag.de
Internet: http://www.bayern.landtag.de

Seite 6

Presseinformation

79/13

Bayerischer
Landtag

**Einschneidende Veränderungen in der Abgeordnetenversorgung in
den letzten 10 Jahren:**

- 2003

  Absenkung der Mindestversorgung von 35 %. auf 33,5 % der Diäten und Absenkung des
  Steigerungsquotienten von 4 % auf 3,825 % (so dass die maximale Altersentschädigung
  von 75 % auf 71,75 % der Diäten gesenkt wurde).

- 2004

  Heraufsetzung des frühestmöglichen Versorgungsanspruchs vom 55. Lebensjahr (nach 18
  Jahren Landtagszugehörigkeit) auf das **60. Lebensjahr** (nach 20jähriger Zugehörigkeit
  zum Landtag). Des Weiteren wurden unter der Regierung Stoiber für ehemalige Mitglieder
  der Staatsregierung, die weiterhin MdL sind, die Kürzungssätze von 50 % auf 65 % angehoben. Zudem wurde für ehemalige MdL, die zuvor auch Mitglied der Staatsregierung waren, die Anrechnungsregelung verschärft.

- 2009

  Anhebung des Mindestalters für eine Altersversorgung vom 65. auf das **67.** Lebensjahr mit
  der Konsequenz, dass nach 20jähriger Zugehörigkeit zum Landtag **frühestens mit
  Vollendung des 62. Lebensjahres** eine Altersentschädigung gewährt werden kann.

Die Regelung der Abgeordnetenversorgung über ein **eigenständiges Versorgungswerk,** wie
es vor ein paar Jahren Nordrhein-Westfalen eingeführt hat, ist **nicht** zu befürworten. Die Um-
stellung hat in NRW zu einer erheblichen Erhöhung der Diäten geführt.

Fraktionskostenzuschüsse nach Art. 2 des Fraktionsgesetzes:

In Bayern wird Wert darauf gelegt, dem Anspruch des Parlaments, aber auch der Bürger nach
kompetenten und starken Fraktionen mit einem hohen Maß an Sachverstand umzusetzen.
Dazu gehört auch eine angemessene Ausstattung mit Fraktionsmitteln. All dies dient ausschließlich dazu, dass das **Parlament und seine Mitglieder der Exekutive „auf Augenhöhe" begegnen** können.

81627 München · Landtagsamt · Pressestelle
Telefon 089 4126–2337, –2341, –2601
Telefax 089 4126–1601
E-Mail: pressesprecher@bayern.landtag.de
Internet: http://www.bayern.landtag.de

Seite 7

Presseinformation

79/13

Gewährung von Funktionszulagen

Der Bayerische Oberste Rechnungshof (ORH) hat im Zeitraum 2010/2011 die Verwendung der Zuschüsse an die Fraktionen des Landtags nach Art. 3 des Bayerischen Fraktionsgesetzes (BayFraktG) geprüft.

In seinem Jahresbericht 2012 hat der ORH die Gewährung der Zulagen an Mitglieder des Bayerischen Landtags mit besonderen Funktionen innerhalb einer Fraktion (sog. Funktionszulagen) kritisiert. Er orientiert sich dabei an der Rechtsprechung des Bundesverfassungsgerichts (Urteil BVerfG vom 21.7.2000 zum Thüringer Abgeordnetengesetz) und vertritt die Auffassung, dass eine Funktionszulage nur an den Fraktionsvorsitzenden bzw. die Fraktionsvorsitzende zulässig ist, nicht aber an andere Mitglieder der Fraktion, auch wenn sie besondere Aufgaben haben.

Landtagspräsidentin Barbara Stamm hat im Zuge dieser Prüfung bei Professor Udo Steiner von der Universität Regensburg, Bundesverfassungsrichter a. D. , ein Rechtsgutachten in Auftrag gegeben, um die Verfassungsmäßigkeit der Gewährung von Zulagen an Mitglieder des Bayerischen Landtags mit besonderen Funktionen innerhalb einer Fraktion klären zu lassen.

Das Gutachten vom 5. Februar 2012 kommt zu dem Ergebnis, dass die Zulagen für Abgeordnete in Führungspositionen innerhalb einer Fraktion verfassungsgemäß sind. Das Gutachten von Professor Steiner ist veröffentlicht und kann beim Landtagsamt jederzeit angefordert werden.

81627 München · Landtagsamt · Pressestelle
Telefon 089 4126-2337, -2341, -2601
Telefax 089 4126-1601
E-Mail: pressesprecher@bayern.landtag.de
Internet: http://www.bayern.landtag.de

Anlage 22

Verfassungswidrigkeit der Dynamisierung der Abgeordnetenentschädigung

H.-P. Schneider, in: Wassermann (Hg.), Alternativ-Kommentar, Band II, 1989, Art. 48 Rn 12: „Für diesen Vorgang, bei dem die Abgeordneten gleichsam in eigener Sache entscheiden, verlangt nicht zuletzt das Prinzip der rechtsstaatlichen Demokratie, dass der entsprechende Willensbildungsprozess für die Bürger durchschaubar bleibt und das Ergebnis vor den Augen der Öffentlichkeit beschlossen wird Vgl. BVerfGE 40, 296, 327). Eine 'Dynamisierung' oder 'Indexierung' der Diäten ist danach unzulässig."

Achterberg/Schulte, in: von Mangoldt/Klein/Starck (Hg.), Bd. 2, 6. Aufl. 2010, Art. 48 Abs. 3 Rn 50: „auch sind automatische Gleitklauseln unzulässig, die die Bemessung der Entschädigung relativ an andere Einkommen oder an Lebenshaltungsindices koppeln."

Magiera, in: Sachs (Hg.), Grundgesetz, Kommentar, 6. Aufl., 2011, Art. 48 Rn. 27: „Das Parlament muss selbst, öffentlich und begründet, d. h. im Plenum sowie für die Allgemeinheit transparent und verständlich, beschließen. Es darf sich diesen Anforderungen nicht dadurch entziehen, dass es die Bemessung der Abgeordnetenentschädigung an andere Einkommen (z. B. der Beamten oder Minister) koppelt oder sonst – durch Dynamisierung oder Indexierung – automatisiert."

Schulze-Fielitz, in: Dreier (Hg.), Grundgesetz, Kommentar, Bd. II, 2. Aufl., 2006, Art. 48 Rn. 35: „Auch sind automatische Gleitklauseln unzulässig, die die Bemessung der Entschädigung relativ an andere Einkommen etwa von Beamten oder an Lebenshaltungsindices koppeln."

Umbach, in: Umbach/Clemens (Hg.), Grundgesetz, Kommentar, Bd. II, 2002, Art 48, Rn. 35: „Unzulässig wären aber automatische Gleitklauseln, die die Bemessung der Entschädigung an andere Einkommen (etwa von Beamten) koppeln. [...] Ebenso wenig zulässig wären Dynamisierungsklauseln. [...] Andernfalls unterlägen die Entscheidungen der Abgeordneten in eigener Sache keiner wirksamen Kontrolle. Durch die Notwendigkeit stets neuer Parlamentsbeschlüsse kommt es unvermeidlich zu Plenardebatten, mit der dadurch erfolgenden Kontrolle durch oppositionelle Minderheiten und durch die Öffentlichkeit einschließlich der Berichterstattung in Presse, Rundfunk und Fernsehen."

Linck, in Linck/Jutzi/Hopfe (Hrsg.), Die Verfassung des Freistaats Thüringen, 1994, Art. 54 VerfThü, Rn 9: Ohne die Verankerung der Dynamisierung in der Thüringer Verfassung „wären die Abgeordneten verpflichtet, Veränderungen in der Höhe der Abgeordnetenentschädigung jeweils durch Gesetz zu treffen (BVerfGE 40, 327).

Neumann, Die Verfassung der Freien Hansestadt Bremen, Kommentar, 1996, Art. 82 VerfBre, Rn. 7: „Eine automatische Koppelung der Höhe des Entgelts an einen von Statistikern festzusetzenden Index – wie im Thüringer Landtag – verletzt das Prinzip und ist unzulässig. Denn eine solche Indizierung dient allein der Flucht vor einer Entscheidung vor den Augen des Staatsbürgers. Der Abgeordnete soll nun einmal 'im Plenum diskutieren und vor den Augen der Öffentlichkeit darüber entscheiden' (BVerfGE 40, 296, 316, 327)."

Butzer, in: Eppinger/Hillgruber (Hg.), Grundgesetz, Kommentar, 2009, Art. 48 Rn 20.1: Dynamische Regelungen, „die die Bemessung der Entschädigung relativ an andere Einkommen etwa derjenigen der Beamten, oder an Lebenshaltungs- oder Preisentwicklungsindices koppeln (Praxis etwa in Bayern und Bremen) [sind] aber auf Bundesebene wohl unvereinbar mit BVerfGE 40, 296, 316 f. [...] Ein Vorstoß des Bundestags, Art. 48 Abs. 3 GG in dieser Form zu ändern, ist 1995 im Bundesrat gescheitert."

Gemeinsame Erklärung von Abgeordneten aller Fraktionen des Bayerischen Landtags

(Stand: 13. Mai, 12 Uhr): Renate Ackermann (Bündnis 90/Die Grünen), Martin Bachhuber (CSU), Prof. Dr. Georg Barfuß (FDP), Prof. Dr. Winfried Bausback (CSU), Dr. Thomas Beyer (SPD), Annemarie Biechl (CSU), Markus Blume (CSU), Reinhold Bocklet (CSU), Gudrun Brendel-Fischer (CSU), Petra Dettenhöfer (CSU), Renate Dodell (CSU), Heinz Donhauser (CSU), Günther Felbinger (FREIE WÄHLER), Karl Freller (CSU), Albert Füracker (CSU), Dr. Thomas Goppel (CSU), Eva Gott-stein (FREIE WÄHLER), Joachim Hanisch (FREIE WÄHLER), Ingrid Heckner (CSU), Jürgen W. Heike (CSU), Dr. Florian Herrmann (CSU), Johannes Hintersberger (CSU), Dr. Otto Hünnerkopf (CSU), Hermann Imhof (CSU), Oliver Jörg (CSU), Claudia Jung (FREIE WÄHLER), Christine Kamm (Bündnis 90/Die Grünen), Konrad Kobler (CSU), Manfred Ländner (CSU), Philipp Graf Lerchenfeld (CSU), Prof. Ursula Männle (CSU), Brigitte Meyer (FDP), Ulrike Müller (FREIE WÄHLER), Martin Neumeyer (CSU), Bernhard Pohl (FREIE WÄHLER), Alexander Radwan (CSU), Markus Reichhart (FREIE WÄHLER), Tobias Reiß (CSU), Dr. Franz Rieger (CSU), Jörg Rohde (FDP), Adelheid Rupp (SPD), Kerstin Schreyer-Stäblein (CSU), Reserl Sem (CSU), Eberhard Sinner (CSU), Claudia Stamm (Bündnis 90/Die Grünen), Klaus Steiner (CSU), Christa Stewens (CSU), Dr. Simone Strohmayr (SPD), Karl Vetter (FREIE WÄHLER), Ludwig Wörner (SPD), Isabell Zacharias (SPD) und Josef Zellmeier (CSU).

Für volle Transparenz im Rahmen des freien Mandats, gegen öffentliche Parlamentarismusschelte

Wir haben uns zu dieser gemeinsamen Erklärung entschlossen, um bei aller Turbulenz der vergangenen Ereignisse und Schärfe der öffentlichen Auseinandersetzung auch daran zu erinnern, die richtigen Maßstäbe anzulegen. Die Kritik am Fehlverhalten Einzelner wurde mittlerweile pauschal und ungerechtfertigt auf die Arbeit des gesamten Parlaments ausgedehnt. Unabhängig von der individuellen Betroffenheit stellen wir uns als Abgeordnete dennoch dieser Kritik, wollen verlorenes Vertrauen zurückgewinnen und werden deshalb kommende Woche eine tragfähige Regelung für die Zukunft treffen. Unser Ziel ist dabei eine Lösung, die die parlamentarische Demokratie für die Zukunft stärkt, das freie Mandat sichert und das Ansehen des Parlaments wiederherstellt.

1. Wir wehren uns in aller Schärfe gegen eine pauschale und durch nichts begründete Verunglimpfung des Bayerischen Landtags als „Freibier-Parlament", „Abzocker-Bude" und „Selbstbediener-Laden". Bayerns demokratische Geschichte seit 1946 hängt ganz maßgeblich an der Arbeit unzähliger Parlamentarier aller demokratischen Fraktionen in Ihren Regierungs- wie Oppositionszeiten. Wie unseren Vorgängern ist auch uns heute der tägliche Einsatz für das Gemeinwesen, die politische Sache, die Anliegen der

Menschen vor Ort das alles Entscheidende an unserer Arbeit. Wir gehen jeden Tag nach bestem Wissen und Gewissen unseren Aufgaben im Parlament und im jeweiligen Stimmkreis nach – und sehen uns bei aller tagespolitischen Hektik und parteipolitischen Differenzen alleine der guten Vertretung des Volkes verpflichtet. Selbstverständlich muss diese Arbeit kritisch überwacht und auch hinterfragt werden. Sie darf aber nicht undifferenziert verdammt oder sogar unmöglich gemacht werden

2. Wir warnen davor, im Zuge der aktuellen Debatte die Stellung des Parlaments und das freie Mandat in einer Weise auszuhöhlen, dass nicht nur die Attraktivität des Berufs „Volksvertretung" weiter leidet, sondern geradezu die Axt an unsere Verfassungswurzeln gelegt würde. Eine starke Exekutive braucht eine starke Legislative, ein selbstbewusstes Deutschland und ein selbstbewusstes Europa brauchen ein selbstbewusstes Bayern. „Die Abgeordneten sind Vertreter des Volkes, nicht nur einer Partei. Sie sind nur ihrem Gewissen verantwortlich und an Aufträge nicht gebunden." – Dieser Grundsatz der Bayerischen Verfassung muss als konstituierendes Element der repräsentativen Demokratie auch in Zukunft gelten. Rechenschaft haben die Abgeordneten vor dem Volk abzulegen, zum Wahltag wird darüber entschieden. Selbstverständlich gelten unabhängig davon Recht und Gesetz gleichermaßen für alle Abgeordneten.

3. Wir sind uns bewusst, dass der Verdacht möglicherweise illegaler Beschäftigungsverhältnisse in einzelnen Fällen dazu geführt hat, die Integrität der Abgeordneten und des Bayerischen Landtags insgesamt zu hinterfragen. Kein Mitglied des Bayerischen Landtags kann sich der sogenannten „Beschäftigungsaffäre" und der damit verbundenen öffentlichen Auseinandersetzung entziehen. Die Mehrzahl der bekanntgemachten Arbeitsverhältnisse basiert auf einer gesetzlichen Regelung, für deren Fortführung auch in dieser Legislaturperiode alle im Landtag vertretenen Fraktionen ihre Zustimmung gegeben haben. Wir sehen dennoch die dringende Notwendigkeit, klare, zeitgemäße Regeln im Abgeordnetengesetz als Konsequenz aus den Diskussionen der letzten Zeit umzusetzen, sowohl was die Frage zulässiger Beschäftigungsverhältnisse als auch die Offenlegung von Nebentätigkeiten angeht. Jedoch muss auch eine Neuregelung Daten Dritter schützen, das freie Mandat des Abgeordneten achten und dabei natürlich gewährleisten, dass transparent und maßvoll mit den öffentlichen Geldern umgegangen wird.

4. Wir möchten bei aller berechtigten öffentlichen Kritik darauf hinweisen, dass die Suche nach Sündenböcken und einfachen Antworten in die Irre führt. Weder der Fingerzeig auf die Abgeordneten, die die gemeinsam getroffene Regelung genutzt haben, noch der Fingerzeig auf diejenigen, die Verwandte höheren Grades beschäftigt haben (die laut der bislang getroffenen Regel ohne Zweifel beschäftigt werden durften), werden der Thematik insgesamt gerecht. Davon abgesehen hat sicherlich die überwiegende Mehrzahl der Familienbeschäftigten mit großem Engagement und Gewissenhaftigkeit ihre Tätigkeit ausgeübt.

5. Wir verwahren uns dagegen, einzelne Gremien des Bayerischen Landtags und insbesondere die Präsidentin, Barbara Stamm, für uns alle haftbar zu machen: Zunächst einmal ist festzustellen, dass die Altfallregelung nicht während ihrer Amtszeit als Präsidentin beschlossen wurde, sondern bereits zwei Legislaturperioden vorher. Verlängert wurde die Regelung nach intensiven interfraktionellen Diskussionen; zuletzt wurde sie 2009 erneut in den zuständigen Gremien einstimmig bestätigt. Zudem wurde keine Entscheidung von ihr als Präsidentin alleine getroffen, sondern stets im demokratischen Konsens. Die Präsidentin hat sich, wie die weit überwiegende Zahl der Abgeordneten, an die bestehenden Regeln gehalten. Die Integrität ihrer Amtsführung und ihr ehrliches Bemühen um angemessene Arbeitsbedingungen für die Abgeordneten verdienen nach unserer Ansicht Respekt über die Grenzen der Fraktionen und des Parlaments insgesamt hinaus.

6. Abschließend bitten wir alle, sich auch kritisch der eigenen Rolle im Gemeinwesen zu stellen und weiter gemeinsam die demokratische Kultur im Land zu pflegen. Als demokratisch gewählte Volksvertreterinnen und -vertreter sind wir in allererster Linie den Bürgerinnen und Bürgern verpflichtet. Wir erheben uns moralisch nicht gegenüber anderen, fordern aber auch Achtung vor dem Parlament und den für eine parlamentarische Demokratie essentiellen Kompetenzen ein. Politik, Behörden, Justiz und Medien stehen gemeinsam, jeder in eigener Funktion und gegebener Legitimation, in der Pflicht, das demokratische Gemeinwesen zu erhalten. Das wird langfristig nur gelingen, wenn sich Einzelne gegenüber anderen moralisch nicht überhöhen. Eine demokratische Kultur lebt vom Engagement jedes Einzelnen und dem gegenseitigen Respekt.

URL: http://www.landtag.bayern.de/de/93_429.php (aufgerufen am 15.05.2013)

Seite 3 von 3

Anlage I

792   Bayerisches Gesetz- und Verordnungsblatt Nr. 28/2000

1100–1–I

Gesetz
zur Änderung des
Bayerischen Abgeordnetengesetzes

Vom 8. Dezember 2000

Der Landtag des Freistaates Bayern hat das folgende Gesetz beschlossen, das hiermit bekannt gemacht wird:

§ 1

Das Gesetz über die Rechtsverhältnisse der Mitglieder des Bayerischen Landtags (Bayerisches Abgeordnetengesetz) in der Fassung der Bekanntmachung vom 6. März 1996 (GVBl S. 82, BayRS 1100–1–I), zuletzt geändert durch § 1 des Gesetzes vom 26. Juli 1999 (GVBl S. 332), wird wie folgt geändert:

1. Art. 6 wird wie folgt geändert:

a) Absatz 4 erhält folgende Fassung:

„(4) [1]In jeder Wahlperiode kann ein Mitglied des Bayerischen Landtags auf Antrag für mandatsbedingte Informations- und Kommunikationseinrichtungen einschließlich der entsprechenden Schulungen gegen Nachweis bis zu 20.000 DM erstattet erhalten, wobei ein Eigenanteil von 15 v.H. zu leisten ist. [2]Die Einrichtungen sind Eigentum des Mitglieds des Landtags. [3]Bei einer Veräußerung innerhalb von vier Jahren ab Rechnungsstellung ist der Zeitwert bzw. der höhere Verkaufserlös vom Mitglied des Bayerischen Landtags zu erstatten. [4]Das Gleiche gilt bei einem Ausscheiden aus dem Bayerischen Landtag, wobei für die Berechnung des Zeitwerts das Ende des fünften Monats nach Ausscheiden maßgebend ist. [5]Bei der Berechnung des Zeitwerts wird von einer Wertminderung von jährlich 25 v.H. der Anschaffungskosten abzüglich des Eigenanteils ab dem Tag der Rechnungsstellung ausgegangen."

b) Absatz 6 wird wie folgt geändert:

aa) Der bisherige Text wird Satz 1.

bb) Es wird folgender Satz 2 angefügt:

„[2]Satz 1 Buchst. c und d gelten auch für die Vorsitzenden und stellvertretenden Vorsitzenden der Enquete-Kommissionen, des Parlamentarischen Kontrollgremiums und der Datenschutzkommission."

c) Absatz 7 erhält folgende Fassung:

„(7) [1]Auf Antrag werden einem Mitglied des Bayerischen Landtags zur Unterstützung bei der Erledigung seiner gesamten parlamentarischen Arbeit im Rahmen von Arbeits-, Dienst- und Werkverträgen in dem im Haushaltsgesetz vorgesehenen Umfang Aufwendungen gegen Nachweis erstattet. [2]Nicht erstattungsfähig sind Aufwendungen für Personen, die mit dem Mitglied des Landtags

verheiratet, oder im ersten Grad verwandt oder im ersten Grad verschwägert sind, sowie Aufwendungen für Beraterverträge, die keine konkreten Leistungen zum Vertragsinhalt haben. [3]Der Erstattungsanspruch besteht ab dem Ersten des Monats, in dem der Antrag gestellt wird, frühestens ab Erwerb der Rechtsstellung als Mitglied des Bayerischen Landtags. [4]Es werden monatliche Abschlagszahlungen an das Mitglied des Bayerischen Landtags geleistet. [5]Bis spätestens 15. Februar ist für das vorausgegangene Kalenderjahr Rechnung zu legen und sind nicht verbrauchte Mittel zurückzuerstatten. [6]Beim Ausscheiden aus dem Landtag werden Aufwendungen bis zum Ende des fünften Monats nach dem Ausscheiden erstattet."

2. Art. 10 Abs. 1 Satz 3 erhält folgende Fassung:

„[3]Für Dienstreisen wird Reisekostenvergütung nach dem Bayerischen Reisekostengesetz gewährt."

3. Art. 23 erhält folgende Fassung:

„Art. 23

Diätenkommission

(1) [1]Zu Beginn der Wahlperiode wird eine aus sieben unabhängigen Mitgliedern bestehende Kommission gebildet (Diätenkommission). [2]Deren Mitglieder werden vom Bayerischen Landtag auf Vorschlag des Ältestenrats berufen. [3]Sie dürfen nicht dem Bayerischen Landtag oder einer anderen gesetzgebenden Körperschaft angehören.

(2) Die Diätenkommission ist vom Präsidenten bei beabsichtigten Änderungen von Leistungen nach diesem Gesetz zu hören."

4. Art. 24 wird wie folgt geändert:

a) Absatz 2 wird aufgehoben.

b) Die bisherigen Absätze 3 bis 7 werden Absätze 2 bis 6.

§ 2

[1]Dieses Gesetz tritt mit Wirkung vom 1. Dezember 2000 in Kraft. [2]Art. 6 Abs. 7 Satz 2 findet auf die beim In-Kraft-Treten des Gesetzes bestehenden Verträge keine Anwendung.

München, den 8. Dezember 2000

Der Bayerische Ministerpräsident

Dr. Edmund S t o i b e r

Anlage II

1100-1-I

Gesetz
zur Änderung des
Bayerischen Abgeordnetengesetzes

Vom 24. Juni 2004

Der Landtag des Freistaates Bayern hat das folgende Gesetz beschlossen, das hiermit bekannt gemacht wird.

§ 1

Das Gesetz über die Rechtsverhältnisse der Mitglieder des Bayerischen Landtags (Bayerisches Abgeordnetengesetz) in der Fassung der Bekanntmachung vom 6. März 1996 (GVBl S. 82, BayRS 1100-1-I), zuletzt geändert durch § 2 des Gesetzes vom 24. Juni 2004 (GVBl S. 224), wird wie folgt geändert:

1. Die Inhaltsübersicht wird wie folgt geändert:

a) Die Überschrift zu Art. 6 erhält folgende Fassung:

„Art. 6   Mandatsausstattung, Kostenpauschale"

b) Der bisher aufgehobene Art. 8 erhält folgende Fassung:

„Art. 8   Arbeits-, Dienst- und Werkverträge zur Unterstützung der parlamentarischen Arbeit"

c) In der Überschrift zu Art. 9 werden die Worte „und nach Art. 8" eingefügt.

d) Die Überschrift zum Dritten Teil, 3. Abschnitt und zu Art. 20 wird wie folgt gefasst:

„Zuschuss zu den Kosten in Krankheits-, Pflege- und Geburtsfällen, Unterstützungen

Art. 20   Zuschuss zu den Kosten in Krankheits-, Pflege- und Geburtsfällen"

e) Es wird folgender Art. 43d eingefügt:

„Art. 43d Übergangsregelungen zu der ab 1. Juli 2004 geänderten Altersentschädigung und Hinterbliebenenversorgung"

2. In Art. 4a Abs. 2 werden in Nr. 1 die Worte „die in das Handbuch des Bayerischen Landtags aufzunehmen sind" durch die Worte „die zu veröffentlichen sind" ersetzt.

3. Art. 5 wird wie folgt geändert:

a) Abs. 1 Satz 2 erhält folgende Fassung:

„²Sie beträgt je Monat 5.990 Euro."

b) Abs. 3 wird wie folgt geändert:

aa) In Satz 1 werden die Worte „1. Juli 1999, 1. Juli 2000, 1. Juli 2001, 1. Juli 2002 und zum 1. Juli 2003" durch die Worte „1. Juli 2005, 1. Juli 2006, 1. Juli 2007 und zum 1. Juli 2008" ersetzt.

bb) Satz 2 erhält folgende Fassung:

„²Maßstab für die Anpassung ist die Veränderung einer gewogenen Maßzahl der Einkommensentwicklung in Bayern, die sich zusammensetzt aus

1. dem Index der durchschnittlichen Bruttomonatsverdienste der Arbeiter im produzierenden Gewerbe mit einem Anteil von 36,8 v.H.,

2. dem Monatslohn eines Arbeiters der Endstufe der Lohngruppe 5 (ohne Kinder) nach dem Manteltarifvertrag für Arbeiterinnen und Arbeiter des Bundes und der Länder mit einem Anteil von 2,5 v.H.,

3. dem Index der durchschnittlichen Bruttomonatsverdienste der Angestellten im produzierenden Gewerbe, Handel, Kredit- und Versicherungsgewerbe mit einem Anteil von 46,7 v.H.,

4. der Bruttomonatsvergütung eines verheirateten Angestellten (ohne Kinder) der Vergütungsgruppe III des Bundes-Angestelltentarifvertrags (Vergütung der Länder) in der höchsten Lebensaltersstufe mit einem Anteil von 6,7 v.H.,

5. den Bruttomonatsbezügen eines verheirateten Beamten (ohne Kinder) der Besoldungsgruppe A 12 in der höchsten Stufe mit einem Anteil von 6,3 v.H.,"

cc) In Satz 3 werden die Worte „1. März 1999, 1. März 2000, 1. März 2001, 1. März 2002 und 1. März 2003" durch die Worte „1. März eines Jahres" ersetzt.

4. Art. 6 wird wie folgt geändert:

a) Die Überschrift erhält folgende Fassung:

„Art. 6   Mandatsausstattung, Kostenpauschale"

b) In den Abs. 1 und 3 wird das Wort „Amtsausstattung" durch das Wort „Mandatsausstattung" ersetzt.

c) Abs. 2 wird wie folgt geändert:

    aa) In Satz 1 wird „4.711 Deutsche Mark" durch „2.760 Euro" ersetzt.

    bb) Satz 3 erhält folgende Fassung:

      „³Die Kostenpauschale wird jeweils zum 1. Juli eines Jahres an die Entwicklung des Verbraucherpreisindexes für Bayern angepasst, die vom Juli des abgelaufenen Jahres gegenüber dem Juli des vorangegangenen Jahres eingetreten ist."

d) Abs. 7 wird aufgehoben.

5. Art. 8 erhält folgende Fassung:

    „Art. 8

    Arbeits-, Dienst- und Werkverträge
zur Unterstützung der parlamentarischen Arbeit

(1) ¹Auf Antrag werden einem Mitglied des Bayerischen Landtags zur Unterstützung seiner parlamentarischen Arbeit Kosten für Arbeits-, Dienst- und Werkverträge in dem im Haushaltsgesetz vorgesehenen Umfang gegen Nachweis erstattet. ²Nicht erstattungsfähig sind Kosten für Verträge mit Personen, die mit dem Mitglied des Landtags verheiratet, oder im ersten Grad verwandt oder im ersten Grad verschwägert sind. ³Nicht erstattungsfähig sind auch Kosten für Beraterverträge, die keine konkreten Leistungen zum Vertragsinhalt haben.

(2) ¹Der Erstattungsanspruch besteht in der beantragten Höhe ab dem Ersten des Monats, in dem der Antrag gestellt wird, frühestens ab Erwerb der Rechtsstellung als Mitglied des Bayerischen Landtags. ²Beim Ausscheiden aus dem Landtag werden Kosten bis zum Ende des fünften Monats nach dem Ausscheiden erstattet.

(3) Es werden monatliche Vorauszahlungen an das Mitglied des Bayerischen Landtags geleistet.

(4) Bis spätestens 15. Februar ist für das vorausgegangene Kalenderjahr durch Rechnungslegung der Nachweis über die zweckbestimmte Verwendung der Vorauszahlungen zu führen.

(5) ¹Nicht im Sinn der gesetzlichen Zweckbestimmung in Anspruch genommene Vorauszahlungen sind zurückzuerstatten. ²Das Gleiche gilt, wenn für das vorangegangene Kalenderjahr bis zum 30. April des Folgejahres kein oder ein unzureichender Nachweis über die Verwendung im Sinn der gesetzlichen Zweckbestimmung erbracht wurde. ³Zugleich sind künftige Vorauszahlungen auszusetzen. ⁴Nach Vorlage der entsprechenden Verwendungsnachweise können in diesem Fall Leistungen auch rückwirkend gewährt werden.

(6) Wird bis Ende des Folgejahrs kein oder ein unzureichender Nachweis über die Verwendung im Sinn der gesetzlichen Zweckbestimmung erbracht, erlischt der Erstattungsanspruch in Höhe der nicht nachgewiesenen Kosten."

6. Art. 9 wird wie folgt geändert:

    a) In der Überschrift werden die Worte „und nach Art. 8" angefügt.

    b) Die Worte „nach Art. 6 Abs. 2, 4 und 7" werden durch die Worte „nach Art. 6 Abs. 2 und 4 sowie nach Art. 8" ersetzt.

7. Art. 12 erhält folgende Fassung:

    „Art. 12

    Anspruch auf Altersentschädigung

¹Ein Mitglied des Bayerischen Landtags erhält nach seinem Ausscheiden eine Altersentschädigung, wenn es das 65. Lebensjahr vollendet und dem Bayerischen Landtag zehn Jahre angehört hat. ²Mit jedem weiteren Jahr bis zum 20. Jahr der Mitgliedschaft im Bayerischen Landtag entsteht der Anspruch auf Altersentschädigung ein halbes Lebensjahr früher. ³Art. 11 Abs. 1 letzter Satz gilt entsprechend."

8. In Art. 13 werden in Satz 1 das Wort „acht" durch das Wort „zehn" und die Zahl „18" durch die Zahl „20" ersetzt.

9. Art. 15 wird wie folgt geändert:

    a) In Abs. 3 wird folgender Satz 3 angefügt:

      „³Bei der Entscheidung über Anträge nach den Abs. 1 und 2 ist ein amtsärztliches Gutachten der medizinischen Untersuchungsstelle der örtlich zuständigen Regierung einzuholen."

    b) Es wird folgender Abs. 4 angefügt:

      „(4) ¹Die Altersentschädigung nach Abs. 1 Satz 1 und nach Abs. 2 vermindert sich um 3,6 v.H. für jedes Jahr, um das sie vor Beginn des Monats der Vollendung des 63. Lebensjahres, bei mindestens 13-jähriger Mitgliedschaft im Bayerischen Landtag vor Beginn des Monats der Vollendung des 60. Lebensjahres bezogen wird. ²Die Minderung darf 10,8 v.H. nicht übersteigen."

10. Die Überschrift zum Dritten Teil, 3. Abschnitt wird wie folgt geändert:

    „3. Abschnitt, Zuschuss zu den Kosten in Krankheits-, Pflege- und Geburtsfällen, Unterstützungen"

11. Art. 20 wird wie folgt geändert:

    a) Die Überschrift wird wie folgt geändert:

      „Art. 20   Zuschuss zu den Kosten in Krankheits-, Pflege- und Geburtsfällen"

    b) Abs. 1 wird wie folgt geändert:

      aa) In Satz 1 werden die Worte „Krankheits-, Pflege-, Geburts- und Todesfällen" durch die Worte „Krankheits-, Pflege- und Geburtsfällen" ersetzt.

      bb) Satz 2 wird aufgehoben.

      cc) Satz 3 wird Satz 2.

c) Abs. 4 erhält folgenden Wortlaut:

„(4) Der Anspruch auf den Zuschuss zu den Krankenversicherungsbeiträgen nach Abs. 3 schließt bei den Mitgliedern des Bayerischen Landtags ein den Anspruch auf einen Zuschuss in Höhe der Hälfte des aus eigenen Mitteln geleisteten Pflegeversicherungsbeitrags, höchstens jedoch die Hälfte des Höchstbetrags der sozialen Pflegeversicherung."

12. In Art. 22 Abs. 7 werden die Worte „nach dem Gesetz über die Gewährung einer jährlichen Sonderzuwendung" durch die Worte „nach dem Sonderzahlungsgesetz des Bundes oder eines Landes" ersetzt.

13. Art. 24 wird wie folgt geändert:

a) In Abs. 1 Satz 1 werden die Worte „Art. 5, 6 Abs. 1 bis 5 und 7 und in Art. 20" durch die Worte „Art. 5, Art. 6 Abs. 1 bis 5, Art. 8 und Art. 20" ersetzt.

b) In Abs. 5 Satz 1 werden die Worte „6 Abs. 2 und 7" durch die Worte „6 Abs. 2, 8" ersetzt.

14. In Art. 25 werden die Worte „Art. 6 Abs. 2, 6 und 7" durch die Worte „Art. 6 Abs. 2 und 6, Art. 8" ersetzt.

15. In Art. 26 Satz 1 werden die Worte „Aufwandsentschädigung nach Art. 6" durch die Worte „Kostenpauschale nach Art. 6 Abs. 2" ersetzt.

16. Nach Art. 43c wird folgender Art. 43d eingefügt:

„Art. 43d

Übergangsregelungen zu der ab 1. Juli 2004 geänderten Altersentschädigung und Hinterbliebenenversorgung

„(1) [1]Versorgungsansprüche, die vor dem 1. Juli 2004 entstanden sind, richten sich nach dem bis zum 30. Juni 2004 geltenden Recht. [2]Art. 43b bleibt unberührt.

(2) [1]Wurde vor dem 1. Juli 2004 eine Anwartschaft auf eine Altersentschädigung nach den Art. 12 bis 14 erworben, so bestimmt sich der Versorgungsanspruch nach dem bis 30. Juni 2004 geltenden Recht. [2]Art. 43b bleibt unberührt.

(3) Die Versorgungsansprüche der Hinterbliebenen nach Art. 18 sind hinsichtlich der Anwendung von bisherigem und neuem Recht abhängig von dem Anspruch oder der Anwartschaft auf Altersentschädigung des Verstorbenen im Zeitpunkt seines Todes."

§ 2

Die Verhaltensregeln für die Mitglieder des Bayerischen Landtags vom 9. Dezember 1993 (GVBl 1994 S. 15, BayRS 1100-1-1-I) werden wie folgt geändert:

1. In Abschnitt I werden die Worte „zur Aufnahme in das Handbuch des Landtags" durch die Worte „zur Veröffentlichung" ersetzt.

2. Abschnitt II wird wie folgt geändert:

a) In Nr. 1 Satz 1 werden die Worte „im Handbuch" durch die Worte „nach Abschnitt I Nr. 1" ersetzt.

b) In Nr. 2 wird „20.000 Deutsche Mark" durch „10.000 Euro" ersetzt.

§ 3

Dieses Gesetz tritt am 1. Juli 2004 in Kraft.

München, den 24. Juni 2004

Der Bayerische Ministerpräsident

Dr. Edmund S t o i b e r

Anlage III

Bayerischer Landtag

16. Wahlperiode

Drucksache 16/**16537**
24.04.2013

Änderungsantrag

der Abgeordneten **Georg Schmid, Renate Dodell, Karl Freller, Alexander König, Reserl Sem** und **Fraktion (CSU)**,

Thomas Hacker, Prof. Dr. Georg Barfuß, Dr. Annette Bulfon, Thomas Dechant, Dr. Andreas Fischer, Dietrich Freiherr von Gumppenberg, Karsten Klein, Brigitte Meyer, Jörg Rohde, Julika Sandt, Tobias Thalhammer, Renate Will und **Fraktion (FDP)**

zum Gesetzentwurf der Staatsregierung zum Haushaltsänderungsgesetz 2013/2014 – Bildungsfinanzierungsgesetz (Drs. 16/15926) hier: Änderung des Bayerischen Abgeordnetengesetzes

Der Landtag wolle beschließen:

1. Es werden folgende §§ 4 und 5 eingefügt:

§ 4
Änderung des Bayerischen Abgeordnetengesetzes

Art. 8 Abs. 1 des Gesetzes über die Rechtsverhältnisse der Mitglieder des Bayerischen Landtags (Bayerisches Abgeordnetengesetz) in der Fassung der Bekanntmachung vom 6. März 1996 (GVBl S. 82, BayRS 1100-1-I), zuletzt geändert durch § 16 des Gesetzes vom 5. August 2010 (GVBl S. 410), wird wie folgt geändert:

1. Satz 2 erhält folgende Fassung:

   „Nicht erstattungsfähig sind Kosten für Verträge mit Personen, die mit einem Mitglied des Landtags verheiratet oder bis zum dritten Grad verwandt oder verschwägert sind oder waren."

2. Es werden folgende neue Sätze 3 und 4 eingefügt:

   „[3]Lebenspartner im Sinn des Lebenspartnerschaftsgesetzes oder Partner in einer eheähnlichen Lebensgemeinschaft stehen Ehegatten gleich. [4]Einzelheiten hierzu werden durch Richtlinie des Landtagspräsidiums im Einvernehmen mit dem Ältestenrat geregelt."

3. Der bisherige Satz 3 wird Satz 5.

§ 5
Änderung des Gesetzes zur Änderung des Bayerischen Abgeordnetengesetzes vom 8. Dezember 2000

§ 2 Satz 2 des Gesetzes zur Änderung des Bayerischen Abgeordnetengesetzes vom 8. Dezember 2000 – (GVBl S. 792) – wird aufgehoben.

2. Der bisherige § 4 wird § 6 und es wird folgender Abs. 3 angefügt:

   „(3) Abweichend von Abs. 1 treten §§ 4 und 5 am 1. Oktober 2013 in Kraft."

Begründung:

Zu § 4:

Die Erstattung von Kosten für Arbeits-, Dienst- und Werkverträge mit Personen, die mit einem Mitglied des Landtags verheiratet, verwandt oder verschwägert sind, soll künftig in weitgehendem Umfang ausgeschlossen sein.

Die Voraussetzungen für die Erstattung von Kosten für Arbeits-, Dienst- und Werkverträge sind eingehend in Art. 8 Abgeordnetengesetz geregelt. Künftig ist die Erstattung von Kosten für Verträge mit Personen, die mit dem Mitglied des Landtags verheiratet, bis zum dritten Grad verwandt oder bis zum dritten Grad verschwägert sind oder eine Lebenspartnerschaft oder eine eheähnliche Lebensgemeinschaft begründet haben, unzulässig. Durch die Einfügung „oder waren" wird klargestellt, dass auch frühere Ehegatten oder Verschwägerte bzw. - bei Berücksichtigung des neuen Satzes 3 - auch Lebenspartner oder Partner einer nichtehelichen Lebensgemeinschaft von der Regelung erfasst werden. Nicht erstattungsfähig sind auch Kosten für Verträge mit früheren Ehegatten oder früheren Lebenspartnerschaften, sowie Ehegatten und früheren Ehegatten oder Verwandten bis zum dritten Grad anderer Mitglieder des Landtags (sog. Überkreuzbeschäftigung). Letzteres wird dadurch klargestellt, dass es genügt, wenn die Ehe, Verwandtschaft etc. mit „einem" Mitglied des Landtags besteht.

Einzelheiten hierzu werden in Richtlinien geregelt. Dazu wird das Landtagspräsidium durch den neuen Satz 4 ermächtigt.

Zu § 5:

Die Altfallregelung, wonach Aufwendungen auch über die 14. Wahlperiode hinaus für Personen, die mit einem Mitglied des Landtags verheiratet oder im ersten Grad verwandt oder im ersten Grad verschwägert sind, erstattungsfähig sind, wenn die Verträge bereits am 1. Dezember 2000 bestanden haben, wird aufgehoben.

Zu § 6:

§ 6 Abs. 3 regelt das Inkrafttreten.

1100-1-I

Gesetz
zur Änderung des
Bayerischen Abgeordnetengesetzes

Vom 22. Mai 2013

Der Landtag des Freistaates Bayern hat das folgende Gesetz beschlossen, das hiermit bekannt gemacht wird:

§ 1
Änderung des Bayerischen Abgeordnetengesetzes

Das Gesetz über die Rechtsverhältnisse der Mitglieder des Bayerischen Landtags (Bayerisches Abgeordnetengesetz) in der Fassung der Bekanntmachung vom 6. März 1996 (GVBl S. 82, BayRS 1100-1-I), zuletzt geändert durch § 16 des Gesetzes vom 5. August 2010 (GVBl S. 410), wird wie folgt geändert:

1. Art. 4a wird wie folgt geändert:

   a) Es wird folgender neuer Abs. 2 eingefügt:

   „(2) ¹Bei Verstößen gegen die Verhaltensregeln kann das Präsidium ein Ordnungsgeld bis zur Höhe der Hälfte der jährlichen Abgeordnetenentschädigung festsetzen. ²Der Präsident macht das Ordnungsgeld durch Verwaltungsakt geltend."

   b) Der bisherige Abs. 2 wird Abs. 3 und wie folgt geändert:

   aa) Nrn. 1 und 2 erhalten folgende Fassung:

   „1. die Verpflichtung zur Anzeige und Veröffentlichung von Berufen und Tätigkeiten neben dem Mandat sowie Art und Höhe der daraus oberhalb festgelegter Mindestbeträge erzielten Einkünfte;

   2. die Verpflichtung zur Anzeige und Veröffentlichung von Zuwendungen im Zusammenhang mit der politischen Tätigkeit;"

   bb) In Nr. 5 werden nach den Worten „das Verfahren" die Worte „und die Sanktionen" eingefügt.

2. Art. 8 wird wie folgt geändert:

   a) Abs. 1 wird wie folgt geändert:

   aa) Satz 2 erhält folgende Fassung:

   „²Nicht erstattungsfähig sind Kosten für Verträge mit Personen, die mit dem Mitglied des Landtags verheiratet oder bis zum vierten Grad verwandt oder verschwägert sind oder waren; dies gilt auch für Verträge mit Personen, die einem anderen Mitglied des Landtags verheiratet oder bis zum dritten Grad verwandt oder verschwägert sind oder waren."

   bb) Es wird folgender neuer Satz 3 eingefügt:

   „³Lebenspartner im Sinn des Lebenspartnerschaftsgesetzes oder Personen, die einem Mitglied des Landtags in einem gemeinsamen Haushalt so zusammenleben, dass nach verständiger Würdigung der wechselseitige Wille anzunehmen ist, Verantwortung füreinander zu tragen und füreinander einzustehen, stehen Ehegatten gleich."

   cc) Der bisherige Satz 3 wird Satz 4.

   dd) Es werden folgende Sätze 5 bis 9 angefügt:

   „⁵Die Abrechnung der Gehälter und anderen Aufwendungen für Mitarbeiter sowie entsprechender Dienst- und Werkverträge erfolgt durch das Landtagsamt. ⁶Eine Haftung des Freistaates Bayern gegenüber Dritten ist ausgeschlossen. ⁷Die Mitarbeiter sind nicht Angehörige des öffentlichen Dienstes. ⁸Es bestehen keine arbeitsrechtlichen Beziehungen zwischen den Mitarbeitern und dem Landtagsamt oder dem Freistaat Bayern. ⁹Einzelheiten hierzu werden durch Richtlinie des Landtagspräsidiums im Einvernehmen mit dem Ältestenrat geregelt."

   b) Abs. 3 bis 5 werden aufgehoben.

   c) Der bisherige Abs. 6 wird Abs. 3 und wie folgt geändert:

   aa) Der bisherige Wortlaut wird Satz 1.

   bb) Es wird folgender Satz 2 angefügt.

   „³Erbrachte Leistungen sind in diesem Fall vom Abgeordneten an das Landtagsamt zurückzuerstatten."

Bayerisches Gesetz- und Verordnungsblatt Nr. 10/2013

§ 2
Änderung des Gesetzes zur Änderung
des Bayerischen Abgeordnetengesetzes
vom 8. Dezember 2000

§ 2 Satz 2 des Gesetzes zur Änderung des Bayerischen Abgeordnetengesetzes vom 8. Dezember 2000 (GVBl S. 792) wird aufgehoben.

§ 3
Inkrafttreten

[1]Dieses Gesetz tritt am 1. Juni 2013 in Kraft. [2]Abweichend von Satz 1 treten § 1 Nrn. 1 und 2 Buchst. a Doppelbuchst. dd sowie Buchst. b und c am 1. Oktober 2013 in Kraft. [3]Auf die mit Ablauf der 16. Wahlperiode ausscheidenden Mitglieder des Landtags findet § 1 Nr. 2 Buchst. a Doppelbuchst. dd sowie Buchst. b und c keine Anwendung.

München, den 22. Mai 2013

Der Bayerische Ministerpräsident

Horst S e e h o f e r

Anlage V

Vertragsabschlüsse mit Ehegatten oder Kindern im Jahr 2000

	Name	Ehegatte/ Sohn/Tochter	Beginn des Beschäftigungs-Verhältnisses und Bemerkungen	
1	Winter Georg (CSU)	Sohn 1	01.11.2000	Belege MdL
		Sohn 2	01.11.2000	
2	Eck, Gerhard (CSU)	Ehefrau	01.09.2000, nach Angabe Kabinettsmitglied	
3	Neumeier, Johann (CSU)	Tochter	lt. Beleg MdL Ehefrau ab 01.01.1993 beschäftigt, Tochter nach Unterlagen LTA ab 01.09.2000 beschäftigt	
4	Sibler, Bernd (CSU)	Ehefrau	01.09.2000, nach Angabe Kabinettsmitglied	
5	Appelt, Dieter (SPD)	Ehefrau	01.08.2000, MdL seit 01.07.2000	
6	König, Alexander (CSU)	Ehefrau	nach Beleg MdL bereits vom 01.12.1998 – 31.12.1999 beschäftigt und wieder ab 01.08.2000	
7	Stockinger, Prof. Hans (CSU)			Belege MdL, Ehefrau laut Beleg schon seit 1990 beschäftigt
		Tochter 1	28.06.2000	
		Tochter 2	28.06.2000	
8	Nöth, Eduard (CSU)	Tochter	nach Unterlagen LTA Ehefrau ab 30.09.1998, eine Tochter ab 30.12.1998 und weitere Tochter ab 30.04.2000 beschäftigt	
9	Köhler, Dr. Heinz (SPD)	Ehefrau	01.04.2000, Angabe MdL	
10	Schmid, Berta (CSU)	Sohn	nach Angabe MdL Ehegatte bereits seit 1995 beschäftigt, Tochter bis 30.04.2000 im Anschluss Sohn ab 01.05.2000 beschäftigt	
11	Weinhofer, Peter (CSU)	Tochter	nach Angabe MdL Ehefrau bereits im Jahr 1999 beschäftigt, Tochter seit 30.03.2000	
12	Brunner, Helmut (CSU)	Ehefrau	01.01.2000, Angabe Kabinettsmitglied	
13	Göppel, Josef(CSU)	Ehefrau	01.07.2000	siehe anliegende persönliche Erklärung
		Tochter 1	01.07.2000	
		Tochter 2	01.10.2000	
14	Peters Gudrun (SPD)	Sohn	01.01.2000, Ende des Arbeitsverhältnisses 31.03.2001	
15	Schweiger, Rita (CSU)	Ehemann	nach Angabe MdL von 01.01.1998 – 01.04.1999 beschäftigt	
			Wiederbeschäftigt ab 01.01.2000	
16	ein MdL		verstorben	

Quelle: Bayerischer Landtag, Presseerklärung vom 28.5.2013.